부동산 투자
무작정 따라하기

부동산 투자 무작정 따라하기
The Cakewalk Series – Real Estate Investing

초판 1쇄 발행 2025년 9월 3일
초판 3쇄 발행 2025년 9월 24일

지은이 제네시스박(박민수), 휠휠(박성혜), 플팩(강연옥)
발행인 이종원
발행처 (주)도서출판 길벗
출판사 등록일 1990년 12월 24일
주소 서울시 마포구 월드컵로 10길 56(서교동)
대표 전화 02)332-0931 | **팩스** 02)323-0586
홈페이지 www.gilbut.co.kr | **이메일** gilbut@gilbut.co.kr

기획 및 책임 편집 유나경(ynk@gilbut.co.kr) | **디자인** 박상희
제작 이준호, 손일순, 이진혁 | **마케팅** 정경원, 김진영, 박민주, 류효정
유통혁신 한준희 | **영업관리** 김명자, 심선숙, 정경화 | **독자지원** 윤정아

교정교열 김동화 | **전산편집** 예다움
CTP 출력 및 인쇄 예림인쇄 | **제본** 예림바인딩

▶ 이 책은 저작권법의 보호를 받는 저작물로 이 책에 실린 모든 내용, 디자인, 이미지, 편집 구성은 허락 없이 복제하거나 다른 매체에 옮겨 실을 수 없습니다.
▶ 인공지능(AI) 기술 또는 시스템을 훈련하기 위해 이 책의 전체 내용은 물론 일부 문장도 사용하는 것을 금지합니다.
▶ 잘못 만든 책은 구입한 서점에서 바꿔 드립니다.

ⓒ제네시스박(박민수), 휠휠(박성혜), 플팩(강연옥), 2025

ISBN 979-11-407-1547-3 13320
(길벗도서번호 070557)

정가 24,000원

독자의 1초를 아껴주는 정성 길벗출판사

(주)도서출판 길벗 IT단행본&교재, 성인어학, 교과서, 수험서, 경제경영, 교양, 자녀교육, 취미실용 www.gilbut.co.kr
길벗스쿨 국어학습, 수학학습, 주니어어학, 어린이단행본, 학습단행본 www.gilbutschool.co.kr

부동산 투자 무작정 따라하기

제네시스박(박민수),
휼훌(박성혜), 플팩(강연옥) 지음

길벗

프롤로그

성공적인 내 집 마련과
부동산 투자를 응원합니다

부동산 투자, 즉 내 집을 마련한다는 건 단순히 특정 재화를 취득하는 것에 그치지 않는다. 쉽게 말하면 싸게 사서 비싸게 팔고 얼마를 남기는 것 그 이상의 '무엇'이 있다는 것이다.

'내 집'이 주는 안정감, 가족을 보호할 수 있는 든든한 울타리는 물론이고, 재테크적인 측면에서 자산 증식, 자녀 지원 그리고 은퇴 후 최소한의 삶을 보장하는 연금 기능과 같은 다양한 모습이 있다. 이렇듯 집은 각자 삶에서 여러 가지 의미와 형태로 존재하기 때문에 집을 마련할 때 고려해야 할 것도 많고 공부해야 할 것도 많다.

입지, 살기도 팔기도 좋은 곳을 찾는 법

사람들은 집을 살 때 무엇부터 시작할까? 대부분은 먼저 '어디에 어떤 집을 사야 할까'를 고민할 것이다. 실제 거주할 집이라도 내 집의 가격이 떨어지는 걸 원하는 사람은 아무도 없고, 이왕이면 최소한의 가격 상승을 바라는 것이 사람 마음이기 때문이다.

똑같은 돈을 가지고 왜 누군가는 상급지로 올라가고, 누군가는 하급지에 머무는 걸까? 기회는 모두에게 있었고 종잣돈도 비슷했지만 전혀 다른 결과를 가져왔다. 10년 만에 자산이 3배로 불어난 사람이 있는 반면, 긴 세월 동안 자산이 제자리걸음인 사람도 있다. 그 차이는 단 하나! '입지를 아는가, 모르는가'에서 비롯된다.

좋은 입지를 고른다는 것은 단순한 위치 선택이 아니다. 시간이 흐를수록 더 좋아질 곳을 고르는 안목, 수요가 끊임없이 몰리는 중심지를 읽는 통찰, 내가 가진 돈 안에서 최대 가치를 뽑아내는 전략이 모든 것을 결정한다.

지금 우리는 정보의 홍수 속에 살고 있다. 부동산 앱을 켜면 시세, 실거래가, 인구 흐름, 학군 정보까지 손쉽게 확인할 수 있다. 하지만 문제는 정보가 아니라 방향이다. 아무리 많은 정보를 봐도 '어디가 좋은 입지인지' 판단할 기준이 없다면, 결국 좋은 선택으로 이어지기 어렵다.

좋은 입지는 어떻게 골라야 하는지, 가진 돈으로 살 수 있는 최선의 입지는 어디인지, 입지를 기반으로 어떻게 자산을 키워야 하는지 궁금하지 않은가? 이 책은 부자가 되고 싶은 모두가 무작정 따라 하는 동안 가장 좋은 입지에 도달하도록 설계되어 있다. 진짜 부자들은 우선 좋은 입지를 사고, 그 안에 시간을 심는다. 부자로 가는 길은 언제나 좋은 입지에서 시작된다. 이제 당신도 '좋은 입지'라는 변하지 않는 가치에 투자하길 바란다.

대출, 레버리지를 전략적으로 활용하는 법

대부분의 사람이 내 집을 마련할 때 '조금만 더 보태면 더 좋은 집을 구할 수 있을 텐데…' 하고 생각하지만 '대출' 앞에만 서면 자꾸 작아진다. 하지만 이때야말로 좋은 레버리지를 어떻게 활용할 것인지를 결정하는 '대출력'이 빛을 발한다.

대출은 자산을 수직 상승시켜주는 확실한 도구다. 대출이란 단순히 돈을 빌리는 것이 아니라, 부자가 되기까지의 시간을 단축하는 자본주의의 지혜로운 은행 활용법이다. 무리하면서까지 대출을 최대한으로 받아야 한다는 이야기가 절대 아니다. 화폐 가치 하락과 같은 거시경제의 흐름 속에서 현명하게 대응하고, 자산의 크기를 키우는 전략적 레버리지 사용법을 익히고 실행해야 한다.

실제로 대출을 적극적으로 활용해 상급지에 입성한 사람들과 대출 규제가 강화된 이후 자금이 막혀 낮은 입지에 머물러 있는 사람들의 격차가 명확하게 나타나고 있다. 대출은 받을 수 있을 때 받고, 제한되기 전에 기회를 잡아야 한다.

정부의 대출 규제는 하루아침에도 바뀔 수 있고, 정책 변화는 대개 즉각적인 실행력을 수반한다. 오늘 발표된 대책이 내일부터, 아니 당장 오후부터 적용되기도 한다. 따라서 대출에 관해서는 단순한 기초 지식뿐 아니라 정책 흐름도 민감하게 체크할 필요가 있다.

입지가 기본이라는 것을, 세금이 부담스러운 존재라는 것을 모르는 사람은 없다. 둘 사이를 유기적으로 연결해주는 핵심 도구가 바로 대출이다. 좋은 입지를 확보하고 세금을 감내할 수 있을 만큼의 자산을 형성하기 위해서라도 대출력을 반드시 갖추어야 한다.

세금, 수익률을 완성하는 전략을 짜는 법

좋은 입지를 선택하고, 대출을 통해 레버리지를 실행했다면 실거주가 주는 만족도는 물론이고, 재테크적인 측면에서도 상당한 성과를 거둘 수 있다. 하지만 이러한 차익 실현은 해당 주택을 매각했을 때 비로소 완성되는데, 이때 반드시 고려해야 하는 것이 바로 '세금'이다.

가령 우리 집의 가격이 3억 원 정도 올랐을 때 부담해야 하는 세금, 즉 양도소득세는 1억 원 정도다. 단순하게 계산해서 시세 차익의 약 30%를 세금으로 부담해야 하니 고민이 될 수밖에 없다.

하지만 세금에 대한 기초 지식을 안다면 두려울 것이 전혀 없다. 주택을 사고파는 순서나 집을 단독명의로 하느냐 공동명의로 하느냐에 따라 세금의 액수가 달라지고, 비과세 혜택을 받을 수도 있다는 점을 미리 알면 나의 상황에 맞게 절세 전략을 펼칠 수 있다.

이렇듯 부동산 투자에 있어 세금은 천차만별이기에 세후 수익률이 진짜 수익률이라 할 수 있다. 결국 부동산 투자는 절세로 마무리되는 것이다.

대부분의 사람이 살면서 한 번은 집을 산다. 그리고 그 과정에서 모두가 두려운 감정을 느낀다. 첫 부동산 투자의 과정에서 어려움을 겪는 사람들에게 든든한 조력자가 되어주고 싶은 마음에 이 책을 쓰기 시작했다. 단순히 입지, 대출, 세금에 대한 각각의 조언이 아닌, 이 모든 요소를 종합하여 저마다 자신의 상황에 맞는 최선의 선택을 내릴 수 있도록 돕기 위해 내용을 구성했다. 앞으로는 내 집 마련은 물론이고, 부동산 투자에 있어서도 입지, 대출, 세금, 이 세 가지를 한꺼번에 고려하고 응용할 수 있는 사람만이 살아남을 수 있을 것이다. 이 책이 여러분의 내 집 마련, 나아가 소중한 부동산 자산을 관리할 수 있는 능력을 높이는 데 도움이 되길 바란다.

차례

프롤로그 성공적인 내 집 마련과 부동산 투자를 응원합니다   004

준비마당 왜 부동산 투자를 할 때 입지, 대출, 세금을 동시에 고민해야 하는가?

001 부동산 투자, 왜 공부만 하고 실천하지 않을까?   020
- 부동산 투자를 자꾸만 망설이게 되는 이유   020
- 누구나 한 번은 경험할 부동산, 실행이 답이다   021

002 부동산의 국영수? 입지, 대출 그리고 세금!   022
- 입지: 부동산 투자의 성패를 가르는 첫걸음   022
- 대출: 부의 추월차선을 타는 대출 전략   023
- 세금: 투자 수익률을 끌어올리는 필살기   023
- **잠깐만요** 문재인 정부 이후의 부동산 규제책   024

003 왜 입지, 대출, 세금을 한꺼번에 고려해야 할까?   026
- 입지, 대출, 세금을 함께 고려하면 생기는 마법   026
- 따로 또 같이, 이제는 순서가 중요하지 않다   027

004 부동산 투자를 하기 전에 꼭 알아야 할 것   029
- 주거용 부동산의 기본 개념 이해하기   029
- 부동산 서류 이해하기   030
- 부동산 투자 순서 이해하기   033

첫째마당

입지: 부동산은 첫째도, 둘째도, 셋째도 입지다

— 프롭테크, 임장법, 시세 분석부터 추천 지역까지

005 미래의 부는 입지로 통한다   **036**
    입지의 세 가지 기준   036
    입지가 만든 격차, 같은 아파트의 다른 운명   038

006 오를 집을 찾는 입지 필살기   **040**
    황금 입지를 찾기 위한 요소를 파악하라   040
    잠깐만요 입지에 대한 다섯 가지 오해   042
    좋은 아파트의 모범 답안: KB선도아파트50   043
    무작정 따라하기 입지 자가 진단 체크리스트   048

007 손품으로 입지 가치 분석하기 – 프롭테크   **050**
    왜 손품이 중요한가?   050
    손품 필수템, 프롭테크 앱이란?   051
    네이버페이 부동산   053
    호갱노노   054
    아실   056
    부동산지인   057
    KB부동산   057
    입지 비교 연습하기   058
    무작정 따라하기 상황별 입지 비교 – 둘 중 어디가 나을까요?   062

008 발품으로 입지 확신 얻기 – 임장법   **064**
    발품이 필요한 이유   064
    임장 전 체크리스트 만들기   065

실전 임장 루트 짜기 066
임장을 마쳤다면 반드시 기록하라 070
잠깐만요 현장에서 꼭 체크해야 할 일곱 가지 071
무작정 따라하기 부동산 임장, 현장을 제대로 파악하라 – 장위뉴타운 사례 072

009 입지와 가격의 교차점 찾기 – 시세 트래킹 074
시세를 알면 오를 곳이 보인다 074
잠깐만요 실거래가 vs. 호가 vs. 시세 차이 076
내가 원하는 입지와 조건 정리하기 077
시세 트래킹 연습하기 078

010 예산 안에서 최적의 대안 찾기 – 시세 그루핑 082
시세 그루핑이란? 082
예산대별 후보군 만들기 083
입지 조건 점수화하기 084
입지 분석 결론 내리기 085

011 '나만의 강남'을 찾아라 086
'나만의 강남'을 찾는 설계법 086
나에게 맞는 투자 전략 짜기 088

012 흔들리지 않는 나만의 본진, 베이스캠프 092
베이스캠프란? 092
베이스캠프의 다섯 가지 조건 093
베이스캠프에 도달하기 위한 전략적 흐름 095
베이스캠프 갈아타기 사례 097
베이스캠프 이후의 전략적 투자 099

둘째마당

대출: 상급지로 가기 위한 똑똑한 대출 활용법

— 금융기관별 노하우, 대출 한도 극대화, 무이자 대출 활용 등

013 전 세계 부자들이 '레버리지'를 선택하는 이유 — 104
- 부동산 투자에서의 레버리지 활용법 — 104
- 부자는 돈이 많아도 대출을 받는다 — 106

014 자본주의 사회에서 꼭 필요한 대출력 — 108
- 대출로 자산 격차를 줄일 수 있다 — 108
- 대출력을 활용한 자산 전략 — 109

015 대출 절차 한눈에 보기 — 110
- 1. 대출의 목적과 용도에 따른 상담 및 상품 비교 — 110
- 2. 대출 실행 기관 조사(사전 상담) — 111
- 3. 심사 접수(은행 확정 및 매매 계약 체결) — 111
- 4. 대출 심사 및 승인 — 112
- 5. 대출 실행일 잔금 및 근저당권 설정 — 113
- 6. 이전비용 납부 및 등기권리증 수령 — 113
- **잠깐만요** 대출 과정에서 법무사를 제대로 활용하는 팁 — 114

016 대출의 다섯 가지 종류 — 115
- 신용대출 – 담보 없이 나의 소득과 신용만으로 — 116
- 담보대출 – 자산을 담보로 — 116
- 전세자금대출 – 무주택자의 필수 무기 — 117
- 정책자금대출 – 정부가 밀어주는 기회의 대출 — 118
- 사업자대출 – 창업을 위한 생존자금 및 운영자금 — 118

017 대출 한도 이해하기 – LTV, DTI, DSR　　　　　120

LTV(Loan to Value Ratio) – 담보인정비율　　　　　120
DTI(Debt to Income Ratio) – 총부채상환비율　　　　　123
DSR(Debt Service Ratio) – 총부채원리금상환비율　　　　　124
잠깐만요 차주단위 DSR　　　　　126
스트레스 DSR　　　　　128
무작정 따라하기 내가 받을 수 있는 최대 대출 한도는? – DSR 계산 연습　　　　　131

018 정책자금대출 파헤치기　　　　　133

디딤돌대출 – 내 집 마련의 첫 번째 디딤돌　　　　　134
잠깐만요 부동산등기란?　　　　　135
보금자리론 – 디딤돌대출의 대안　　　　　136
신생아특례대출 – 우리 집 복덩이가 가져온 밝은 미래　　　　　136
생애최초대출 – 지방에서 사용할 수 있는 강력한 무기　　　　　138

019 전세자금대출 파헤치기　　　　　139

정책성 전세자금대출　　　　　139
은행재원 전세자금대출 – HF, SGI, HUG　　　　　141
잠깐만요 보증금반환보증보험, 내 보증금 지키는 안전벨트　　　　　142
전세자금대출을 받기 전에 유의할 점　　　　　143
조건부 전세자금대출이란?　　　　　143

020 대출금리 이해하기 – 고정금리와 변동금리　　　　　145

대출금리 계산하기　　　　　145
일정 기간마다 금리가 바뀌는 변동금리　　　　　146
대출이 끝날 때까지 금리가 바뀌지 않는 고정금리　　　　　147
금리 선택, 어떤 게 유리할까?　　　　　148
무작정 따라하기 금융기관별 금리 실시간으로 확인하는 법　　　　　149

| 021 | **대출 상환 방식과 원리금 통장 활용 전략** | **153** |

    네 가지 대출 상환 방식   153

    잠깐만요 DSR 계산과 상환 방식의 상관관계   155

    원리금 통장 전략 – 이자 부담 없이 대출금 갚는 법   155

| 022 | **금융기관별 활용 전략** | **157** |

    1금융권 – 가장 안전하지만, 대출은 깐깐하게   157

    2금융권 – 조금 더 자유롭고, 때론 더 많은 대출이 가능   158

    3금융권 – 빠르지만 신중하게 접근해야 할 곳   158

    금융권별 특성을 알면, 전략이 보인다   159

    무작정 따라하기 은행 대출 상담 체크리스트   160

| 023 | **신용점수, 연체만 없다면 대출도 신용이다** | **161** |

    대출이 있다고 무조건 신용점수가 떨어지는 건 아니다   161

    대출 한도부터 이자까지, 신용이 자산이 되는 시대   162

    신용점수를 올리는 방법   163

    비금융 정보도 신용점수를 올려준다고?   164

| 024 | **대출 한도 최대로 받는 소득 전략** | **165** |

    증빙소득 – 가장 확실한 공식 소득   165

    인정소득 – 건강보험료, 국민연금으로 추정하는 소득   166

    신고소득 – 카드 사용액, 임대료, 이자소득 등   166

    소득이 부족하면 배우자 소득도 합산 가능하다   166

| 025 | **청약에서의 대출 전략** | **168** |

    1억 5,000만 원으로 50억 원 아파트의 주인이 된 비결   168

    계약금이 부족할 땐 어떻게 해야 할까?   169

    중도금대출, 받는 순서만 기억하자   170

    잔금대출   171

셋째마당

세금: 세후 수익률을 끌어올리는 현명한 절세법
― 계약서 작성부터 양도소득세 비과세까지

026 **부동산 세금을 알면 내 집 마련이 쉬워지는 이유** — 180
    내 집을 마련하는 세 가지 방법 — 180
    세금을 알아야 기회를 잡을 수 있다 — 181

027 **계속해서 변하는 세금에 대응하는 법** — 182
    세금의 기본적인 틀을 먼저 잡아라 — 183
    매년 7월에 나오는 세법 개정안을 확인하라 — 183
    시장 변화에 따라 바뀌는 추가 정책을 수시로 확인하라 — 184
    잠깐만요 알아두면 유용한 세테크 사이트 — 185

028 **내 집 마련 시 꼭 챙겨야 하는 부동산 세금** — 186
    부동산을 살 때, 보유할 때 내는 세금 — 186
    세부담이 가장 큰 양도소득세 — 187
    부동산 투자 전 세금을 꼭 계산하라 — 188
    잠깐만요 부동산 절세의 시작은 서류와 영수증 챙기기 — 189

029 **계약서 작성 시 놓치면 안 되는 세 가지 절세 포인트** — 190
    가급적이면 부부공동명의로 할 것 — 190
    잠깐만요 단독명의 주택을 공동명의로 바꾸면 절세 효과가 있을까? — 193
    소유권이전비용 견적서를 꼼꼼하게 체크할 것 — 193
    인테리어 영수증 챙기고 양도소득세를 미리 아낄 것 — 196

030 **부동산 투자 단계별 절세 포인트 체크하기** — 199
    취득 단계에서의 절세 포인트 — 199

	보유 단계에서의 절세 포인트	202
	양도 단계에서의 절세 포인트	203

031 집값이 올랐다면 양도소득세를 고민하라 … 206
실전! 양도소득세 줄이기 … 206
무작정 따라하기 단독명의 vs. 공동명의에 따른 양도소득세 계산 예시 … 209

032 세금 한 푼 안 내는 양도소득세 비과세 … 211
비과세 혜택의 조건과 효과 … 211
잠깐만요 비과세를 활용한 갈아타기 사례 … 214

033 비과세 혜택에서 세대분리를 주의해야 하는 이유 … 215
세대분리를 했다고 안심하면 안 되는 이유 … 215

034 상급지로 가기 위한 세 가지 절세법 … 218
1. 주택＋주택: 일시적 2주택 비과세 … 218
2. 주택＋주택 분양권 … 219
3. 주택＋조합원 입주권 … 221
잠깐만요 비과세 혜택을 제대로 활용한 실전 사례 … 223

넷째마당

사례로 배우는 생애주기별 첫 집 마련 전략

035 **첫 집, 생애최초의 혜택을 누려라** — **226**
    입지: 생애최초라면 어디에 집을 사야 할까? — 227
    잠깐만요 생애최초 내 집 마련 자금 계획표 샘플 — 228
    대출: 생애최초의 지역별 대출 전략 — 228
    세금: 생애최초의 취득세 감면 혜택 — 230

036 **지방에서 상경한 1인 가구의 내 집 마련** — **231**
    잠깐만요 내 집 마련을 위한 최소 종잣돈은 얼마일까? — 232
    잠깐만요 종잣돈 3,000만 원으로 소액 경매에 도전해도 될까? — 233
    입지: 1인 가구를 위한 6억 원 이하 아파트 — 233
    잠깐만요 강남권 직장인을 위한 추천 입지 — 236
    대출: 연봉 5,000만 원 이하 직장인의 대출 전략 — 236
    세금: 1인 가구의 첫 집, 세금은? — 237

037 **결혼을 앞둔 예비부부의 신혼집 마련** — **239**
    입지: 신혼집 마련을 위한 입지 노하우 — 240
    대출: 부부 합산 연봉을 활용한 주택담보대출 — 241
    세금: 혼인 신고 여부에 따른 세금 전략 — 242

038 **아이가 있는 부부를 위한 내 집 마련** — **245**
    입지: 학군을 고려한 입지 전략 — 245
    대출: 신생아특례대출과 다자녀 혜택 — 247
    세금: 양도소득세 아끼는 공동명의 활용법 — 248
    잠깐만요 명문 학군을 확인하는 방법은? - 수도권 6대 학군지 — 249

다섯째마당

더 나은 입지로 향하는 상급지 갈아타기 전략

039 갈아타기, 부동산 투자의 본선   254
- 입지: 자산 격차를 만드는 갈아타기 입지 선정   254
- 대출: 갈아타기를 할 때의 대출 전략   256
- **잠깐만요** 지금 우리에게 필요한 것은 대출력!   256
- 세금: 갈아타기를 할 때 알아두어야 할 절세 포인트   257

040 주택 + 주택 갈아타기 전략   258
- 입지: 상급지 갈아타기를 위한 두 가지 전략   258
- 대출: 갈아타기 대출 시 유의할 점   260
- 세금: 일시적 2주택 비과세 파헤치기   261
- **잠깐만요** 빌라 + 아파트, 아파트 + 아파트는 어떻게 다를까?   262

041 주택 + 주택 분양권 갈아타기 전략   263
- 입지: 서울 아파트 분양권 투자하기   265
- 대출: 분양권 투자의 대출 전략   266
- 세금: 주택 + 주택 분양권의 비과세 전략   266

042 주택 + 조합원 입주권 갈아타기 전략   268
- 입지: 입주권, 상급지로 가는 현실적인 방법   269
- 대출: 입주권 투자 시 대출 전략   270
- 세금: 입주권도 비과세 혜택을 받을 수 있을까?   271

PLUS 부동산 대출 규제 요약 정리   273

부동산 투자 무작정 따라하기

001 부동산 투자, 왜 공부만 하고 실천하지 않을까?
002 부동산의 국영수? 입지, 대출 그리고 세금!
003 왜 입지, 대출, 세금을 한꺼번에 고려해야 할까?
004 부동산 투자를 하기 전에 꼭 알아야 할 것

**준비
마당**

왜 부동산 투자를 할 때
입지, 대출, 세금을
동시에 고민해야 하는가?

001
부동산 투자, 왜 공부만 하고 실천하지 않을까?

오랫동안 강의를 하다 보면 초급 강의인데도 몇 번이나 마주치는 수강생들이 있다. 몇 번 들었으니 이제는 다음 단계로 나아가야 할 텐데 계속해서 같은 강의를 듣고 있는 수강생들을 보면 감사한 마음이 드는 한편 안타까운 마음도 든다.

부동산 투자를 자꾸만 망설이게 되는 이유

수강생들에게 강의를 듣고, 책으로 공부를 했음에도 투자를 망설이는 이유가 뭔지 물어보았다. 열심히 공부했다면 실제 투자 세계에 뛰어드는 것이 순리이기에 망설이는 이유가 너무 궁금했다.

> 이유 1. 저는 운이 없는 것 같아요. 하필 제가 투자하려고 할 때 이런 규제가 생겼어요.
> 이유 2. 강의를 듣고 나면 좀 알겠다 싶은데, 막상 투자를 하려고 하면 하나도 모르겠어요.
> 이유 3. 돈이 턱없이 부족한데 뭘 할 수 있겠어요. 내 집 마련은 멀었죠, 뭐.
> 이유 4. 책이나 강의에서 듣던 거랑 실제는 다르던데요. 대체 왜 그런 거죠?
> 이유 5. 이런저런 조건을 다 갖춘 곳을 찾기가 어려워요. 어디를 사야 할까요?
> 이유 6. 남편이 그러다 돈 날린다고 자꾸 반대해요. 이혼해야만 투자를 할 수 있는 걸까요?

많은 사람이 처음엔 이런 두려움을 느낀다. 하지만 실제로 첫 투자를 하고 나면 마치 전혀 다른 세상을 만난 듯 용기가 생긴다. 책이나 강의에서 접한 것을 실행으로 옮기면 시행착오를 겪어야 할 수도 있지만, 그럼에도 한 번의 시도가 큰 장벽 하나를 무너뜨려준다.

누구나 한 번은 경험할 부동산, 실행이 답이다

우리 모두 이제 입지, 대출, 세금이라는 세 가지 영역의 전문가가 되었지만, 처음엔 그저 겁 많은 부린이에 불과했다. 입지를 좀 알았다 싶으면 대출이 발목을 잡았고, 대출까지 어찌저찌 잘 넘겼다 싶으면 세금이라는 큰 장벽이 버티고 있었다. 이런 장벽을 만날 때마다 좌절하고 우왕좌왕하다 결국 투자를 포기하게 되는 것이다.

부동산 투자는 정답이 없기 때문에 투자자 스스로가 어떻게 공부하고 어떤 선택을 하느냐에 따라 투자의 성패가 갈린다. 하지만 정답이 없을 뿐, 조금 더 안전하고 빠르게 가는 길은 있다. 투자 초보자들은 그걸 몰라 공부를 하면서도 잘 모르겠다고 하고, 결국 포기해버린다.

하지만 여전히 대한민국은 부동산이라는 실물 자산이 큰 영향력을 갖고 있고, 이것이 노후 준비에 큰 발판이 되고 있다. 물론 은퇴 이전까지 삶의 질적인 측면에서도 내가 살 집이라는 점에서 중요하다. 많은 사람이 사회생활을 시작하면서 자취를 하고, 결혼을 하면서 새 보금자리를 마련한다. 그리고 아이를 낳아 기르며 더 나은 환경으로 이동한다. 그렇기에 부동산 공부와 투자는 피할 수 없는 과제다.

이 책은 누구나 살면서 한 번은 겪는 부동산 투자(투자는 내가 살 집부터 시작되기에, 온전히 내가 살 집을 사는 것도 투자라 할 수 있다)를 성공으로 이끌어주고자 하는 마음에서 시작되었다. 특히 열심히 공부했는데도 막상 투자에 나서지 못하는 사람들에게, 가장 중요한 것은 책이 아니라 실제 현장에서 배울 수 있다는 사실을 알려주고자 한다.

002

부동산의 국영수?
입지, 대출 그리고 세금!

부동산 공부를 시작하면 용어부터 절차까지 모든 것이 복잡하고 어려워 보인다. 그래서 많은 초보자가 초급반에서 맴돌기만 하고 앞으로 나아가지 못한다. 하지만 부동산은 크게 세 줄기만 이해하면 큰 틀을 이해했다고 할 수 있다. 그것은 바로 입지, 대출, 세금이다. 학교 공부에서 국영수가 중요하듯, 부동산 공부에서는 입지, 대출, 세금만 제대로 이해해도 큰 어려움 없이 실전에 나설 수 있다.

입지: 부동산 투자의 성패를 가르는 첫걸음

우선 입지에 대해 생각해보자. 리차드 M. 허드(Richard. M. Hurd)는 지가이론에서 '지가는 경제적 지대에 바탕을 두고, 지대는 위치에, 위치는 편리함에, 편리함은 가까움에 의존한다'라고 말하며, 지가, 즉 땅의 값이 접근성에 의존한다는 것을 강조했다. 부동산은 어디에 있느냐에 따라 유용성이 다르고, 그로 인해 가격 차이가 발생한다. 그렇기 때문에 부동산의 입지는 투자의 성패를 가르는 가장 중요한 요소라 할 수 있다.

특히 문재인 정부가 집권한 이후 부동산 가격이 급등하자 정부는 6·19 부동산 대책, 8·2 부동산 대책, 9·13 부동산 대책, 12·26 부동산 대책 등 수많은 규제책을 쏟아냈다. 2017년에 투기과열지구, 투기지역, 조정대상지역*이 지정되었는데, 이는 입지에 따른 지역의

알아두세요

투기과열지구, 투기지역, 조정대상지역 부동산 시장의 과열을 막기 위해 정부가 지정한 규제지역을 뜻한다.

등급을 보여준 것이라고도 할 수 있다. 위치가 좋고 편리한 곳은 수요가 많기에 부동산 가격이 높아 투기지역으로 묶어놓은 것이다. 이것만 보아도 왜 수많은 사람이 좋은 위치의 부동산을 찾는지 알 수 있다.

대출: 부의 추월차선을 타는 대출 전략

이번에는 대출에 대해 이야기해보자. 몇 년간 쏟아져 나온 부동산 규제로 대출에 문제가 생겨 투자자들이 낭패를 겪기도 했다. 이는 2025년 6월 27일에 나온 가계부채 관리 방안으로 정점을 찍었다. 뒤에서 더 자세히 살펴보겠지만 서울 수도권 내 주택담보대출은 이제 6억 원까지만 받을 수 있고, 주택 구입 시 전입 의무 부과, 생애최초 주택 구입 목적 주택담보대출 규제 강화 등 추가 조치도 병행됐다. 이로 인해 대출이라는 레버리지를 이용해 좀 더 나은 상급지에 내 집을 마련하거나 갈아탈 계획을 세웠던 투자자들은 대출이 막혀 이도 저도 못하고 있는 상황이다.

오히려 이런 상황에서 대출에 대한 공부와 활용이 더 중요해진다. 대출력이 있는 자는 막힌 담을 허무는 빈틈 전략을 기어코 찾아내고, 예외규정 및 경과규정을 면밀히 살펴 합법적으로 은행 대출을 필요한 만큼 받아낸다. 예를 들어 조건부 전세자금대출이 막혔지만, 세입자가 전세자금대출 받는 날짜와 새로운 집주인의 주택담보대출 실행 날짜를 다르게 하면 조건부 전세자금대출 금지조항도 합법적으로 피할 수 있다. 이제 대출 공부를 하는 것과 하지 않는 것의 차이가 더 명확하게 부의 격차를 가르게 되었다.

세금: 투자 수익률을 끌어올리는 필살기

마지막으로 세금에 대해 이야기해보자. 앞서 언급한 문재인 정부 집권 이후의 여러 규제 정책으로 세금의 중요성이 더욱 커졌다. 정신없이 나온 규제책들을 제대로 이해하지 못해

하루 차이로 세금 폭탄을 맞는 일이 생기기도 했고, 안 내도 될 세금을 내야 하는 상황이 생기기도 했다. 매매를 무사히 마쳤다고 방심해서는 안 된다. 이제는 매매 초기부터 세금을 계산해 합법적으로 세금을 적게 낼 수 있는 방법을 찾아야 한다. 세금을 만만하게 봤다가는 큰 코 다칠 수 있다.

지금까지 부동산의 입지, 대출, 세금의 중요성에 대해 간단히 살펴보았다. 부동산의 국영수인 세 줄기를 확실히 공부하면 그 외에 필요한 지식들도 차근차근 쌓일 것이다.

잠깐만요 문재인 정부 이후의 부동산 규제책

문재인 정부 출범 이후, 과열된 부동산 시장을 잡기 위한 강력한 규제책이 연이어 발표되었다. 하루가 멀다 하고 새로운 규제가 쏟아졌고, 그 여파로 투자자들은 물론 실수요자들마저 혼란에 빠지게 되었다. 그러나 이러한 수많은 규제에도 불구하고 부동산 가격은 폭등을 거듭했고, 시장은 오히려 더 큰 불안과 혼란에 빠지고 말았다.

이러한 경험을 바탕으로 새롭게 출범한 이재명 정부는 문재인 정부의 정책 실패를 타산지석 삼아 부동산 시장의 안정을 도모할 것으로 기대되었다. 실제로 시장 일각에서는 규제 일변도의 정책 기조에서 벗어나, 원활한 수요와 공급을 위한 새로운 정책이 나올 것이라는 기대감도 있었다.

하지만 2025년 6월 말부터 대출 제한, 다주택자 규제 강화, 갭투자 방지 등의 규제 조치가 이어지면서, 시장은 다시 긴장 국면에 접어들었다. 문재인 정부 당시의 규제 피로감이 재현되는 것은 아닌지 우려하는 시선도 적지 않다.

앞으로 어떤 형태의 추가 규제가 나올지 예의주시해야 한다. 부동산 시장 참여자들은 정책 변화에 민감하게 대응하며, 자신만의 전략을 조속히 마련할 필요가 있다. 특히 자산 포트폴리오 재점검과 금융 계획의 유연한 조정이 그 어느 때보다 중요해졌다.

▼ 정권별 부동산 규제

정권 및 연도	시기	정책명	핵심 규제 내용
문재인 정부 (2017~2022년)	2017년 6월	6·19 대책	조정대상지역 확대, 민간택지 전매 제한 기간 연장, LTV·DTI 10% 강화
	2017년 8월	8·2 대책	서울 전역·과천·세종 등 투기과열지구 지정, 양도소득세 강화, 대출 규제, 재개발·재건축 전매 제한
	2017년 9월	9·5 대책	분당·수성 투기과열지구 추가, 분양가상한제 요건 강화
	2017년 10월	10·24 대책	신DTI, DSR 도입으로 대출 심사 강화

	2017년 11월	11·29 주거복지 로드맵	연간 20만 호 공공주택 공급, 신혼부부·청년 지원 확대
	2017년 12월	12·13 대책	임대 등록 세제 혜택 확대, 전세 안정 강화
	2018년 6월	6·28 종합주거계획	재건축 초과이익환수제 시행, 임대차 안정책 강화
	2018년 7월	7·5 대책	신혼부부·청년 주거비 지원 확대
	2018년 8월	8·27 대책	투기지역 격상·조정대상 지정 확대, 일부 해제
	2018년 9월	9·13 대책	추가 규제 조치 및 시장 안정 강화
	2019년 12월	12·16 대책	15억 원 초과 주택에 대한 주택담보대출 금지
	2020년 8월	부동산 3법	임대차보호법 개정, 종합부동산세·1세법 개정으로 세제·거래 안정화
윤석열 정부 (2022~2025년)	2022년 6월	6·21 대책	LTV 한도 상향, 규제지역 내 전입 의무 폐지, 고가 주택 전세대출보증 허용 등
	2022년 8월	8·16 대책	버팀목전세대출 보증금/한도 상향, 50년 초장기 모기지 출시, DSR 소득 폭 확대
	2022년 10월	10·27 대책	중도금대출 보증 한도 상향, 규제지역 LTV 50% 단일화, 15억 원 초과 아파트 주택담보대출 허용
	2023년 3월	3·2 대책	규제지역 주택담보대출 허용, 임차보증금 반환 목적 대출 규제 폐지 특례대출 금리 인하 등
	2023년 4월		오피스텔 담보대출의 DSR 산정 방식 개선
	2023년 7월		역전세반환대출 완화
	2023년 9월		50년 주택담보대출 제한, 일반형 특례보금자리론 중단
	2024년 2월		스트레스DSR 도입
	2024년 3월		신혼부부 대출 소득요건 완화
	2024년 7월		역전세반환대출 연말까지 연장
	2024년 9월		스트레스DSR 2단계 실시
	2024년 12월		디딤돌대출 수도권 아파트 '맞춤형 관리방안' 발표
이재명 정부 (2025년 6월~)	2025년 6월 말	6·27 대책	수도권 6억 원 이상 주택담보대출 금지, 만기 최대 30년, 2주택 이상 주택담보대출 금지, 신용대출 한도 축소, 조건부 전세자금대출 금지
	2025년 7월 이후 예상		스트레스 DSR 3단계 시행, 전세자금대출 보증 비율 축소, LTV 추가 축소, RWA(위험가중치) 상향, 토지거래허가구역 확대, 세제 가능성 논의

003

왜 입지, 대출, 세금을 한꺼번에 고려해야 할까?

앞서 부동산의 입지, 대출, 세금은 국영수처럼 중요하다고 이야기했다. 학생들은 국영수 점수가 성적에서 많은 비중을 차지하기에 이 세 과목을 집중적으로 공부한다. 마찬가지로 입지, 대출, 세금도 부동산 투자에 있어 가장 큰 줄기이기에 이를 제대로 이해해야 나머지도 자연스럽게 이해할 수 있다.

입지, 대출, 세금은 결국 하나로 연결되어 있다. 내 집을 마련하기 위해서는 유기적으로 연결된 이 세 가지 항목을 제대로 공부해야 한다. 어떤 입지를 선택하느냐에 따라 필요한 돈이 달라지고, 레버리지로 활용할 대출금이 달라진다. 또 지역에 따라 대출 여부가 달라지기도 한다. 세금도 지역에 따라, 규제에 따라 다양한 변수가 있기에 어느 하나만 고민해서는 안 된다.

입지, 대출, 세금을 함께 고려하면 생기는 마법

부동산의 본질은 입지라 할 수 있다. 맛있는 요리를 하려면 원재료가 좋아야 한다. 재료가 좋지 않으면 아무리 대단한 요리법을 이용해 요리를 해도 제대로 맛을 낼 수 없다. 부동산도 마찬가지다. 입지를 고려하지 않고 신축이라서 또는 규제를 피한 곳이라서 선택한다면 결국 후회할 가능성이 크다. 그렇기 때문에 우리가 가진 예산 안에서 어떤 입지의 집을 선택하느냐가 투자의 성패를 가른다고 할 수 있다.

입지가 결정되었다면 더 높은 단계의 입지로 매수 범위를 확장해주고 결정해줄 대출을 고민해야 한다. 값(가치)이 오를 만한 집을 보는 안목이 생겼다면 대출을 잘 활용할 줄 알아야 한다. 여전히 대출을 많이 받는 것을 부담스럽게 생각하는 사람이 많은데, 우리는 금융 자본주의 시대를 살고 있다. 서울 아파트 평균 가격이 14억 원을 넘어섰는데, 실제로 그만큼의 현금을 가지고 있는 사람이 얼마나 있겠는가. 그렇기에 최상의 대출 전략을 세워야만 내 집 마련을 넘어 자산 증식에 성공할 수 있다.

대출은 유튜브나 인터넷 또는 주거래 은행에 물어본다고 되는 것이 아니다. 규제가 많아지면서 하나만 실수해도 대출의 실행 여부가 달라진다. 정확한 지식에 근거하지 않은 대출 지식은 오히려 화를 부른다. 잘못된 대출 지식으로 덜컥 집을 계약했다가 계약금만 날릴 수도 있다. 모든 투자 결정의 책임은 본인에게 있다. 그렇기에 확실하지도 않은 정보에 의존하지 말고, 스스로 대출에 대해 공부하고 전략을 세워야 한다.

오를 만한 집을 사서 대출을 받으면 나중에 집값이 올라 매도할 때 내가 갚아야 할 대출금이 줄어든다. 하지만 오르지 않을 집을 사면서 대출을 받으면 결국 나쁜 빚이 된다. 따라서 자신의 상환 능력을 체크한 후에 최대한 레버리지로 활용할 수 있는 대출을 받는 것이 중요하다.

이 모든 과정에 세금이 관통한다. 특히 입지가 좋은 곳의 집을 사고팔 때는 세금의 액수가 크기 때문에 세금까지 고려해 대출금을 높여야 할 수도 있다. 모아둔 돈도 많지 않아 어떻게든 대출을 레버리지로 활용하려고 하는데, 예상치 못하게 세금을 많이 내야 한다면 얼마나 속상하겠는가. 그러니 세금도 꼼꼼하게 챙겨야 한다.

따로 또 같이, 이제는 순서가 중요하지 않다

투자든 실수요든 집을 마련할 때는 일단 '어디'가 중요하기에 가장 먼저 입지에 대해 이야기했다. 그리고 그다음에는 돈을 마련해야 하기에 대출에 대해 이야기했고, 마지막으로 세금에 대해 이야기했다. 과거에는 입지가 우선이라는 인식이 강했다. 하지만 지금은 상황이 달라졌다. 규제의 강도가 높아지고 정책 방향이 자주 바뀌면서, 각 요소가 서로 영향을 주면서도 독립적으로 중요해졌다. 좋은 입지를 골랐다 해도 대출이 막히면 매입 자체가 불가능하고, 세금 부담이 과도하면 수익률이 무너진다. 반대로 세금 혜택이나 대출 여력이 좋아도 입지가 나쁘면 자산 가치 상승을 기대하기 어렵다. 따라서 '입지 먼저, 금융은 나중'이라는 공식은 더 이상 통하지 않는다. 지금은 '순서'보다 '조합'이 중요하다. 입지, 대출, 세금을 동시에 이해하고, 서로의 조건을 맞춰가는 능력을 갖춰야만 시장에서 살아남을 수 있다.

지금까지 부동산 투자를 할 때 입지, 대출, 세금을 함께 공부해야 하는 이유와 그 중요성을 알아보았다. 앞으로는 입지, 대출, 세금의 기초를 각각 설명하고, 세 항목을 종합적으로 활용해 실제로 어떻게 부동산 투자를 해야 하는지 사례를 들어 설명하도록 하겠다.

004

부동산 투자를 하기 전에 꼭 알아야 할 것

본격적인 부동산 투자에 앞서 가장 기본이 되는 개념을 익혀보자. 부동산의 종류에는 무엇이 있는지, 부동산 관련 서류에는 어떤 것들이 있는지 등을 설명하도록 하겠다. 기초를 탄탄히 잘 다지면 입지를 선정할 때, 대출을 실행할 때, 상황에 맞는 절세 전략을 세울 때 겁내지 않고 실천할 수 있다.

주거용 부동산의 기본 개념 이해하기

이 책에서는 부동산 초보 투자자가 내 집 마련 시 고려해볼 수 있는 주거용 부동산을 중심으로 알아보도록 하겠다. 주거용 부동산의 정의와 장단점, 투자 시 참고할 팁을 살펴보자.

▼ 주거용 부동산의 종류와 특징

종류	정의	장점	단점	투자 팁
단독주택	단독으로 생활할 수 있는 1~2층 규모의 주택	• 사생활 보호 가능 • 자신만의 마당이나 정원 소유 가능	• 가격이 상대적으로 비쌈 • 유지·보수비용이 높음 • 비교적 조용한 곳에 있어 교통 불편 • 주변 상권이나 시설 부족	상대적으로 대지 지분이 많아 추후 개발 시 상당한 시세 차익을 얻을 수 있음
다가구주택	주택으로 사용하는 층(지하층 제외)이 3개 이하이고, 1개 동의 주택으로 쓰이는 바닥면적 합계가 660m² 이하이며, 19세대 이하가 거주할 수 있음	유동인구가 많은 지역은 상가주택으로 용도를 변경해 수익을 높일 수 있음	대학가 인근에 있는 것은 대개 노후화가 진행되어 월세 수익이 낮음	재개발 같은 개발계획이 없으면 시세 차익을 얻기 어려워 월세 수익에 집중

아파트	주택으로 사용하는 층(지하층 제외)이 5개 이상인 주택	• 주거 형태가 정형화되어 있어 감정평가가 수월해 대출이 빠르게 나옴 • 편의시설이 잘 갖추어져 있어 거주 편리	정책, 대출 규제 영향이 크고 초기 투자금이 많이 필요	실거주, 투자용으로 인기가 많음
연립주택	주택으로 사용하는 1개 동의 바닥면적 합계가 660m²를 초과하고, 층(지하층 제외)이 4개 이하인 주택	아파트보다 저렴	대부분이 노후화됨	토지 가치를 활용해 재개발이나 재건축으로 시세차익을 노리는 시세 차익형 부동산
다세대주택	주택으로 쓰는 1개 동의 바닥면적 합계가 660m² 이하이고, 층(지하층 제외)이 4개 이하인 주택. 흔히 '빌라'라고 부름	아파트보다 저렴	• 지하철역에서 먼 곳은 교통이나 편의시설 이용이 불편 • 높은 시세 차익을 얻기 어려움	월세 수익에 집중하는 수익형 부동산
오피스텔 (주거용)	주로 업무를 하는 시설로, 공간 중 일부에서만 숙식이 가능한 건물	• 1~2인 가구가 가장 선호 • 주로 지하철역 주변에 있어 교통과 편의시설 이용이 편리	지하철역에서 가까워야 공실 위험이 없음	전형적인 수익형 부동산

부동산 서류 이해하기

건축물대장

구조, 용도, 면적, 층수 등 건축물 자체에 대한 기준이 되는 서류다. 부동산계약서를 작성할 때 해당 부동산의 호수는 건축물대장의 호수를 따라야 한다. 위반 건축물 표시 여부, 시정 명령과 같은 행정 처분 이력을 확인할 수 있으며, 용도가 실제 사용 목적과 일치하는지를 주의해서 봐야 한다. 정부24(gov.kr)에서 발급받을 수 있다.

등기사항전부증명서(등기부등본)

부동산에 대한 등기 기록 사항의 전부 또는 일부를 증명하는 서류다. 부동산의 소유자가 누구인지, 해당 부동산을 과거에 얼마에 매수했는지를 포함해 권리관계 등을 알 수 있어 중요하다. 대법원 인터넷등기소(iros.go.kr)에서 발급받을 수 있다.

▼ 등기사항전부증명서 - 표제부 예시

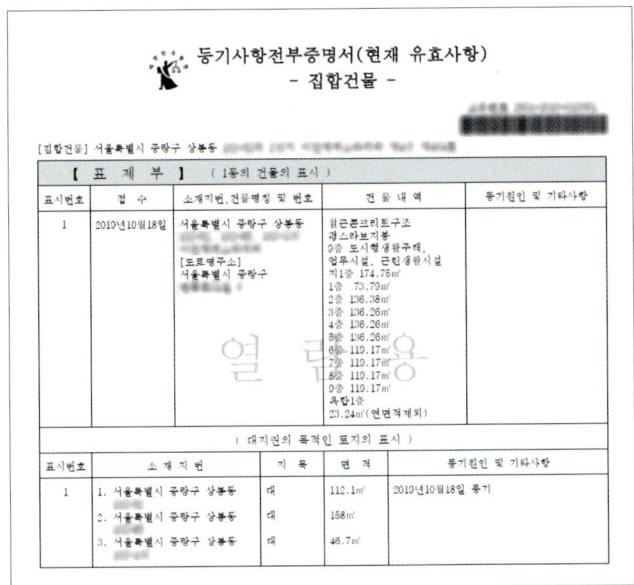

▼ 등기사항전부증명서 - 갑구 예시

▼ 등기사항전부증명서 - 을구 예시

토지대장

지목, 면적 등 토지 자체에 대한 기준이 되는 서류다. 단, 토지 소유자의 성명과 주민등록번호 등 소유권에 대한 기준은 등기사항전부증명서의 내용이 우선임을 주의하자. 토지뿐 아니라 건축물을 거래할 때도 토지대장을 확인해야 하는데, 이때 각 호수의 대지권 비율을 확인할 수 있는 대지권등록부도 함께 발급받는 것이 좋다. 정부24에서 발급받을 수 있다.

지적도(임야도)

토지의 모양과 경계를 확인하기 위한 서류다. 토지는 자연재해나 경작 등으로 모양이나 경계가 바뀔 수 있으므로 토지 거래 시 반드시 확인해야 한다. 실제 토지 이용 현황과 지목이 일치하는지, 토지가 도로와 접해 있는지, 진입로가 확보되어 있는지 등을 알 수 있다. 정부24에서 발급받을 수 있다.

토지이용계획확인서

토지의 지목, 면적, 개별공시지가, 지역·지구 등 지정 여부 등을 알 수 있는 서류다. 이를 통해 해당 토지의 용도지역과 용도지구를 정확히 확인하여 토지의 개발 가능성과 법적 규제, 해당 토지에 건축할 수 있는 건축물의 크기와 밀도 등을 파악할 수 있다. 정부24에서 발급받을 수 있고, 토지이음(eum.go.kr)에서도 열람할 수 있다. 토지이음을 통해 토지이용계획, 도시계획, 규제안내서 등 다양한 정보를 얻을 수 있으니 활용해보기 바란다.

부동산종합증명서

건축물대장, 등기사항전부증명서, 토지대장, 지적도, 토지이용계획확인서 등 부동산 관련 서류 18종을 하나로 통합한 서류다. 다양한 정보를 간편하게 확인할 수 있어 편리하지만, 등기를 신청할 때는 반드시 각각의 서류를 발급받아 확인해야 한다. 부동산종합증명서는 일사편리(kras.go.kr)에서 발급받을 수 있다.

부동산 투자 순서 이해하기

부동산 투자 초보자들이 꼭 알아두어야 할 기본적인 투자 순서를 간략히 정리했다. 오랜 투자 경험과 상담 현장에서 얻은 실전 팁도 함께 담았으니, 본격적으로 공부를 시작하기 전에 전체 흐름을 훑어보며 투자 감각을 익혀보자.

▼ 부동산 투자 10단계

순서	투자 단계	주요 내용	체크 포인트/팁
1	목표 설정	투자 목적 결정하기(거주용인지, 수익형인지 등)	개인의 상황과 앞으로의 투자 계획을 고려해 결정
2	자금 계획 수립	자기자본, 대출 가능 금액, 세금까지 고려한 총 투자 금액 예측하기	부동산 대책, 대출 규제 등 확인 필요
3	시장/지역 분석	지역별 시세, 개발 호재, 인구 흐름, 인프라 등 분석하기	GTX, 정비 사업 등 미래 가치 우선 분석
4	상품 분석 및 선정	아파트, 오피스텔, 상가 등 유형 선택하기	투자 목표에 따라 월세 수요, 실거주 선호도 등 확인
5	입지 분석	초중고/역세권/편의시설 등 생활 인프라와 입지 조건 체크하기	도보 10분 이내 인프라 유무 확인
6	수익성 및 리스크 분석	매입가, 임대 수익, 지출(세금+관리비+대출이자) 분석하기	세후 수익률 분석 필요
7	권리관계 및 등기 확인	등기사항전부증명서, 건축물대장, 토지이용계획 확인서 등 확인하기	근저당, 가압류, 임차권설정 등 확인
8	계약 및 매매 절차 진행	계약서 작성, 중도금·잔금 지급, 등기 이전하기	계약서 작성 전에 적용되는 세금 미리 확인
9	사후 관리 및 운영	임대 관리, 세금 신고, 대출 상환, 리모델링 등 진행하기	일정에 맞춰 세금 신고 및 납부
10	출구 전략 수립	매도 시점, 증여·상속, 보유 전략 등 계획하기	양도, 증여, 상속을 동시에 고려

부동산 투자 무작정 따라하기

- **005** 미래의 부는 입지로 통한다
- **006** 오를 집을 찾는 입지 필살기
- **007** 손품으로 입지 가치 분석하기 – 프롭테크
- **008** 발품으로 입지 확신 얻기 – 임장법
- **009** 입지와 가격의 교차점 찾기 – 시세 트래킹
- **010** 예산 안에서 최적의 대안 찾기 – 시세 그루핑
- **011** '나만의 강남'을 찾아라
- **012** 흔들리지 않는 나만의 본진, 베이스캠프

첫째 마당

입지:
부동산은 첫째도, 둘째도, 셋째도 **입지**다

— 프롭테크, 임장법, 시세 분석부터 추천 지역까지

005
미래의 부는 입지로 통한다

입지란, 인간이 경제 활동을 하기 위해 선택하는 장소를 말한다. 여기서 말하는 경제 활동이란, 일하고 소비하고 교육받는 등 삶 전체가 포함된다. 좋은 입지는 교통, 일자리, 학군, 인프라 등의 요소가 골고루 갖춰진 곳이다. 단순히 비싼 동네가 아니라 거주자 입장에서 살기 편하고 오래 살고 싶어지는 곳이며, 삶의 질과 자산 가치를 동시에 만족시키는 곳이다. 입지는 결국 '수요자의 필요'가 모여 있는 곳이다.

입지의 세 가지 기준

그렇다면 사람들은 어떤 입지를 선택할까? 답은 명확하다. '기회가 많은 곳'이다. 부동산에서 말하는 기회란 단순히 가격이 오를 가능성만을 뜻하지 않는다. 지역에 변화가 시작되고, 그 변화가 사람과 자본을 끌어들이는 흐름이 되느냐가 관건이다. 그 흐름을 만들어내는 대표적인 세 가지 축이 있다. 바로 직주근접, 인구 유입, 개발 호재다.

1. 직주근접

일자리가 많은 지역에는 언제나 사람이 몰린다. 출퇴근 시간이 짧아지면 삶의 질이 높아지고, 이는 곧 실거주 수요로 이어진다. 그래서 강남, 여의도, 광화문 같은 핵심 업무지구 주변은 항상 높은 주거 수요를 유지하며 가격을 방어한다. 수도권에서는 판교, 광교, 동탄처럼 일자리와 주거지가 함께 있는 '자족형 신도시'가 대표적이다. 사는 곳과 일하는 곳이 가까운 지역은 언제나 강한 힘을 갖는다.

2. 인구 유입

사람들이 꾸준히 유입되는 지역은 소비가 늘고, 상권이 발달하며, 주택 수요도 자연스럽게 증가한다. 특히 30~40대 실수요층이 많이 들어오는 지역은 미래 가치까지도 좋다. 사람이 모이면 돈이 모인다.

3. 개발 호재

교통망 확충, 정비사업, 복합개발 등은 지역의 물리적 환경을 근본적으로 바꾸고 자산 가치를 끌어올리는 촉매 역할을 한다. GTX 노선 개통, 대규모 업무단지 유치, 재개발·재건축 추진 등은 입지에 '새로운 의미'를 부여하며 자산 가치를 높이는 기폭제가 된다.

이 세 가지 요소가 동시에 일어나는 곳은 시간이 흐를수록 입지 프리미엄이 축적된다. 환경은 개선되고, 수요는 늘고, 자산 가치는 자연스럽게 상승한다. 결국 기회가 많은 입지를 먼저 알아보는 눈이 있어야 한다. 그 흐름을 초기에 포착한 사람은 시간이라는 가장 확실한 복리를 누리게 된다. 기회가 있는 곳에 입지 프리미엄이 쌓인다.

왜 강남은 여전히 강남인가? 그곳은 이미 주거, 학군, 업무 중심지로 입지가 완성되었기에 추가 공급이 거의 불가능하다. 재건축, 리모델링을 제외하고는 신규 공급이 막혀 있기 때문에 한정된 입지에 수요만 계속해서 늘어나고 있다. 이 구조는 가격 방어력을 높이고, 장기적으로는 지속적인 자산 상승으로 이어진다. 결국 입지의 가치는 지금의 편의성뿐 아니라 미래에도 기회가 계속 유입되는 구조와 그 기회를 담아낼 수 있는 희소성에서 비롯된다. 이때 집은 더 이상 '소비재'가 아닌 '자산'이 된다.

이후에 소개할 대출과 세금 전략 역시 입지 위에서 더 빛날 수 있다. 일품요리를 결정짓는 것은 원재료다. 아무리 좋은 양념을 써도 재료가 싱싱하지 않으면 음식 맛이 제대로 나올 수 없다. 부동산도 마찬가지다. 대출 전략과 절세 기술은 잘 짜인 '조리법'이다. 하지만 그

위에 얹힐 기본 재료, 즉 입지가 나쁘면 아무리 기술을 써도 결과는 좋지 않다. 치밀하게 자금 계획을 세웠어도 입지를 잘못 선택하면 모든 전략은 의미를 잃는다. 입지가 좋아야 대출도 감내할 수 있고, 입지가 탄탄해야 세금도 아깝지 않다. 입지가 흔들리면 모든 것이 흔들린다. 결국 대출도, 세금도 '입지 위에서만' 진짜 전략이 될 수 있다.

입지가 만든 격차, 같은 아파트의 다른 운명

동일한 구조와 평형, 브랜드 그리고 연식이 비슷한 아파트라도 입지에 따라 가격은 극명하게 갈린다. 예를 들어 서울 강남의 30년 된 구축 아파트는 30억 원이 넘는 가격에 거래되지만, 수도권 외곽의 아파트는 3억 원 이하의 가격에 거래되기도 한다.

강남구 대치동에 위치한 84㎡ 아파트는 2025년 기준 47억 원 선에서 실거래가 이루어졌다. 반면 비슷한 시기에 준공된 서울 외곽의 래미안 브랜드 아파트는 같은 평형임에도 시세가 약 15억 5,000만 원에 머무르고 있다. 이는 단지 자체의 품질이나 브랜드 가치보다 '어디에 있느냐', 즉 입지가 시세를 결정짓는 중요한 요인임을 보여준다. 대치동은 8학군, 강남권 직주근접, 지하철 2·3호선 더블 역세권이라는 강점이 결합된 '황금 입지'이며, 이 입지 프리미엄이 브랜드나 평형보다 시세에 훨씬 큰 영향을 미친다.

입지가 부동산의 운명을 가른 사례는 얼마든지 찾아볼 수 있다. 대치 은마아파트와 길동 삼익파크는 각각 1979년, 1982년에 지어졌으며, 매매가는 두 단지 모두 4,000만 원대로 비슷했다. 그러나 2025년 기준, 두 아파트의 시세는 각각 40억 9,000만 원과 13억 3,000만 원으로 3배가량 차이가 난다.

대치 은마아파트는 강남 8학군의 중심에 있으며, 2호선과 선릉·도곡·대치역 생활권, 현대백화점과 업무지구 인접이라는 직주근접 그리고 재건축 추진 이슈까지 겹친 대표적인 '황금 입지' 아파트다. 반면 길동 삼익파크는 지하철 5호선 접근성, 대규모 업무지구와의 거리감 등으로 실수요와 투자 수요에서 대치 은마아파트에 비해 입지가 아쉽다.

같은 단지 내에서도 한강이 잘 보이는 동과 그렇지 않은 동의 시세 차이는 수억 원에 달한다. 대표적인 한강변 아파트인 래미안 원베일리의 경우 한강이 잘 보이는 동은 60억 원대, 그렇지 않은 동은 50억 원대로, 최대 20% 차이가 난다. 조망, 일조권, 초등학교와의 거리가 자산 격차를 만든다. 좋은 입지란 결국 사람이 몰리고 자본이 흘러 기회의 밀도가 높은 장소다. 가격은 가능성의 크기를 숫자로 환산한 결과다.

한강 조망 여부, 지하철역 도보 접근성, 초등학교 인접 여부, 학군, 상권, 재건축 가능성 등 입지를 구성하는 디테일한 요소들이 모두 시세를 결정짓는 강력한 변수다. 입지는 부동산 가치의 방향을 결정짓는 나침반이다. 상승장에서는 더 빠르게 오르고, 하락장에서는 더 천천히 떨어진다.

같은 시기에 입주했음에도 불구하고 입지에 따라 자산 격차가 수억 원에서 수십억 원까지 벌어지는 경우가 수없이 많다. 입지의 힘은 시간과 함께 복리처럼 쌓인다.

앞으로의 부는 더욱 입지 중심으로 집중될 것이다. 과거에는 반포·잠실·개포·고덕 등 저층 재건축 단지가 기회였다면, 이제는 압구정·여의도·목동처럼 중층 노후 단지들이 정비사업을 통해 새로운 고급 주거지로 거듭나는 시대가 도래했다. 이처럼 입지가 좋은 낡은 집은 결국 입지가 좋은 새 집으로 변모할 것이다. 서울 전역이 고층 아파트 중심으로 정비되고 있는 지금, 좋은 입지를 가진 신축 아파트는 더욱 희소해질 것이다. 이 도시개발의 절정기에 살고 있다는 것 자체가 기회다.

정리하면, 입지는 단순히 현재 가격을 결정하는 요소가 아니다. 장기적인 자산 가치의 방향과 흐름을 결정짓는 본질적인 요소다. 입지가 좋은 집은 하락장에서는 방어력이 뛰어나고, 상승장에서는 성장의 중심에 선다. 입지는 부의 출발점이다. 입지를 갖춘 집 한 채는 단순한 거주 공간이 아니라, 시간이 흐를수록 나를 지탱해줄 자산이 된다. 좋은 입지를 선택하는 순간, 우리는 부의 길에 들어선 것이다.

006

오를 집을 찾는 입지 필살기

입지를 아는 것과 실제로 가치(값)가 오를 집을 고르는 것은 다르다. 가치가 오를 집을 찾아내기 위해서는 꼭 필요한 요건을 갖추어야 한다. 일자리, 교통, 학군, 생활 인프라, 미래 가치 등 실거주자의 욕구를 충족시킬 만한 요소들이 균형 있게 모여 있는 입지야말로 '황금 입지'라 할 수 있다.

황금 입지를 찾기 위한 요소를 파악하라

입지는 부동산의 가장 중요한 요소다. 하지만 그 기준은 고정되어 있지 않다. 시대가 바뀌면, 입지를 구성하는 요소도 달라진다. 과거에는 '산이 보이고 물이 흐르는 곳'을 명당이라 여겼다면, 오늘날에는 역세권, 초품아*, 한강뷰, 개발계획 등 훨씬 현실적이고 기능적인 요소들이 입지의 가치를 좌우한다.

또한 입지는 현재의 모습만으로 평가해서는 안 된다. 재개발·재건축 가능성, 도시기본계획, 교통망 확장 같은 미래 변화 가능성 역시 입지의 가치를 바꾸는 강력한 변수다. 지금 당장 좋아 보이는 조건만이 아니라, 그 지역이 앞으로 어떻게 달라질지를 예측하는 능력이 입지를 판단하는 진짜 힘이다. 좋은 입지는 단순한 위치가 아니라, 사람들이 원하는 조

> **알아두세요**
> **초품아** '초등학교를 품은 아파트'의 줄임말로, 집과 학교가 가깝고, 횡단보도를 건너지 않고 통학할 수 있는 환경을 뜻한다.

건이 시간의 흐름 속에서 응축된 지점이다. 그곳이 바로 '거주할 만한 가치'와 '가격이 오를 가능성'을 함께 품은 황금 입지다. 결국 입지를 보는 안목이란, 현재와 미래를 동시에 보는 통찰이다.

다음은 황금 입지를 찾을 때 꼭 체크해야 하는 다섯 가지 요소다. 조건에 따라 A, B, C 등급으로 나누거나 '최소 3개 이상 충족 시 통과' 같은 기준을 만들어 체크하는 것이 좋다. 이는 가장 기본적인 요소로, 사람마다 중요하게 보는 요소도, 필요한 요소도 다르니 참고하여 나만의 '황금 입지 체크리스트'를 만들어보자.

▼ 황금 입지 체크리스트

교통	• 지하철역 도보 10분 이내 역세권 • 환승역 또는 주요 노선 접근성 • 주요 업무지구(강남, 여의도, 종로 등) 경유 노선 • 배차 간격 짧은 노선 • 완행역보다는 급행역 • 광역버스 및 간선버스 정류장 인접성 • 도로망 접근성(강변북로, 내부순환로 등 주요 간선도로 진입 용이성)
일자리	• 일자리가 밀집해 있는 곳 • 양질의 일자리가 있는 곳 • 대규모 업무지구가 계획되어 있는 곳 • 일자리 지구가 확장되는 곳
학군	• 초등학교 도보 5분 이내(초품아) • 학교 근접성은 기본, 배정 중·고등학교는 핵심 • 학업성취도 및 대학 진학 결과가 우수한 중·고등학교 배정 • 대형 학원가(대치, 목동, 중계 등) 인접 여부
환경(인프라)	• 백화점, 대형 쇼핑몰, 대형 마트 등 생활편의시설 • 병원, 약국, 보건소 등 의료 인프라 • 카페거리, 음식점 밀집지역 등 상권 활성도 • 한강, 대형 공원 등 자연·여가 공간 인접 • 도서관, 문화센터, 체육시설 등 공공문화 인프라
미래 가치	• 재개발·재건축 가능성(추진 속도, 단계 등 고려/서울시 정보몽땅, 아실 등 참고) • 대규모 일자리 공급 호재(삼성·마곡·판교 등 업무단지 유입, 공공기관 이전) • GTX, 지하철 연장, 도로 확장 등 교통망 호재(국토부·서울시 계획) • 신도시·배후수요 유입 예상지 • 개발계획은 지도 위에 겹쳐보기

실거주든 투자든 이 다섯 가지 요소를 대입해 하나씩 따져보면 입지의 핵심을 놓치지 않을 수 있다. 일정 수준 이상이면, 그 입지에 대한 평가는 절반 이상 마친 셈이다. 그러나 단 하나라도 결정적으로 부족하다면, 향후 가치가 제자리걸음일 수 있으니 신중히 판단하자.

잠깐만요 — 입지에 대한 다섯 가지 오해

좋은 입지를 고르기 위해 가장 먼저 해야 할 일은 잘못된 생각부터 버리는 것이다. 우리가 흔히 '좋은 입지'라고 착각하는 기준들 중에는 실제 입지 판단에 전혀 도움이 되지 않거나, 오히려 판단을 흐리는 오류들이 많다.

1. 역세권이면 다 좋다

1호선, 2호선, 경의중앙선, 경춘선, 신림선, GTX… 역세권에도 급이 있다. 서울 핵심 지역을 순환하는 2호선, 한강 이남으로만 지나가는 9호선, 경기 남부지역과 강남을 연결하는 신분당선은 선호도가 높은 노선인 반면, 경춘선이나 우이신설선은 상대적으로 선호도가 낮다. 따라서 역세권이라고 모두 동일한 가치를 지닌 것은 아니며, 노선의 종류와 다중역세권(여러 노선이 지나는 역) 여부에 따라 입지 가치가 구분된다. 이때 철도의 종류마다 가치가 다르기 때문에 철도 노선은 양보다 질이 중요하다.

2. 신축 아파트는 무조건 좋다

'얼죽신'이라는 말을 들어본 적이 있을 것이다. '얼어 죽어도 신축'이라는 의미다. 입지에서도 통하는 말일까? '신축 아파트이니 입지가 괜찮을 거야', '브랜드 신축인데 뭘 걱정해', '신축 아파트이니 당연히 가격이 오르겠지' 등 신축이면 무조건 오케이라는 생각을 버려야 한다. 신축이라도 외곽에 위치해 있거나 기반시설이 부족하다면 당연히 생활이 불편하다. 따라서 입지가 좋지 않은 신축은 실거주는 물론, 자산 가치 측면에서도 불리할 수 있다. 신축은 입지의 한 요소이지, 입지 그 자체는 아니다.

3. 대형 마트나 병원이 가까울수록 좋다

맞는 말일 수도 있지만, 입지를 평가하는 전부는 아니다. 먼저, 가깝다는 의미는 도보로 편안하게 접근 가능하다는 것이다. 걸어서 이용하기 어렵거나 차를 타고 10분 이상 가야 한다면 입지에 가산 요인이 되기 어렵다. 또한 대형 마트는 근처에 있으면 좋지만 요즘은 인터넷으로 장을 보는 비중이 늘어났기 때문에 대형 마트의 위상이 예전 같지 않다. 이제 대형 마트는 근처에 있으면 좋지만 없어도 불편하지 않은 존재가 되었다. 오히려 쿠팡, 배달의민족 등의 배달권인지가 더 중요하다. 이처럼 입지에 영향을 미치는 요소들은 소비 트렌드에 따라 변한다.

4. 비싼 아파트일수록 좋다

아파트 가격이 비싸면 '여긴 입지가 좋은가 보다', '역시 브랜드 아파트가 있는 동네는 달라'라고 생각하기 쉽다. 그런데 꼭 그렇지만은 않다. 아파트 가격은 입지뿐 아니라 여러 요인이 복합적으로 작용한 결과다. 입지가 상대적으로 좋지 않아도 브랜드나 커뮤니티, 고급화 정도, 대규모 세대수 등 단지 내부 요인으로 가격이 비싼 경우도 있다. 예를 들어 나홀로 고급 아파트의 경우 처음에는 고가에 거래되지만, 이후에는 가격이 오르지 않을 수 있다. 단지 내부 요인만으로 형성된 가격은 변동성이 클 수밖에 없다. 입지 없이 오른 가격은 결국 제자리로 돌아온다.

5. 어차피 가격이 오를 테니 입지는 아무런 상관이 없다

가장 위험한 착각이다. 요즘 부동산 시장은 입지에 따라 오르내림의 폭과 속도가 극명하게 갈린다. 입지가 좋은 곳은 거래도 활발하고 가격도 견조하지만, 그렇지 않은 곳은 매물만 쌓이고 가격도 정체된다. 입지 격차는 결국 자산 격차로 이어진다.

좋은 아파트의 모범 답안: KB선도아파트50

'좋은 아파트의 조건은 무엇인가?'
부동산 투자자라면 한 번쯤 떠올리는 질문이다. 입지, 브랜드, 학군, 교통, 커뮤니티 등 다양한 조건이 떠오르지만, 그 모든 조건을 압축한 단 하나의 답은 바로 '사람들이 계속 살고 싶어하는 아파트'다. 그리고 그 판단은 시장이 이미 내려주었다. 가격이 바로 시장의 평가표다. 결국 부동산 투자는 정보가 공개된 '오픈북' 시험이다. 값이 오를 아파트를 찾는다면 'KB선도아파트50'을 주목하자.

KB선도아파트50은 KB국민은행에서 매달 발표하는 대표 아파트 50개 단지 목록으로, 아파트를 고르는 기준이 불확실할 때 참고하면 좋은 강력한 바로미터다. 이 리스트는 전국 아파트 시장에서 시가총액이 크고, 거래가 활발하며, 해당 지역을 대표하는 단지들로 구성되어 있다. 서울과 수도권 핵심 지역이 주를 이루며, 고급 브랜드 대단지 위주로, 이름만 들어도 쟁쟁한 아파트가 대거 포함되어 있다. 수요, 입지, 브랜드, 유동성까지 시장에서 검증된 단지들을 모아놓은 일종의 모범 답안인 것이다. KB국민은행은 이 50개 단지를 기준으로 매매지수, 전세지수, 시세 변동률 등 각종 부동산 통계를 산출한다. 즉 이 리스트에 포함된 단지들은 그 자체로 시장 흐름을 이끄는 리딩 단지라고 볼 수 있다.

KB선도아파트50은 KB부동산(kbland.kr)에 접속해 '메뉴 → 데이터허브홈 → KB통계 → 월간선도아파트'를 클릭하면 확인할 수 있다.

▼ KB선도아파트50(2025년 5월 기준)

순위	단지명	시세총액	3.3m²당 KB시세	세대수	준공년월
1	디에이치퍼스티어아이파크 강남구 개포동	20.34조	10,016만원	6,089세대	23년 11월 (3년차)
2	헬리오시티 송파구 가락동	19.84조	7,498만원	8,109세대	18년 12월 (8년차)
3	파크리오 송파구 신천동	17.05조	7,435만원	6,864세대	08년 08월 (18년차)
4	잠실엘스 송파구 잠실동	16.31조	8,771만원	5,678세대	08년 09월 (18년차)
5	래미안원베일리 서초구 반포동	15.69조	16,024만원	2,682세대	23년 08월 (3년차)
6	반포자이 서초구 반포동	15.25조	11,130만원	2,991세대	09년 03월 (17년차)
7	리센츠 송파구 잠실동	15.23조	8,776만원	5,563세대	08년 07월 (18년차)
8	올림픽선수기자촌 송파구 방이동	15.19조	6,603만원	5,540세대	88년 06월 (38년차)
9	은마 강남구 대치동	14.57조	10,186만원	4,424세대	79년 08월 (47년차)
10	현대(신현대) 강남구 압구정동	14.33조	16,128만원	1,924세대	82년 05월 (44년차)

KB선도아파트50을 제대로 활용하면, 어떤 곳이 좋은 아파트인지 구체적으로 감을 잡을 수 있다. 단순히 리스트를 보고 끝내는 것이 아니라, 그 안에 담긴 입지 요소들을 하나하나 분석하며 나만의 기준을 만들어둘 필요가 있다.

지금부터 KB선도아파트50을 활용해 나만의 입지 기준을 만들어보자.

1. 좋은 아파트의 공통 조건 분석하기

우선 KB선도아파트50에 포함된 단지들을 살펴보고 공통 조건을 뽑아보자. 이를 통해 선도아파트가 높은 매매가와 많은 세대수의 교집합임을 알 수 있다. 즉 아파트 가격이 비싸고 대단지일수록 선도아파트라고 볼 수 있다. 예를 들어 송파구 헬리오시티는 강남 핵심지 아파트보다 가격은 낮지만 세대수가 많은 덕분에 리스트에서 2등을 차지하고 있다. KB선도아파트50에는 다음과 같은 조건들이 반복적으로 등장한다. 이 조건들을 잘 살펴보면, 앞으로 집을 고를 때 무엇을 기준으로 삼아야 할지 판단이 설 것이다.

좋은 아파트의 공통 조건
- 역세권
- 명문 학군
- 브랜드 대단지(1,000세대 이상)
- 생활 인프라(대형 마트, 병원, 도서관 등)
- 한강 조망 또는 공원·숲세권
- 재건축 기대감

2. 매매가 추이 살펴보기

'월간선도아파트' 페이지에서 KB선도아파트50 위쪽을 보면, 아파트가격지수 그래프를 확인할 수 있다. 다음 그래프를 통해 매매가 추이를 어떻게 분석하는지 알아보자.

▼ 아파트가격지수

그래프에서 빨간색 점선은 서울 아파트 매매가격지수이고, 검정색 점선은 KB선도아파트50지수다. 그리고 빨간색 실선은 선도아파트 중에서도 TOP10 아파트의 가격지수다.

그래프를 살펴보면 선도아파트는 집값 상승기에 가장 많이 상승하고, 하락기에는 가장 많이 하락하는 것을 알 수 있다. 집값이 하락할 때 선도아파트가 가장 많이 하락한다니, 왜 그럴까? 입지가 좋은 곳의 대단지 아파트는 하락기에도 거래가 많이 이루어진다. 그래서 거래가 이루어질수록 더 급격하게 하락하는 현상이 나타난다. 좋은 소식은 집값이 하락하는 중이라도 집을 내놓으면 쉽게 팔 수 있다는 것이다. 즉 선도아파트는 환금성이 좋으며, 매도 후 갭이 줄어들면 더 높은 상급지로 갈아타는 전략을 짤 수 있기에 위기 상황에서도 빛을 발한다.

아파트가격지수 그래프는 지역별로도 필터링이 가능해 원하는 지역의 선도아파트를 알아볼 수 있다.

▼ 지역별 아파트가격지수

3. 실제 현장 방문하기

리스트를 통해 좋은 아파트의 조건, 매매가 추이를 살펴봤다면, 그다음에는 현장에 가봐야 한다. 지도로는 느낄 수 없는 동네 분위기, 거리감, 상권의 밀도, 유동인구 등을 직접 확인해볼 필요가 있다.

지하철역에서 아파트까지 걸어보며 소요 시간을 직접 체크하고, 평일 오후와 주말 오전 시간대의 유동인구를 확인해야 한다. 또한 초등학교, 대형 마트, 병원 등의 위치와 접근성, 아파트 단지 내 상가의 업종 구성과 관리 상태를 확인해야 한다. 아파트 주민들의 연령대, 옷차림, 표정 등은 손품만으로는 알 수 없다. 발품을 통해서만 '이런 게 좋은 아파트구나' 하는 직관을 키울 수 있다. 입지 안목은 결코 책이나 데이터만으로는 기를 수 없다. 직접 보고, 느끼고, 걷고, 대화하는 경험이 중요하다는 사실을 명심하자.

4. 나만의 대체 아파트 리스트 만들기

KB선도아파트50은 누구나 들으면 아는 대표 단지들이라 그만큼 비싸다. 따라서 현실적으로 실전에 적용하기 위해서는 내 조건에 맞춘 나만의 대체 아파트 리스트를 만드는 것이 좋다.

예를 들어 강남의 대장 아파트들이 내 예산으로는 무리라면, 다음 표와 같이 유사 조건을 가지되 예산에 맞는 후보군을 뽑아볼 수 있다.

▼ 강남 대장 아파트의 대체 아파트

KB선도아파트50	대체 아파트	유사 조건
반포 자이	흑석 아크로리버하임	한강 조망, 역세권, 브랜드
대치 은마	가락쌍용1차	학군, 재건축·리모델링
잠실 리센츠	DMC파크뷰자이	대단지, 초품아, 인프라
고덕그라시움	장위자이레디언트	신축, 대단지, 역세권

> 무작정 따라하기

입지 자가 진단 체크리스트

같은 서울 안에서도 어떤 아파트는 1년 만에 2억~3억 원이 오르고, 어떤 아파트는 5년 전 가격 그대로 변동이 없다. 이제 아무 아파트나 사면 가격이 오르는 시대는 끝난 것이다. 이럴 때일수록 '감'보다는 객관적인 '기준'에 따라 부동산을 평가해야 한다. 그렇다면 내가 살 집의 입지를 어떻게 판단해야 할까. 그 판단을 도와줄 도구가 바로 '입지 자가 진단 체크리스트'다.

지금부터 '내가 살 수 있는 가장 좋은 집'을 고르는 열 가지 기준을 살펴보자. 다음 체크리스트는 수천 건의 실거래 분석, 실거주자 인터뷰, 지역 임장 경험을 토대로 만든 실전용 자가 진단 도구다. 열 가지 항목 중 7개 이상 부합한다면, 그 집은 실거주하기에 상당히 우수한 조건을 갖춘 입지라고 판단할 수 있다. 8~10개에 부합한다면, 실거주는 물론 자산 가치도 놓치지 않은 전략 입지라고 봐도 좋다.

▼ 입지 자가 진단 체크리스트

번호	항목	설명	O	X	비고
1	지하철역이 도보 10분 이내에 있는가?	차량으로 10분 거리와 도보 10분 이내는 다르다. 가는 길의 계단, 언덕 여부까지 고려해야 실제 체감 거리가 나온다. 환승역, 주요 노선(2호선, 9호선, 신분당선 등)이면 더욱 좋다. 예 삼성역, 왕십리역, 신논현역 도보권 단지			
2	초등학교가 도보 5분 이내에 있는가?	아이가 없어도 초품아는 입지 프리미엄의 핵심이다. 학군은 학원가와 함께 입지 방어력의 중요한 요소다. 예 초품아, 대치동 학군, 목동 학군, 중계 학군			
3	대형 마트, 병원, 공원 등이 도보 10분 이내에 있는가?	'차로 10분'이 아니라 '걸어서 10분'인지가 중요하다. 요즘에는 쿠팡이나 마켓컬리 등을 이용할 수 있는 지역인지도 확인해야 한다. 예 마포 한강공원, 잠실 롯데백화점, 광교 호수공원			
4	주변에 일자리가 많거나 업무지구 접근성이 좋은가?	'직주근접'은 모든 시대의 핵심 입지 조건이다. 단순한 거리보다 출퇴근 시간으로 비교하자. 예 강남권, 여의도, 판교, 상암, 마곡			
5	아파트 단지 규모가 1,000세대 이상인가?	1,000세대 이상이면 커뮤니티, 단지 관리, 매매 수요 모두 유리하다. 단지 크기는 실거주 만족도와 환금성에 영향을 미친다. 예 헬리오시티, 왕십리 센트라스, 래미안길음센터피스			
6	도보권에 카페거리, 상권, 음식점 밀집지역이 있는가?	상권이 있다는 건 유동인구가 있고 생활 인프라가 활발하다는 뜻이다. 단, 유흥상권이라면 주거지역에 오히려 좋지 않은 영향을 미칠 수 있다. 예 잠실, 마포, 여의도			

7	향후 재개발·재건축, GTX 같은 개발 호재가 예정되어 있는가?	현재의 불편함은 미래의 가치로 바뀔 수 있다. 확정된 계획이 있는지 도시계획과 뉴스, 지자체 공고를 확인해야 한다. **예** 목동, 신림, 지하철 및 GTX 신설 역사 인근 지역			
8	학원가, 중·고등학교 학업성취도를 확인했는가?	초등학교뿐 아니라 중학교, 고등학교까지의 전반적인 학력 수준도 중요하다. 강남3구 외에도 목동, 중계, 광장 등이 대표적인 학군 입지다.			
9	주차, 조망, 일조, 단지 배치, 도로 여건, 소음을 꼼꼼하게 확인했는가?	입지는 동네만 보는 것이 아니라 단지의 형태, 세대 내부 평면도 같이 봐야 한다. 주차, 남향, 조망, 일조량, 평면, 세대 간 간격 등은 실제 거주 만족도와 직결된다. 단지 밖 도로 여건 및 고속도로, 철도, 대로변의 소음 여부도 확인해야 한다. 늦게 퇴근해도 주차할 자리가 있는지, 저층 세대에도 해가 잘 드는지 등을 꼼꼼하게 살펴보자.			
10	하락장에도 거래가 끊이지 않았는지 확인했는가?	진짜 좋은 입지는 조정장에서도 거래가 이루어진다. 그동안에는 가격이 하락하지만 '상급지 갈아타기'의 기회를 노릴 수 있다. 회복기가 오면 곧바로 시세를 회복하기 때문이다. 관심이 가는 곳이 있다면 아실에서 지난 1년간 거래량과 하락 폭을 확인해보자. **예** 신축·대단지 주요 단지들			

007
손품으로 입지 가치 분석하기
— 프롭테크

부동산 임장*은 두말할 필요도 없이 중요하다. 하지만 임장을 가기 전에 선행해야 할 것이 있다. 바로 '손품'이다. 손품이란, 컴퓨터나 스마트폰을 활용해 온라인상에서 입지를 분석하고 비교하는 작업을 뜻한다. 요즘에는 현장에 직접 가지 않아도 손안에서 대부분의 입지 정보를 얻을 수 있다. 실제로 좋은 입지의 집을 산 사람들은 대부분 현장 방문 이전에 철저한 사전 조사를 통해 1차 후보지를 추려냈다고 한다. 시간이 부족한 실수요자나 원거리 지역을 조사해야 하는 투자자일수록, 손품의 효율성은 더욱 커진다.

왜 손품이 중요한가?

입지는 감으로 판단하면 실패할 가능성이 높다. 내가 보기에 좋은 집이, 다른 사람에게는 매력적이지 않을 수도 있다. 반면 교통 접근성, 학군 수준, 인프라 구성, 향후 개발계획 등은 누구에게나 공통으로 적용되는 객관적 기준이다. 손품을 제대로 들이면 다음과 같은 효과를 얻을 수 있다.
첫째, 집에 대한 정보를 조사해 데이터를 1차 분석하고, 임장 동선을 미리 정해 비효율적인 임장을 줄일 수 있다.

알아두세요

부동산 임장 부동산과 해당 지역의 가치를 파악하기 위해 직접 현장에 방문하는 것을 뜻한다.

둘째, 손품을 통해 입지에 대한 기준이 생기면 현장에서 더욱 쉽게 비교할 수 있다.

셋째, 손품을 통해 현장에서 알아보면 좋을 사항을 미리 체크하여 임장 시 중요한 포인트를 놓치지 않을 수 있다.

예를 들어 '한강이 보이는 아파트'의 동별 실거래가를 비교해보면 뷰가 좋은 동과 그렇지 않은 동 사이에 수억 원의 가격 차이가 존재한다. 이는 현장에 가지 않고도 위성지도, 층수 뷰 시뮬레이션, 실제 거래 데이터만으로 충분히 확인할 수 있는 정보다. 그러나 이러한 정보 없이 임장을 나가면 같은 단지 안에서의 매매가 차이를 이해하기 어렵다. 즉 발품은 전략을 세운 뒤에 움직이는 것이다. 막연히 좋아 보여 임장을 나가는 것보다 손품으로 검증된 후보지를 파악하고 현장에 나가면 정보력과 판단력이 훨씬 강해진다. 부동산은 결국 정보력 싸움이다. '감'이 아닌 '데이터'로 입지를 판단하는 것이야말로, 실패하지 않는 투자의 첫걸음이다.

손품 필수템, 프롭테크 앱이란?

그렇다면 부동산 정보를 어디에서 얻을 수 있을까? 이제는 부동산도 '앱으로 보는 시대'다. 과거에는 부동산 시세를 파악하기 위해 중개업소를 직접 방문하거나, 신문과 지면 광고를 오려 보관했다. 하지만 지금은 스마트폰 하나로 언제 어디서든 전국의 부동산 데이터를 확인할 수 있다. 이러한 변화를 이끈 것이 바로 프롭테크(proptech)*다. 실거래가, 주변 학군, 인프라 현황, 조망, 일조권, 개발계획까지 대부분의 정보를 앱 하나로 손쉽게 비교하고 분석할 수 있다. 사용자들이 가장 많이 활용하는 대표 프롭테크 앱과 그 특성을 살펴보자.

> **알아두세요**
> **프롭테크** 부동산(property)과 기술(technology)의 합성어로, 부동산 정보를 기술 기반으로 수집·분석·시각화하는 모든 서비스를 의미한다.

▼ 대표 프롭테크 앱 비교

앱	강점	활용 포인트	팁
네이버페이 부동산	가장 대중적이며, 매물의 정보와 물량, 매매가 정보가 풍부하다.	• 시세 흐름 파악: 매도하고자 하는 매물 가격 현황 확인 • 매물 확인: 위치·층수 확인 및 단지 내 매물 개수 확인	해당 단지의 매물이 실제로 얼마에 나와 있는지 확인하고 싶다면 이 앱을 활용하자.
호갱노노	실거래가, 실거주자 이야기 등 실수요자 중심의 정보가 강하다.	• 초품아 여부, 배정 중학교, 고교 진학률, 학원가 위치, 관심 단지 자동 알림 설정 가능 • 거주자들의 이야기를 들을 수 있어 지도만으로 알 수 없는 실제 장단점을 알 수 있다.	아이 교육이 우선순위라면 호갱노노에서 학군 분석부터 시작하자. 단지별 학교 배정과 대입 실적을 한눈에 볼 수 있다.
아실 (아파트 실거래가)	실거래 데이터에 집중, 신고일 기준 반영으로 빠른 정보 제공, 재개발·재건축 정비 사업 정보	• 네이버페이 부동산의 호가와 아실의 실거래가 비교 • 재개발·재건축 진행 상황 • 공급 일정 캘린더, 분양 단지 지도 확인	네이버페이 부동산 매물 가격이 비정상적으로 높게 나왔을 때, 최근 실제 거래가가 얼마였는지를 아실에서 비교하면 매물의 적정 가치를 추정할 수 있다.
부동산지인	입지 요소를 지도로 시각화	• 부동산 빅데이터 지도로 단지별 비교 가능 • 시장 동향 파악 • 지역 및 상품 분석	좋은 입지의 조건이 무엇인지 한눈에 파악하자.
KB부동산	시세 안정성, 장기 투자 흐름, KB 금융권 통계 기반	• KB 시계열표를 통한 부동산 시장 분위기 파악 • 지역별 평균 매매가·전세가 흐름 파악 • 수요공급지수, 심리지수 등 장기 투자 지표 확인 • KB매매지수, 전세지수로 지역 선호도 분석	서울 동남권과 서남권 중 어디가 더 오를지 궁금하다면, 'KB시세지도'에서 장기 흐름을 비교해보자.

▼ 기타 추천 앱

앱	강점
카카오맵	도보 거리 측정, 로드맵, 학원·대형 마트·병원 밀도 확인
서울시 도시계획포털	개발계획, 지구단위계획 열람
코리아닥스	도시계획, 교통계획, 개발 정책 열람

입지를 잘 고른다는 건 결국 데이터를 잘 읽는 눈을 가졌다는 뜻이다. 예전에는 누군가의 추천이나 입소문, 막연한 호감, 지역 친숙도 등에 따라 아파트를 선택했다면, 이제는 교통, 학군, 인프라, 환경, 개발 가능성까지 하나하나 수치화해 따져볼 수 있는 시대다. 입지를 '감'이 아닌 '기준'으로 분석하기 위해서는 어떤 데이터를 어떻게 읽을 것인지가 중요하다. 지금부터 프롭테크 앱을 실제로 투자에 어떻게 활용하는지 알아보자. 특히 '네호아지', 즉 네이버페이 부동산, 호갱노노, 아실, 부동산지인의 화면을 자주 살펴보면 유용한 툴을 능숙하게 활용할 수 있을 것이다.

네이버페이 부동산

네이버페이 부동산(land.naver.com)에 접속한 뒤 검색창에 아파트명, 지역, 재개발구역, 지하철역, 랜드마크 등을 입력하고 물건을 검색한다. 또는 지도에서 원하는 지역을 클릭해 들어가도 된다.

▼ 네이버페이 부동산 사이트

내가 찾는 물건이 나오지 않거나 내가 알고 싶은 조건에 맞는 단지만 보고 싶다면 필터링해 검색할 수도 있다.

▼ 네이버페이 부동산 필터링

자세히 알아보고 싶은 아파트를 클릭해 원하는 거래 방식(매매, 전세, 월세 등)과 면적을 선택하고 낮은가격순, 동일매물 묶기를 체크해 검색한다. 그리고 정렬된 순서대로 물건을 확인한다. 참고로 네이버페이 부동산에서는 공급면적[*]을 기준으로 시세를 검색한다.

▼ 네이버페이 부동산 매물 정보 확인

호갱노노

호갱노노(hogangnono.com)에서는 지도 위에 실거래가가 표시되어 아파트 시세를 직관적으로 볼 수 있다. 궁금한 아파트 단지를 검색하면 입주 시기와 세대수 등 단지의 기본적인 사항을 알 수 있다. 계약일과 실거래가를 확인할 수 있으며, 말풍선 버튼을 누르면 주민들의 실거주 이야기를 확인할 수 있다. 아파트 거주 시의 장단점을 상세히 알 수 있어 실수요

> **알아두세요**
> **공급면적** 전용면적과 주거공용면적의 합이다. 전용면적 59m² 기준 공급면적은 81~86m² 정도이고, 전용면적 84m² 기준 공급면적은 112~115m² 정도다.
> **전용면적** 아파트 등 공동주택에서 방, 거실, 주방, 화장실 등을 모두 포함한 넓이를 말한다.
> **주거공용면적** 아파트 등 공동주택에서 다른 세대와 공동으로 사용하는 공간을 말한다. 계단, 복도, 엘리베이터 등이 해당된다.

자에게 유용한 기능이다. 매매가와 전세가의 차액도 매매/전세 그래프에서 확인할 수 있다.

▼ 호갱노노 아파트 검색

 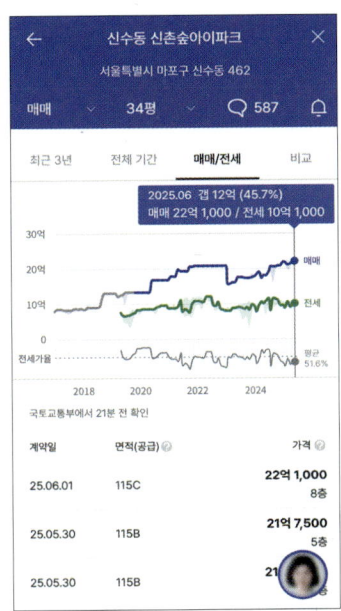

특정 아파트를 검색하지 않고, 필터링을 통해 내가 원하는 조건의 단지를 찾을 수도 있다. 매매가, 세대수, 연식, 평형, 갭 등의 조건을 설정해 검색하면 지도상에 내가 찾는 아파트만 표시되어 보인다.

▼ 호갱노노 필터링

'실시간' 탭에서는 인기 아파트, 매매 또는 전세 거래량, 상승/하락 등을 확인할 수 있으므로 부동산 시장의 흐름을 파악할 수 있다.

아실

호갱노노와 더불어 실거래가 기반의 앱이다. 국토교통부의 실거래가 데이터를 바탕으로 실시간 또는 빠른 주기로 업데이트되며, 특정 단지의 가격 변동 추이, 거래량 추이, 최고가·최저가 등을 차트로 제공한다.

최근 몇 개월간의 가격 하락/상승 비율을 단지별로 확인할 수 있어 시장 분위기 파악에 매우 유리하다. 전고점도 쉽게 볼 수 있어 개별 아파트 비교에 유용한 부분이 있다. 또한 재개발·재건축 지역의 정보를 쉽게 얻을 수 있다. 정비사업 진행 현황이나 사업 단계(예: 추진위 → 조합 설립 → 사업시행인가 등)를 지도에서 직관적으로 확인할 수 있다.

▼ 아실 아파트 검색

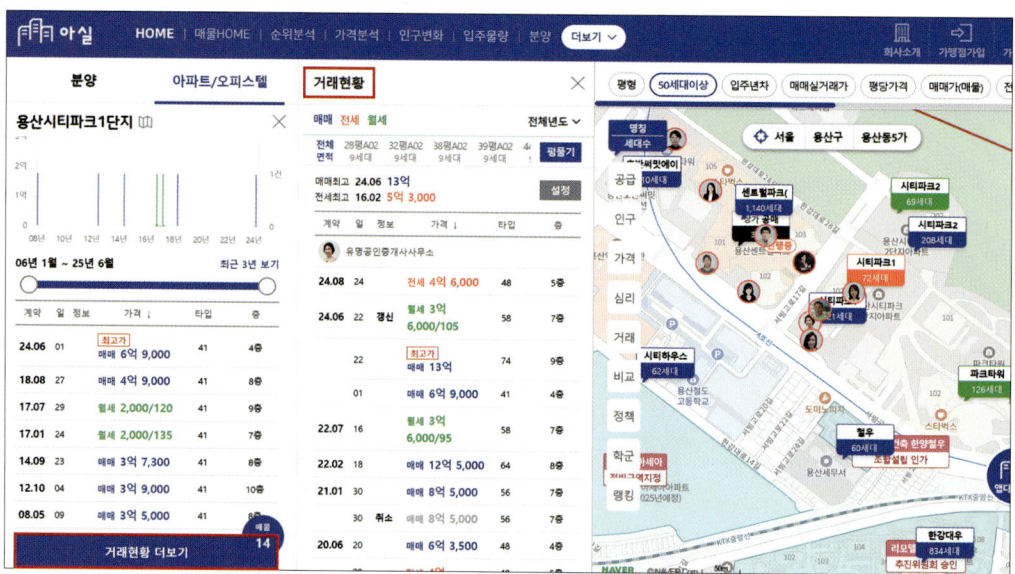

부동산지인

입지 요소를 지도로 시각화한 프롭테크 앱이다. '빅데이터 지도'는 아파트 단지를 중심으로 지역, 동, 단지별 평단가, 교통, 학군, 일자리 같은 정보를 레이어 형식으로 시각화해 단지별 비교를 가능하게 한다. 사용자는 복잡한 통계를 일일이 해석하지 않고도 좋은 입지의 조건이 무엇인지 한눈에 파악할 수 있다.

▼ 부동산지인 빅데이터 지도

KB부동산

KB부동산의 주간시계열표는 부동산 시장의 흐름을 정량적 데이터로 추적할 수 있게 해주는 중요한 리포트다. 전주 대비 증감률(%) 형태로 제공되며, 전주보다 얼마나 상승/하락했는지 직관적으로 파악이 가능하다. 가격 흐름의 속도감을 느낄 수 있어 시장 전환점을 포착하는 데 유리하며, 특히 실거래가보다 빠르게 시장 심리와 방향성을 파악할 수 있어 실거주자와 투자자 모두에게 유용하다.

주간시계열표는 KB부동산 홈페이지에 접속한 뒤 '메뉴 → KB통계 → 주간아파트 → 주간시계열'을 클릭하면 다운로드받을 수 있다.

▼ KB부동산 주간시계열

구분	전국	서울	강북14개구	강북구	광진구	노원구	도봉구	동대문구	마포구	서대문구	성동구	성북구	용산구	은평구	종로구	중구	중랑구	강남11개구	강남구	강동구	강서구	관악구	구로구	금천구	동작구	서초구	송파구	양천구	영등포구
2024-12-23	-0.02	0.02	0.01	0.00	0.04	0.00	-0.05	0.04	0.02	0.04	0.01	0.02	0.06	0.00	0.03	0.01	-0.01	0.04	0.07	0.05	0.00	0.01	0.00	0.01	0.04	0.00	0.07	0.04	0.08
2024-12-30	-0.03	0.02	0.02	0.01	0.02	0.00	-0.05	0.05	0.02	0.03	0.08	0.02	0.00	0.00	0.05	-0.02	0.03	0.08	0.01	0.01	-0.01	0.00	0.01	0.05	0.06	0.01	0.04
2025-01-06	-0.04	0.01	0.00	-0.03	0.00	-0.02	0.03	0.01	0.01	0.01	0.03	-0.04	0.02	0.06	-0.03	0.02	0.00	0.02	-0.02	0.00	0.00	0.01	0.04	0.02	0.05
2025-01-13	-0.06	0.00	-0.09	0.01	0.02	-0.04	-0.01	-0.01	0.04	0.01	0.03	-0.08	0.01	-0.07	0.00	-0.01	0.00	0.02	0.06	0.04	-0.01	0.00	0.05	0.02	0.05
2025-01-20	-0.06	0.01	-0.01	-0.01	0.03	-0.03	-0.07	0.00	0.02	0.03	0.05	-0.01	0.06	-0.03	0.01	-0.02	0.03	0.09	-0.01	0.01	-0.06	0.03	0.07	0.06	0.04
2025-02-03	-0.06	0.01	0.00	0.01	0.01	-0.04	-0.01	0.00	0.01	0.03	0.06	-0.01	0.07	-0.02	0.04	0.03	0.00	0.03	0.08	-0.01	-0.02	-0.01	-0.05	0.01	0.07	0.06	0.05
2025-02-10	-0.02	0.03	-0.01	0.03	0.04	0.01	-0.04	0.01	0.01	0.07	-0.04	0.07	-0.01	0.00	0.02	0.00	0.07	0.16	0.00	0.00	-0.01	0.01	0.15	0.12	0.10
2025-02-17	-0.03	0.08	0.02	0.01	0.05	-0.01	-0.05	0.03	0.08	0.14	0.02	0.20	-0.06	0.07	0.03	0.13	0.38	0.00	0.03	-0.02	-0.01	-0.09	0.07	0.22	0.29	0.09
2025-02-24	-0.04	0.14	0.05	-0.01	0.07	0.00	-0.02	0.04	0.13	0.02	0.17	0.05	0.34	-0.10	0.32	0.02	0.22	0.46	0.07	0.02	-0.01	-0.03	0.08	0.45	0.58	0.12
2025-03-03	0.00	0.16	0.04	-0.02	0.06	-0.03	-0.01	0.08	0.07	0.07	0.25	0.02	0.19	-0.01	0.02	0.06	0.00	0.27	0.46	0.26	0.00	0.01	-0.02	0.03	0.46	0.70	0.26
2025-03-10	-0.02	0.26	0.09	-0.01	0.19	0.01	-0.01	0.07	0.28	0.09	0.03	0.00	0.36	0.02	0.22	0.02	-0.03	0.42	0.90	0.25	0.08	0.06	0.00	0.00	0.14	0.82	0.89	0.34
2025-03-17	0.01	0.29	0.12	0.00	0.30	0.03	-0.05	0.07	0.41	0.05	0.52	0.03	0.44	0.02	0.30	0.14	-0.03	0.45	0.97	0.55	0.04	0.09	-0.03	-0.08	0.24	0.60	0.66	0.63
2025-03-24	0.02	0.22	0.11	-0.01	0.20	0.01	-0.02	0.02	0.34	0.12	0.35	0.02	0.46	0.01	0.28	0.17	-0.01	0.35	0.79	0.24	0.08	0.05	0.01	0.12	0.50	0.47	0.37
2025-03-31	0.00	0.17	0.10	0.00	0.24	0.00	0.01	0.07	0.15	0.07	0.28	0.06	0.37	0.16	0.26	0.17	0.01	0.23	0.58	0.20	0.05	0.09	-0.05	0.21	0.34	0.21	0.25
2025-04-07	0.00	0.15	0.06	0.00	0.16	0.00	-0.03	0.03	0.22	0.04	0.18	-0.01	0.22	0.02	0.29	0.15	-0.01	0.24	0.41	0.22	0.05	0.05	-0.03	0.21	0.35	0.20	0.54	0.24
2025-04-14	0.00	0.14	0.08	-0.02	0.26	-0.06	-0.01	0.25	0.06	0.30	0.02	0.28	0.01	0.32	0.27	-0.01	0.20	0.39	0.25	0.06	0.01	0.00	-0.16	0.13	0.19	0.25
2025-04-21	0.04	0.20	0.08	-0.02	0.17	0.00	0.00	0.06	0.23	0.06	0.34	0.05	0.13	0.02	0.03	0.12	0.01	0.31	0.70	0.08	0.12	0.03	0.01	-0.03	0.21	0.40	0.85	0.22
2025-04-28	0.01	0.16	0.06	-0.02	0.24	-0.03	-0.01	0.02	0.15	0.07	0.38	0.02	0.22	0.01	0.05	0.01	0.04	0.22	0.53	0.07	0.04	0.01	0.21	0.40	0.22	0.24
2025-05-05	0.00	0.18	0.05	-0.01	0.22	-0.01	-0.01	0.02	0.07	0.07	0.17	0.07	0.01	0.01	0.04	0.00	0.12	0.23	0.05	0.06	0.07	-0.02	0.23	0.04	0.27
2025-05-12	0.01	0.18	0.09	-0.01	0.26	-0.01	0.00	0.07	0.19	0.07	0.26	0.07	0.38	0.06	0.24	0.05	0.05	0.26	0.28	0.11	0.07	0.01	0.03	-0.05	0.19	0.88	0.49	0.22
2025-05-19	0.00	0.17	0.09	0.02	0.13	-0.03	-0.01	0.10	0.20	0.11	0.24	0.07	0.39	0.03	0.04	0.35	0.04	0.25	0.26	0.18	0.08	0.07	-0.01	0.27	0.72	0.31	0.61	0.22
2025-05-26	0.03	0.25	0.11	0.04	0.43	0.00	-0.04	0.09	0.21	0.09	0.47	0.05	0.27	0.02	0.02	0.13	0.03	0.38	0.92	0.16	0.11	0.07	0.05	-0.10	0.25	0.61	0.37	0.62	0.36
2025-06-02	0.03	0.24	0.11	0.02	0.31	0.01	-0.01	0.07	0.20	0.12	0.52	0.06	0.11	0.05	0.08	0.03	0.00	0.37	0.64	0.24	0.08	0.10	0.04	-0.05	0.34	0.57	0.59	0.51	0.22
2025-06-09	0.04	0.35	0.18	0.01	0.59	0.04	-0.04	0.07	0.24	0.18	0.63	0.08	0.74	0.05	0.16	0.51	0.03	0.81	1.04	0.65	0.08	0.11	0.05	-0.05	0.36	0.80	0.71	0.65	0.13
2025-06-16	0.06	0.40	0.25	0.00	0.45	0.02	0.02	0.14	0.61	0.54	0.79	0.11	0.47	0.19	0.20	0.43	0.07	0.52	0.93	0.62	0.15	0.14	0.09	-0.01	0.45	0.43	0.99	0.63

입지 비교 연습하기

실제 각 지역의 매매가를 비교해보면 입지의 차이를 크게 느낄 수 있다. 다음 그래프는 아실의 '여러 아파트 가격 비교' 탭에서 강남구와 강동구, 서대문구와 동대문구를 비교한 것이다. 강남구와 강동구는 시간이 지날수록 시세 차이가 벌어지는 것을 확인할 수 있다. 이와 달리 서대문구와 동대문구는 시세가 비슷하게 변한다. 이렇게 지역별 매매가로 입지 비교가 어려울 때는 개별 단지를 기준으로 할 수도 있다.

입지를 비교하는 기준은 단지별, 지역별, 가격별, 시세 추이 등 여러 가지가 있다. 강남구와 강동구처럼 입지 서열을 쉽게 구분할 수 있는 지역은 그 구조적 차이를 분석하기 쉽다. 그러나 서대문구와 동대문구처럼 유사한 입지 간 비교는 '단지 개별 성격'을 분석하는 것이 효과적이다.

▼ 지역 간 입지 비교

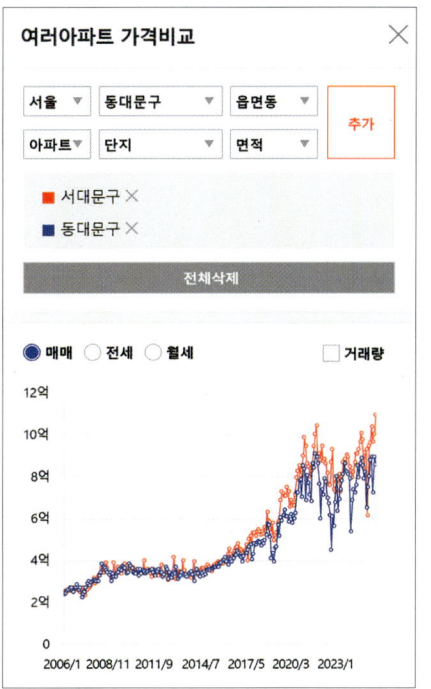

시세로 입지를 비교할 때는 먼저 시세가 비슷한 아파트는 가치가 유사하다는 전제를 가지고 접근해야 한다. 예를 들어 다음 세 아파트는 각각 마포, 성동, 옥수라는 다른 권역에 속해 있지만, 비슷한 시세와 입지 가치를 가진 대표적인 '쌍둥이 단지'들이다. 마포래미안푸르지오(마포구), 서울숲리버뷰자이(성동구), 래미안옥수리버젠(성동구 옥수동)의 공통점은 역세권이고, 업무지구와 접근성이 좋으며, 지역의 랜드마크 대단지라는 것이다. 입지 요소가 비슷하게 작동하고 있다는 뜻이다.

▼ 쌍둥이 단지 입지 비교

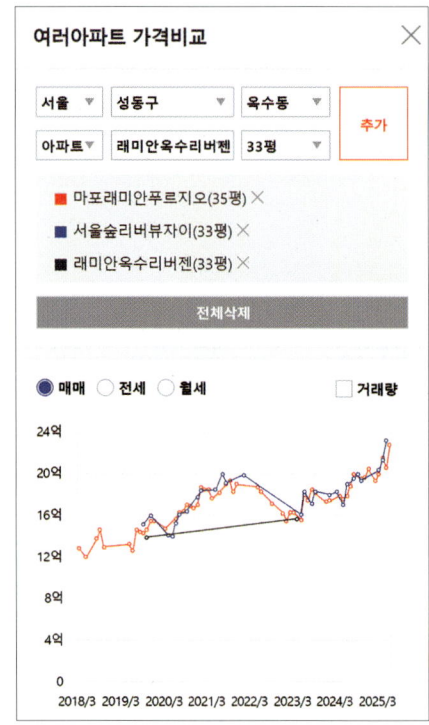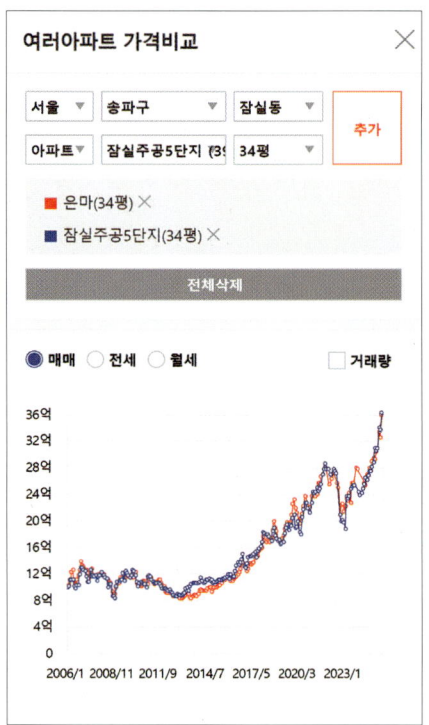

'쌍둥이 단지'는 단지 간 비교를 넘어, 개별 동호수도 비교해야 한다. 그 전에 다음 두 가지 데이터를 반드시 확인하자. 전고점이 비슷하고, 시세 추이도 유사하다면 시장이 입지 가치를 비슷하게 평가하고 있다는 뜻이다.

1. 과거 10년간 시세 이동선
- 해당 단지가 꾸준히 우상향했는지, 보합이었는지 판단
- 상승장이 왔을 때 '먼저 움직이는 단지'인지 확인
- 활용 툴: 호갱노노, 아실 실거래가 추이 그래프

2. 2021년 하반기 전고점 비교
- 부동산 시장 과열기 시 최고가 대비 현재 시세의 회복력 확인
- 같은 시세의 단지라도 전고점 대비 회복 속도에 차이 존재
- 활용 툴: 네이버페이 부동산 시세/실거래가, 아실 실거래가

가치가 같은 각기 다른 단지에서 동·향·층에 따라 매물 가격이 5,000만 원에서 1억 원 이상 차이가 나는 경우가 있다. 실거주라면 가족의 생활권을 고려해 단지를 선택하면 되고, 전세를 끼고 집을 우선 사두는 것이라면 전세가율*이 높은 집을 선택하는 것이 좋다. 물론 6·27 부동산 대책으로 인해 세입자 유무에 따라 매매가에 대한 셈법이 달라지기는 했다. 따라서 시세가 비슷한 단지 중 한 곳을 선택할 때는 '어디가 더 좋다'의 개념보다는, 개인의 라이프스타일이나 통근 동선, 가족 생활권을 고려해야 한다.

▼ 구매 목적에 따른 선택 기준

구매 목적	단지 선택 기준	매물 선택 기준
실거주	가족 생활권, 학군, 커뮤니티	동·향·층 조망 우선
전세 끼고 매수	전세가율이 높은 단지	전세가율이 60% 이상
단기 투자	세입자가 있는 매물	실거래가 대비 저렴한 급매
중기 투자	세입자를 새로 맞출 수 있는 매물	향후 매도 유연성 고려

지역 간 비교로 큰 흐름을 보고, 단지 간 비교로 가치에 따라 키를 맞추며, 마지막에는 동 호수 레벨로 비교를 마무리한다.

> **알아두세요**
> **전세가율** 주택 매매 가격에 대비한 전세 가격의 비율을 뜻한다.

> **무작정 따라하기**

상황별 입지 비교
— 둘 중 어디가 나을까요?

> **▶ 강동 고덕그라시움 vs. e편한세상금호파크힐스**
>
> 부부가 실거주할 아파트를 고민 중입니다. 자녀는 아직 없고, 강남과 광화문 출퇴근이 모두 가능한 위치면 좋겠어요. 예산은 17억~18억 원 정도인데, 강동 고덕그라시움이 나을까요, e편한세상금호파크힐스가 나을까요?

▼ 고덕 vs. 금호 입지 비교

항목	강동 고덕그라시움	e편한세상금호파크힐스
위치	강동구 고덕동	성동구 금호동
입주 연도	2019년	2019년
세대수	4,932세대	1,193세대
주요 평형	전용 59~84m^2	전용 59~84m^2
시세(59m^2 기준)	약 17억~18억 원	약 17억~18억 원
장점	강남 출퇴근, 신축, 자산 가치 상승 여력	강북 출퇴근, 도심 생활, 실생활 쾌적, 한강 조망

두 아파트는 한마디로 '성장의 고덕'과 '완성형의 금호'라고 할 수 있다. 고덕그라시움은 신축 대단지의 장점과 함께 미래 가치를 잡고 싶은 사람에게, e편한세상금호파크힐스는 도심형 생활과 강남 접근성을 원하는 사람에게 잘 맞는 곳이다.

입지 선택은 개인의 성향과 전략에 달려 있다. 결국 입지 비교는 '어디가 더 좋은가'가 아니라 '어디가 나에게 맞는가'의 문제다. 우선순위가 명확할수록 선택이 쉬워진다.

> **성남 산성역포레스티아 vs. 광명 철산 롯데캐슬&SK뷰 클래스티지**
>
> 실거주 기준으로 고민 중입니다. 자녀는 없고, 출퇴근은 강남, 여의도 모두 가능한 곳으로 보고 있어요. 예산은 11억 원 내외인데, 성남 산성역포레스티아가 나을까요, 광명 철산 롯데캐슬&SK뷰 클래스티지가 나을까요?

▼ 산성 vs. 철산 입지 비교

항목	성남 산성역포레스티아	광명 철산 롯데캐슬&SK뷰 클래스티지
위치	성남시 수정구 신흥동	광명시 철산동
입주 연도	2020년	2022년
세대수	4,089세대	1,313세대
주요 평형	전용 59~84m²	전용 59~84m²
시세(59m² 기준)	약 11억 원	약 11억 원
장점	강남·판교 접근성, 위례 생활권, 녹지 많고 조용한 정주 환경	가산디지털·여의도 출퇴근, 광명 중심 상권, 생활 인프라 완비

'쾌적한 산성'과 '편리한 철산' 중 성향에 맞는 입지를 선택하는 것이 좋다. 산성역포레스티아는 조용한 신축 주거지에 강남 접근성이 높다는 장점이 있고, 철산 롯데캐슬&SK뷰 클래스티지는 도심형 인프라를 갖춘 입지이며 더블 역세권이라는 장점이 있다. 시세가 비슷하다면 자신의 일상과 출퇴근 동선, 삶의 방식을 고려해 '나에게 더 맞는 집'을 선택하자.

008
발품으로 입지 확신 얻기
— 임장법

프롭테크 시대에도 여전히 현장에 직접 가보는 발품이 필요하다. 발품은 부동산 분석의 마지막 퍼즐 조각이다. 손품으로도 많은 정보를 얻을 수 있지만, 진짜로 '사는 입지', 즉 삶이 이루어지는 공간을 직접 발로 밟아 봐야만 보이는 것들이 있다.

발품이 필요한 이유

지도를 보면 지하철역에서 도보로 5분 정도 걸릴 것 같은데, 실제로 걸어보면 횡단보도가 2개나 있고, 오르막길 때문에 시간이 더 소요되는 경우도 있다. 비가 오는 날 유모차를 끌어야 하거나, 아이 손을 잡고 걸어야 한다고 생각해보자. 생각만 해도 힘이 든다. 단순 거리보다 '체감 거리'가 중요한 이유다.

마찬가지로, 지도에는 초등학교가 단지에서 300m 거리라고 표시되어 있어도, 통학로가 어두컴컴하거나, 차선이 많고 차가 쌩쌩 달린다면 아무리 가까워도 안심하고 아이를 보낼 수 없다. 이런 '통학로 환경'은 로드맵을 통해 확인하기 어렵다. 현장에 가봐야만 알 수 있다. 동네 분위기와 사람들의 표정, 옷차림 또한 손품으로는 절대 확인할 수 없다.

주말 오후에 산책을 하는 가족의 수, 동네 상권의 활성도, 점포 구성, 폐업률, 길거리 청결도, 방치된 자전거와 관리 상태… 이런 것들을 통해 동네의 질을 확인할 수 있다.

손품은 1차 필터링이고, 발품은 확신을 얻는 과정이다. 정보를 좁히는 데는 손품이 탁월하지만, 그 선택이 옳은지, 실질적 만족도가 있는지는 발품으로만 확인할 수 있다.

부동산은 결국 사람이 사는 공간이다. 데이터로 걸러내고, 감각으로 검증하는 것. 이 두 가지가 함께할 때 비로소 입지에 확신이 생긴다. 손품은 머리에 새기고 발품은 뼈에 새긴다.

임장 전 체크리스트 만들기

임장을 나가기 전에는 체크리스트를 준비해야 한다. 체크리스트가 없으면 현장에서 놓치는 것들이 생길 수도 있기 때문이다. 입지를 구성하는 다섯 가지 핵심 요소(교통, 학군, 인프라, 환경, 미래 가치)를 기준으로 항목을 미리 정리해두면, 현장에서 관찰 포인트를 놓치지 않을 수 있다.

▼ 분위기 임장 체크리스트

핵심 요소	세부 항목	평가
교통	출퇴근 시간대 대중교통 실제 소요 시간	
	지하철역과 단지 간 실제 도보 거리	
	버스 정류장 위치, 배차 간격	
	자차 이용 시 주요 도로 진입 난이도	
학군	초등학교까지의 통학로 안전성	
	학교 앞 교통 상황(신호등, 횡단보도, 차도 여부)	
	교내시설 상태와 분위기	
	인근 학원가 밀집도(학원 차량 다소)	
인프라	대형 마트, 편의점, 병원, 약국 도보 접근성	
	공공시설(도서관, 문화센터) 유무	
	음식점, 카페, 상권의 다양성과 규모	
환경	도로 소음, 상가 소음, 주변 공사 여부	
	단지 조망, 채광, 통풍 상태	
	동네 분위기: 밝고 활기찬가? 조용한가?	
	주변 공원, 산책로, 반려동물 산책 가능 여부	
미래 가치	인근 개발 사업 현장 존재 여부	
	재개발·재건축 예정지 확인	
	상권 이동 조짐, 신설 교통시설 공사 여부	

실전 임장 루트 짜기

효율적인 임장을 위해서는 사전에 임장 동선을 계획하는 것이 좋다. 임장의 종류는 두 가지로 분류할 수 있다. 바로 '분위기 임장'과 '매물 임장'이다.

분위기 임장은 '이 동네에서 살고 싶은가'를 확인하는 과정이다. 동네의 전체 맥락, 분위기, 그 속의 사람을 느껴야 한다. 매물 임장은 '이 집을 실제로 살 수 있는가'를 검증하는 과정이다. 임장을 통해 선택한 단지가 실거주 또는 투자 기준에 부합하는지를 세세히 따져야 한다. 분위기 임장은 넓고 얕게, 매물 임장은 좁고 깊게 지역을 밟는 것이라고 생각하면 된다. 분위기 임장과 매물 임장은 임장의 목적과 관찰 대상, 동선, 접근 방식이 전혀 다르다. 실거주자든 투자자든 두 가지 임장은 모두 필요하며, 각각의 특징과 차이점을 제대로 이해하고 병행해야 입지에 대한 종합 판단이 가능하다.

다음 표를 통해 두 가지 임장을 간단하게 비교해보고, 각각의 내용을 자세히 살펴보자.

▼ 분위기 임장과 매물 임장 비교

구분	분위기 임장	매물 임장
목적	동네 전체 분위기와 입지 감각 확인	특정 단지 및 세대의 실제 상태 확인
관찰 대상	상권, 인구 흐름, 거리 느낌, 통학로, 소음 등	매물 내부 구조, 층·향, 단지 관리 상태 등
이동 범위	역 → 동네 상권 → 공원 → 학교 등 넓은 동선	아파트 단지 및 매물 세대 내부 중심
중점 체크	동네 분위기, 가로환경, 유동인구, 안전성	집 내부 상태, 주차, 조망, 관리비 등
추천 시간대	주말 낮 또는 저녁(가족 단위 활동 시간)	평일 낮 또는 중개 가능 시간대
소통 대상	주민, 동네 상인, 학부모 등	공인중개사, 입주민, 관리사무소
활용 사례	후보 지역 간 비교, 라이프스타일 매칭	매수 결정 직전 실매물 확인 및 조건 협의
기록 방법	입지 느낌, 체감 거리, 보행 편의 등 기록	세대 조건, 관리 상태, 하자 여부 등 기록

분위기 임장

나는 2023년부터 2년간 '임장 챌린지'라는 무료 임장 프로그램을 직접 기획하고 진행했다. 그동안 수강생들과 함께 수도권 전역 150곳 이상의 지역을 함께 걸었다. 단순한 강의나 온라인 영상이 아닌, 발로 직접 확인하고 체감하는 현장 중심의 프로그램이었다. 임장을 가보라고 하면 많은 사람이 막막해 한다. 어디를 가야 할지, 뭘 봐야 할지, 얼마나 걸어야 할지조차 감이 없다. 그래서 컴퓨터로만 부동산을 공부한다. 수강생들의 '게으른 엉덩이'를 움직이게 하기 위해 임장 챌린지를 만들었다. '지금, 같이 걸어보자'라는 메시지를 담은 프로그램이었다.

내가 직접 지역을 정하고, 실제로 걸었던 임장 루트를 안내했다. 참여자들은 시세 지도를 들고, 미리 그려진 임장 지도에 따라 그대로 걷기만 하면 되는 구조였다. 나는 이렇게 말했다.

"어렵게 생각하지 마세요. 소풍 간다고 생각하고 지도 한 장 들고 기분 좋게 걸어보세요."

임장은 거창한 일이 아니다. 임장을 하고 나면 지도 위 2D였던 동네가 4D처럼 입체적으로 다가온다. 골목길, 냄새, 기온, 사람들의 표정, 조경, 카페 분위기까지… 지도에서는 절대 느낄 수 없는 요소들이 발걸음을 따라 차곡차곡 채워진다. 여기에 로컬 맛집은 덤이다. 나는 이것을 '분위기 임장'이라 부른다. 단지 하나만 보러 가는 임장이 아니라, 신축, 기축, 재개발·재건축 구역, 지하철 예정지, 공원 등 큰 흐름을 가볍게 느끼는 임장이다. '살고 싶은 동네인가'를 묻고, 동네가 주는 감정과 매력을 받아들이는 시간이 바로 분위기 임장이다. 지역을 많이 보면 자연스럽게 입지가 좋은 곳을 구분해내는 능력이 생긴다. 집을 선택할 때 절대적으로 유리한 안목을 기를 수 있다.

▼ 임장 챌린지 임장 지도

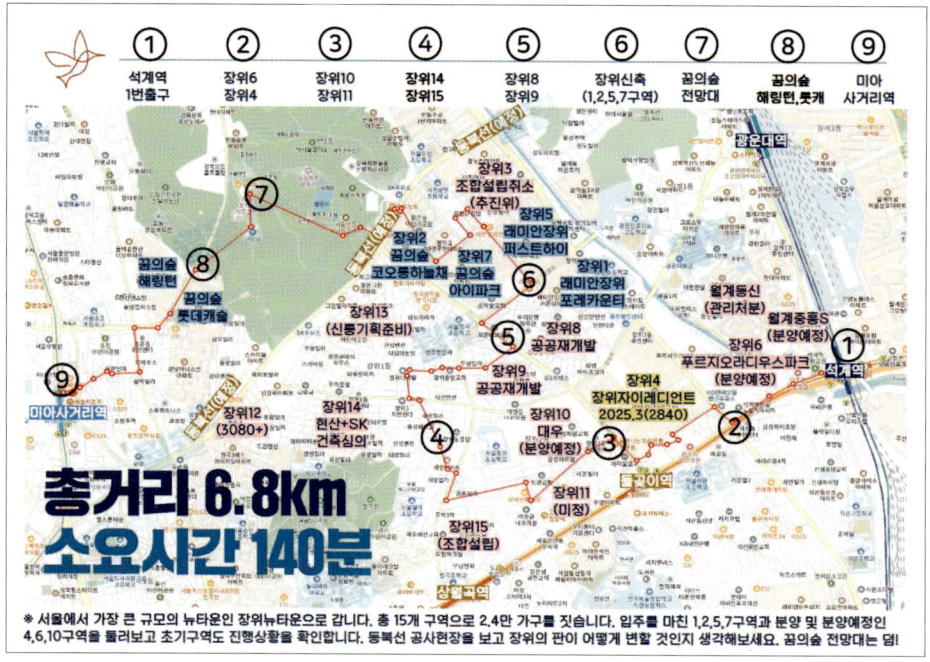

▼ 임장 챌린지 시세 지도

매물 임장

분위기 임장을 통해 마음에 드는 동네를 발견했다면, 그 안에서 개별 단지를 선택하고 세부 조건을 따져보는 '매물 임장'으로 넘어갈 차례다. 매물 임장은 말 그대로 '매물'을 중심으로 이루어지는 임장이다. 이 단계에서는 해당 아파트의 단지 배치, 동·향·층, 주차 상태, 커뮤니티 시설, 실제 시세와 전세가율, 세입자 유무 등을 꼼꼼하게 확인한다. 분위기 임장이 숲을 보는 일이라면, 매물 임장은 나무 하나하나를 관찰하는 일이다. '이 동네에 살고 싶다'라는 감정에서 출발해, '이 집을 정말 살 수 있을까'를 냉정하게 따지는 시간이다.

단지를 중심으로 반경 1km 내를 탐색하는 것이 일반적이며, 교통·학군·인프라·환경을 중심으로 도보 루트를 짠다. 아파트 단지 → 초등학교 → 지하철역 → 주요 상권 → 공원 → 도서관과 같이 루트대로 걸으며 꼼꼼하게 임장을 한다. 아파트 앞 버스 정류장에 노선이 얼마나 있는지, 지하철역까지 도보로 가능한 거리인지, 초등학교 통학로는 안전한지 실제로 걸어보며 확인한다. 상권의 업종 구성도 눈여겨본다. 단지 내 놀이터와 공원 벤치에 앉아 잠시 동네 분위기도 관찰한다.

▼ 매물 임장 핵심 포인트

임장 시간대별 팁	• 오전 8~9시: 출근길 교통 상황 확인 • 오후 3시: 일조량, 아이들 활동 상황 파악 • 저녁 8시 이후: 조도, 상권 운영 시간, 귀가 동선 체감
필수 확인 항목	• 단지 배치와 동·향·층(남향인지, 동향인지) • 앞 동과의 거리, 조망 확보 여부 • 저층이면 일조량은 충분한지 • 고층이면 바람, 소음, 조망은 어떤지 　→ 지도와 조감도만 봐서는 절대 알 수 없다. 눈으로 직접 확인해야 한다.
단지 관리 상태와 커뮤니티 시설 활용도	• 관리비 수준은 적정한지 • 커뮤니티 시설(헬스장, 독서실, 어린이집 등)은 실제로 운영되고 있는지 • 쓰레기장, 주차장, 자전거 보관소 등의 위생 상태와 관리 상태는 어떤지 　→ 살고 있는 사람들의 만족도는 시설 관리 상태에서 드러난다.
주차 여건과 단지 내 동선	• 지하 주차장 진입구 위치 • 저녁 시간에 주차 공간이 충분한지 • 엘리베이터 대기 시간과 동선의 쾌적성 　→ 구축 단지는 주차 부족 여부를 꼭 확인해야 한다.
실제 시세와 전세가율	• 직전 거래가 대비 현재 매물가 수준 • 전세가율이 60% 내외면 실투자금이 적고, 안정적인 매물일 가능성이 높음 • 전세가율이 낮은 경우에는 향후 매도 시 수익 실현이 어려울 수 있음 　→ 시세는 아실, 네이버페이 부동산, 호갱노노를 활용해 직전 실거래가와 비교 분석한다.

세입자 유무와 계약 상태	• 전세를 낀 갭매물인지, 즉시 입주 가능한 매물인지 • 전세 만기일, 계약갱신청구권 행사 여부 등 • 단기 투자자라면 기존 세입자가 있는 매물이 오히려 안정적일 수 있음 → 매물별 투자 전략은 거주·전세 조건에 따라 달라진다.

매물 임장의 핵심은 '감'이 아닌 '검증'이다. 단순히 매물이 예쁘다고, 왠지 모르게 마음에 든다고 감정적으로 판단하면 절대 안 된다. 실제 우리 가족에게 적합한 구조인지(예: 방 3개, 화장실 2개), 투자자라면 수익이 예상되는 매물인지, 입주가 가능한지, 전세가 껴 있는 집인지 하나하나 객관적인 기준으로 확인하고 비교해야 한다. 임장 노트를 활용해 매물별 조건을 기록하고, 후보 매물 간 차이를 정리해두면 추후 매수 결정을 내릴 때 매우 유용하다. 분위기 임장으로 시작해 매물 임장으로 마무리해야 비로소 좋은 집을 고를 수 있다.

임장을 마쳤다면 반드시 기록하라

임장을 다녀온 뒤에 반드시 해야 할 일이 있다. 바로 기록 정리다. 기억은 왜곡되기 쉬워 비교 분석이 어려워지기 때문이다. 정확한 비교 분석은 철저한 기록에서 출발한다.

▼ 임장 기록 핵심 포인트

입지 항목별 점수화	• 교통/학군/인프라/환경/미래 가치 • 각 항목마다 10점 만점 기준으로 평가하고, 총점을 계산한다. • 점수 기준은 객관적인 데이터와 주관적인 체감을 혼합하여 설정한다.
지역별 장단점 정리표 작성	• 입지 요소, 단지 환경, 상권 분위기, 주민 구성 등 • 좋았던 점과 아쉬웠던 점을 나란히 기록하면 비교가 수월하다.
사진 정리	• 단지 외관, 정문, 조경, 커뮤니티, 주변 상권, 학교, 공원 등 • 각 사진은 '단지명+항목명'으로 분류하고 날짜를 명시한다. • 클라우드나 휴대폰 앨범을 활용해 임장별 폴더를 구성해도 좋다.
지도 캡처와 도보 경로 저장	• 램블러, 카카오맵을 활용해 실제로 걸은 동선을 기록한다. • 동선은 지역의 체감 거리, 오르막길, 상권 밀도 등을 재확인하는 데 유용하다.
개인적인 느낌 vs. 객관적인 수치 분리	• '동네 분위기가 좋았다'와 같은 느낌과 '도보 8분 거리/초등학교 400m/전세가율 75%' 같은 수치는 반드시 구분하여 기록해야 한다. • 감정은 남기고, 수치는 검증하는 자세가 중요하다.

매물 임장의 경우 중개사무소에서 브리핑을 받은 매물의 동호수별 매매가와 전세가, 동·향·층, 단지 내 위치, 세입자 현황 및 잔여 임차 기간 등도 기재해 가장 좋은 집을 고르는 감을 익혀야 한다.

이외에도 확장 여부, 리모델링 상태 등 내부 조건을 꼼꼼히 적어둔 다음 모든 정보를 종합해 여러 매물 중 가장 좋은 집을 고르는 것이 임장 기록의 목표다. 즉 임장은 지역을 단순히 보고 오는 일이 아니라, 기록하고 분석하며 입지 감각을 키워가는 여정이다.

> **잠깐만요** 현장에서 꼭 체크해야 할 일곱 가지
>
> 현장에 갔다면 아파트 외관만 보고 돌아오지 말자. 직접 산다고 생각하고 생활을 시뮬레이션해보는 것이 중요하다.
>
> 1. **입구 → 단지 → 주변 상권까지 동선 따라 걷기**: 지도상 위치가 아닌, 실제 체감 거리와 동선을 파악해야 한다.
> 2. **대로변 소음, 공사장 소음 실시간 체크**: 스마트폰 데시벨 앱으로 소음을 직접 측정해보자.
> 3. **평일과 주말 분위기 비교**: 같은 단지라도 평일에는 조용하고, 주말에는 붐빌 수 있다.
> 4. **주민 인터뷰**: 실제로 거주하고 있는 사람들에게 얻는 정보는 프롭테크보다 훨씬 생생하다.
> 5. **상권 운영 여부 확인**: 문 닫은 점포가 많은지, 장사가 활발한지는 동네의 현재와 미래를 보여준다.
> 6. **공원, 도서관, 체육시설 등 근린시설 확인**: 단지 외 생활 환경도 삶의 질에 큰 영향을 미친다.
> 7. **유해시설 존재 여부 확인**: 고압선, 철탑, 소각장 등은 아무리 입지가 좋아도 기피 요인이 된다.

> 무작정 따라하기

부동산 임장, 현장을 제대로 파악하라 — 장위뉴타운 사례

서울에서 가장 규모가 큰 뉴타운인 장위뉴타운의 신축 아파트로 임장을 가게 되었다. 신축 아파트가 대규모로 입주하고 이후 동북선이 개통되면 업무지구와의 접근성도 개선이 될 것이라는 점에서 미래 가치가 있을 것이라 기대되었다. 현재는 저층의 노후 주거지와 신축 아파트, 공사 중인 곳이 혼재되어 있지만, 이후 15개 구역에 걸쳐 2만 세대가 넘는 신축 주거지가 들어서게 된다면 서울 동북권의 대표적 주거지역이 될 것이다.

분위기 임장 — 현장에 직접 가봐야 보이는 입지의 진짜 얼굴

임장 지도와 시세 지도를 들고 현장에 나가보았다. 지하철 6호선 석계역 바로 앞에 대규모 신축 아파트가 들어서 있었고, 공사가 한창인 현장도 눈에 들어왔다. 이미 입주를 시작한 새 아파트는 조경과 놀이터가 마치 리조트처럼 꾸며져 있었고, 외관 역시 고급스러워 '역시 신축은 다르다'라는 생각이 절로 들었다.

이웃 단지에도 공사 차량이 분주히 드나들고 있었고, 그 규모 또한 작지 않아 향후 변화에 대한 기대감을 갖게 했다. 조금 더 걸어가니, 신축 아파트 인근으로 오래된 주택가와 재래시장, 철거를 마친 후 울타리가 쳐진 부지가 이어졌다. 저마다의 속도로 조용히 변해가는 이 지역의 흐름이 피부로 느껴졌다.

지도만으로는 알 수 없었던 경사와 상권 분위기도 직접 확인할 수 있었다. 노후 주택가를 지나던 중에는 어르신들이 골목에 옹기종기 앉아 담소를 나누는 정겨운 모습도 보았다. 동북선 공사가 진행 중인 지역에는 이미 신축 아파트들이 다수 들어서 있었고, 6호선 인근 아파트보다 정돈된 분위기가 인상적이었다. 단지 주변엔 아이들도 많아 활기차고 생기 있는 느낌이었다.

예정된 동북선 역 인근의 아파트들은 입지 면에서도 우수해 보였다. 단지 내 상가에 다양한 업종이 입점해 있어 생활 편의성이 높았고, 길 하나만 건너면 초등학교가 있어 학부모 수요도 탄탄할 것으로 보였다. 특히 인근에는 '북서울 꿈의 숲'이라는 대규모 공원이 자리하고 있어 주거 만족도에 긍정적인 영향을 미칠 것으로 판단되었다.

종합적으로 살펴봤을 때, 이곳은 현재 서울 아파트 평균 매매가보다 낮은 수준이면서도 실거주 수요가 많은 인기 지역이며, 향후 개발이 마무리되면 입지 가치가 더욱 상승할 것으로 기대된다. 이에 따라 최종적으로 동북선 예정 역 인근 아파트를 유력 후보지로 정하고, 매물 임장을 계획했다.

매물 임장 — '상품'과 '현장'을 모두 확인하라

매물 임장에 앞서 손품으로 해당 단지의 매매가와 전세가, 매물량 등을 꼼꼼히 체크했다. 2021년 고점 거래와 최근 실거래가를 비교해 시세 흐름을 파악했고, 동·향·층을 고려해 가장 유리한 조건의 매물을 추렸다.

그런 다음 인터넷을 통해 확인한 내용을 바탕으로 부동산 중개사무소에 방문했고, 현장에서 실제 매물에 대한 자세한 안내를 받았다.

현장에서 가장 먼저 확인한 것은 집 내부 상태와 구조, 조망, 채광, 소음이었다. 그리고 해당 라인의 엘리베이터 개수, 단지 내 조경과 커뮤니티 시설, 재활용 처리장 위치와 청결도, 지하 주차장의 동선과 주차 여유 공간, 관리 상태까지 꼼꼼하게 체크했다.

이뿐만 아니라 단지 밖으로 나가 동북선 예정 역까지 직접 걸어보며 실시간 소요 시간을 측정하고, 도로 폭, 보행 환경, 신호등 위치, 인근 상권과 학교, 유동인구의 흐름 등을 눈으로 직접 확인했다.

매물 임장은 단순히 '집 내부를 보는 일'이 아니다. 철저한 상품 분석을 바탕으로 해당 단지와 지역의 입지 경쟁력, 향후 투자 가치 그리고 '내가 정말 이곳에 살고 싶은가'라는 감정적 확신까지 점검하는 과정이다.

009

입지와 가격의 교차점 찾기
— 시세 트래킹

손품과 발품을 통해 내 관심 지역들을 정리했다면 그 지역들의 시세 움직임을 꾸준히 체크하는 작업이 필요하다. 나는 이를 '시세 트래킹'이라고 부른다. 입지는 과학적으로 움직이고, 각 지역이 치밀하게 연결되어 있어 어느 한 지역의 시세가 오르면 일시적인 현상에 그치지 않고 그 지역과 연결된 다른 지역들의 시세가 따라서 상승한다. 예를 들어 서울 잠실의 시세가 오르면 인근 지역인 가락동, 둔촌동 일대와 강동구 고덕동, 하남 미사 순으로 서울 동남권의 시세가 따라 움직이는 식이다.

시세를 알면 오를 곳이 보인다

부동산에는 시세 서열이 있다. 보통 상급지, 중급지, 하급지로 나뉜다. 누구나 인정하는 상급지는 강남, 서초, 송파로 대표되는 강남3구와 용산구를 합친 4개 구다. 이 지역은 '투기과열지구'로 취득, 보유, 양도에 있어 정책적 규제를 받는다. 상급지의 서열은 쉽게 바뀌지 않고 견조하다. 재미있게도 중구는 항상 서울의 중간 즈음에서 서울 아파트의 평단가를 형성한다. 하급지 또한 상급지만큼 쉽게 바뀌지 않는다. 성동구부터 동작구까지, 종로구부터 성북구까지도 이 그룹 안에서 움직인다. 결국 입지 서열의 드라마틱한 역전은 없다는 의미다.

▼ 서울 아파트 구별 평단가 순위(2025년 7월 기준)

순위	지역	평단가(만 원)	경기도 유사 급지(만 원)
1	서초구	8,934	
2	강남구	8,967	
3	용산구	6,691	과천시(6,668)
4	송파구	6,363	
5	성동구	5,264	
6	양천구	5,130	
7	마포구	4,890	
8	광진구	4,590	
9	강동구	4,325	성남시 분당구(4,364)
10	영등포구	4,219	
11	동작구	4,137	
12	중구	4,008	
13	종로구	3,978	
14	서대문구	3,371	성남시 수정구(3,566)
15	강서구	3,269	
16	동대문구	3,086	
17	은평구	2,835	하남시(2,938)
18	성북구	2,820	
19	관악구	2,736	
20	노원구	2,558	성남시 중원구(2,664) 안양시 동안구(2,691)
21	구로구	2,556	광명시(2,519)
22	중랑구	2,384	구리시(2,322)
23	강북구	2,274	수원시 영통구(2,304) 용인시 수지구(2,324)
24	금천구	2,244	
25	도봉구	2,121	

> **잠깐만요** 실거래가 vs. 호가 vs. 시세 차이
>
> - **실거래가**: 국토교통부에 신고된 실제 거래 가격. 가장 신뢰할 수 있는 데이터지만, 신고 시점 기준으로 최대 30일의 시차가 발생한다.
> - **호가**: 부동산에 나온 매물의 가격. 판매자가 원하는 가격일 뿐, 실제 거래가 이뤄졌다는 보장은 없다.
> - **시세**: 실거래가와 호가를 종합적으로 고려한 시장 평균 가격. 감정평가사나 은행은 이를 기준으로 대출 가능 금액을 산정한다.
>
> 이 세 가지 가격은 미묘하게 다르게 움직이며, 시장 흐름에 따라 괴리가 커지기도 한다. 상승기에는 호가가 빠르게 치솟고 실거래가는 그 뒤를 따라간다. 반대로 하락기에는 실거래가가 떨어졌는데 호가는 고점에 머물러 매수자와 매도자 간의 심리 차이로 거래가 안 되는 경우도 있다. 따라서 실거래가와 호가를 함께 비교하며 흐름을 읽는 감각이 중요하다.

궁금한 지역의 시세를 확인할 때는 다음의 도구를 활용하는 것이 좋다. 다양한 앱을 병행해 확인하면 단일 정보만으로는 알 수 없는 호가와 시장 흐름의 진짜 방향을 판별할 수 있다. 특히 상승장일 때는 확인한 매물이 이미 거래된 상태일 가능성이 크고, 하락장일 때는 시세보다 낮은 매물이 오히려 전산망에 노출되지 않는 경우도 많다. 상승장일 때는 실거래를 보고 움직이면 늦고, 하락장일 때는 실거래가를 보고 평소에 시세 트래킹을 통해 정해놓은 기준에 닿으면 움직이는 것이 좋다.

> **시세 확인 도구**
> - 네이버페이 부동산: 매물 지도, 층·방향별 가격
> - 호갱노노: 평형별 실거래 그래프
> - 아실: 최근 6개월간 실거래가 추이
> - KB부동산: 지역별 평균 시세, 전세가율, 장기 시세 흐름 비교

내가 원하는 입지와 조건 정리하기

부동산 투자는 결국 내가 감당할 수 있는 입지와 상품을 찾는 것이다. 대부분의 사람에게 자본금은 제한되어 있고, 그 자본금 안에서 가능한 지역과 평형은 명확히 나뉜다. 따라서 시세 트래킹은 단순히 '시세를 파악하는 루틴'이 아니라, 내가 살 수 있는 입지 안에서 가장 좋은 물건을 찾기 위한 사전 조사인 것이다. 시세 트래킹을 꾸준히 하다 보면 다음과 같은 감각이 생긴다.

> **시세 트래킹을 통해 익힐 수 있는 것들**
> - A지역과 B지역의 평단가 차이
> - 구축 대비 신축의 프리미엄
> - 동일 입지 내 단지별 가격 격차
>   → 이러한 감각은 결국 '입지 안목'으로 발전한다.

내 자본금으로 살 수 있는 지역과 상품은 대부분 어느 정도 정해져 있다. 시세 트래킹을 통해 예산 안에서 투자할 수 있는 지역과 물건을 나열하고 묶어보는 연습을 할 수 있다. 이를 통해 입지를 보는 감각이 크게 발전한다. 입지 서열을 파악할 수 있게 되고, 내 상황에서 어떤 물건에 투자하는 것이 가장 현명한 선택인지 판단할 수 있게 된다. 예산 안에서 최대의 입지 가치를 찾기 위한 준비는 시장의 어느 타이밍보다 중요한 '자기 기준'을 만들어주는 훈련이 된다.

예산을 정했다면, 이제 내가 어떤 집에서 살고 싶은지를 구체화해야 한다. 이 과정은 감성이 아니라 기능 중심의 선택이 되어야 한다. 기준표를 만들어 조건을 정리해두면, 이후 시세 검색 과정에서 우선순위에 따라 빠르게 후보지를 선택할 수 있다.

▼ 기준표

우선순위 점검	• 출퇴근이 가장 중요하다면 교통 입지가 1순위 • 아이 교육이 핵심이라면 초품아와 학군이 1순위 • 조용한 환경이 중요하다면 녹지와 거리감 있는 주거지가 우선

반드시 필요한 조건 정하기	• 방 3개 이상, 욕실 2개 • 신축 또는 리모델링된 단지 • 엘리베이터 유무, 주차 대수 • 도보 10분 생활권: 대형 마트, 병원, 지하철역, 공원 등
포기할 수 있는 것 구분	층수, 조망, 브랜드, 대단지 여부 등은 유연하게 접근

시세 트래킹 연습하기

시세 트래킹은 단순히 가격만 관찰하는 작업이 아니다. 그 속에서 입지의 순위와 흐름을 읽고, 왜 그 단지가 그런 가격을 형성하고 있는지에 대한 맥락을 해석하는 훈련이다. 단순 수치 뒤에 숨겨진 '이유'를 발견하는 능력이 필요하다.

▼ 서울 25개 구 대장 단지 시세 트래킹 지도(2025년 7월 기준)

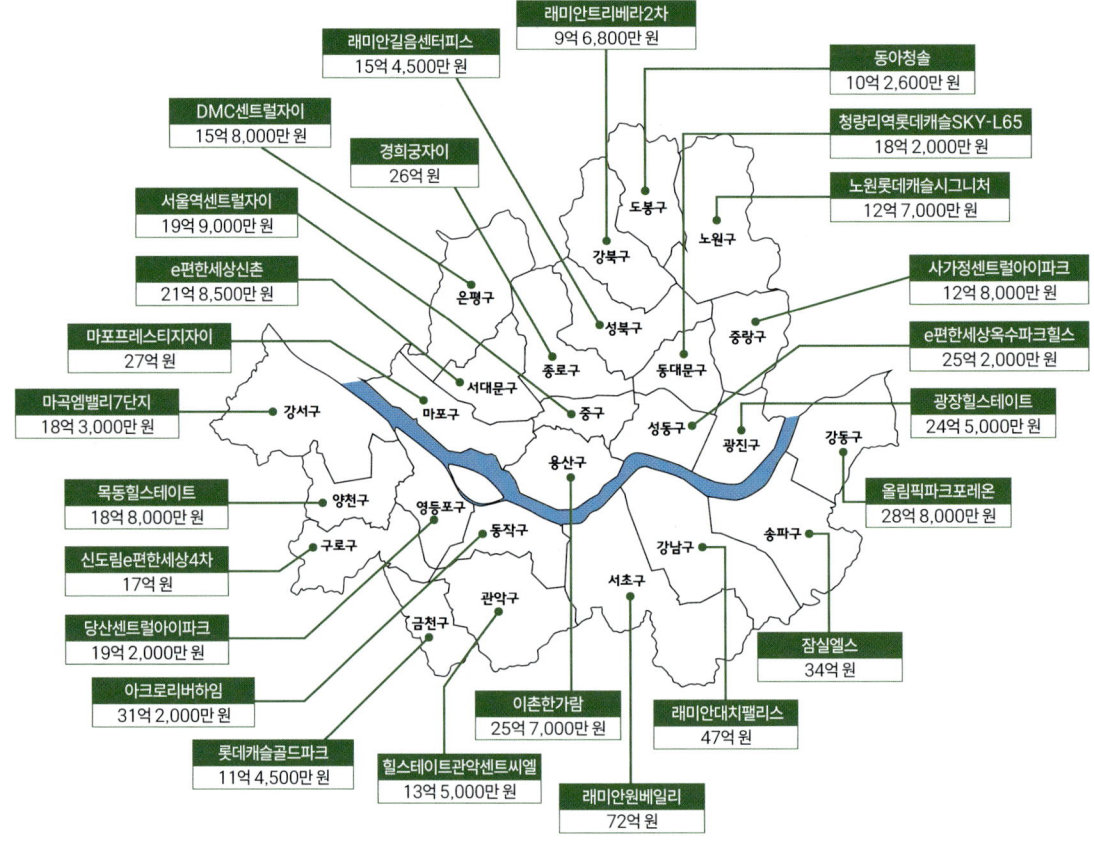

▼ 경기도 대장 단지 시세 트래킹 지도(2025년 7월 기준)

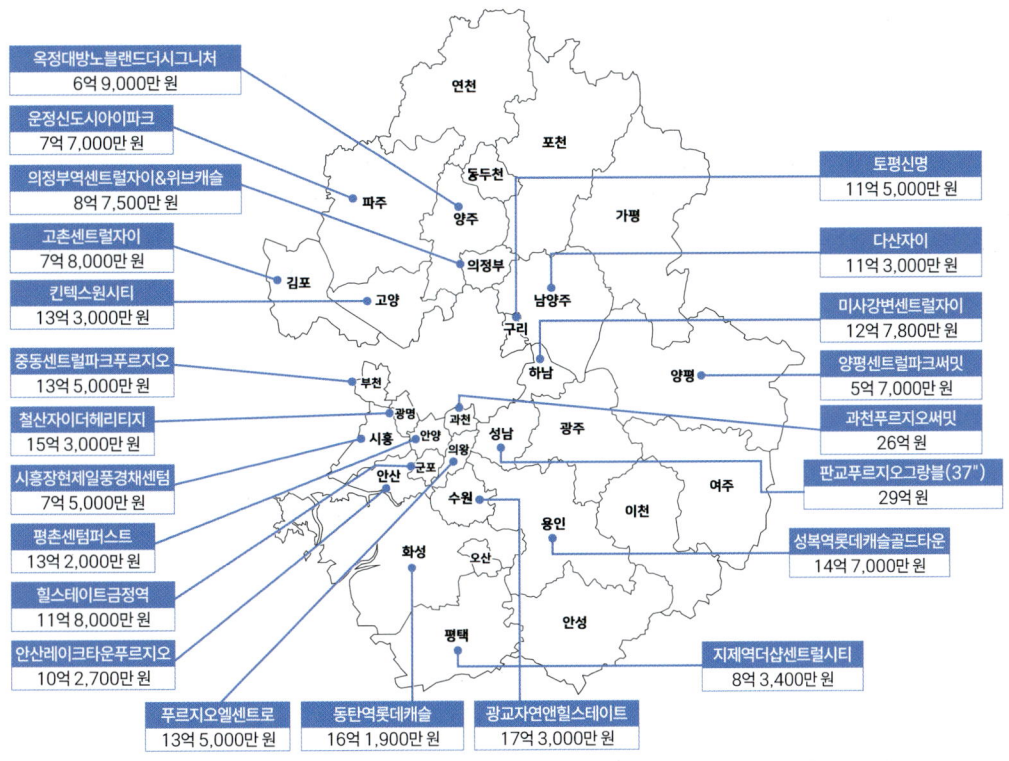

가장 효과적인 방식은 서울 25개 구의 대표 단지(일명 '대장 단지')를 기준으로 비교·관찰해보는 것이다. 입지가 다른 아파트 간의 서열 그리고 그 서열이 시세에 어떻게 반영되고 있는지를 꾸준히 확인해야 한다. 왼쪽 지도는 서울 25개 구의 대장 단지를 정리한 것으로 재건축 아파트는 제외했다. 이 지도를 바탕으로 시세 트래킹을 연습해보자.

2022년 11월, 부동산 시장은 기준금리 급등과 각종 대출 규제 여파로 가파른 하락세를 보였다. 거래는 거의 실종되었고, 가격은 눈에 띄게 내려가기 시작했다. 이런 하락기 속에서 2개의 아파트가 비슷한 가격대까지 내려왔다고 가정해보자.

다음 그래프를 보자. 빨간색 선으로 표시한 A아파트는 동대문구에 위치한 브랜드 대단지 아파트로, 교통 환경이 우수하다. 특히 청량리역 인근 개발로 지역 가치가 상승하고 있다. 파란색 선으로 표시한 B아파트는 서대문구에 위치한 브랜드 대단지 아파트다. 뉴타운 지구로 주거클러스터가 잘 형성되어 정주 여건이 우수하다.

▼ 시세 트래킹으로 입지 비교하기

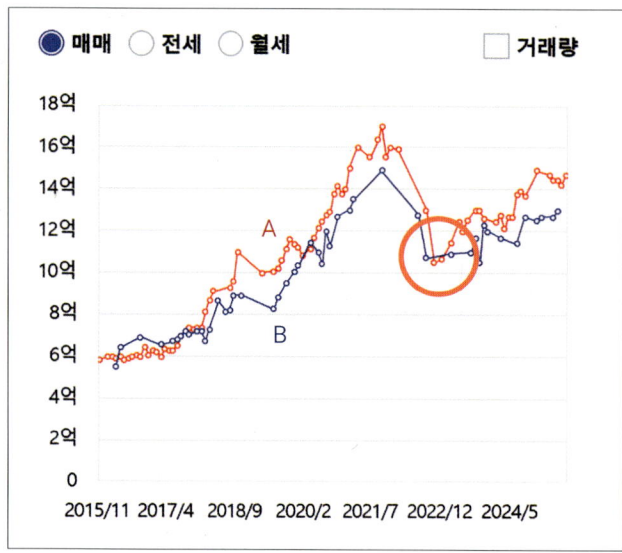

대체적으로 A아파트가 5~10% 정도 비싸게 거래되는데, 그래프에 표시한 시점에는 두 단지의 실거래가가 거의 비슷하게 붙어 있었다. 보통 사람이라면 '가치가 같네?'라고 생각할 수 있다. 그러나 시세 트래킹을 해온 사람이라면 이런 상황을 '기회'로 본다. 그 이유를 파헤쳐보자.

첫째, A아파트는 하락기에도 꾸준히 거래가 발생했다. 이는 하락장에서도 해당 단지에 대한 수요가 살아 있다는 뜻이다. 즉 시장 회복 시 먼저 반등할 가능성이 크다.

둘째, 전세가가 낮아지면서 매매가가 일시적으로 눌렸다. 이는 인근 주상복합 아파트의 대규모 입주 때문이었다. 단기 공급 이슈로 인한 일시적 현상이었던 것이다. 시장이 회복되고 인근 아파트의 입주가 마무리되면 매매가는 다시 회복될 가능성이 크다.

셋째, 향후 갈아타기 전략을 고려할 때, A아파트는 유동성이 확보된 단지로, 향후 매도 시에도 수요가 많아 안정적인 환금성을 기대할 수 있다.

같은 가격이라면 입지 우위 단지를 선택하는 것이 정답이다. 이런 눌림목이 해소되면 가격은 제자리를 찾아가게 되어 있다.

이 선택을 가능케 한 배경에는 '시세 트래킹을 통해 축적된 내공'이 있었다. 부동산 시장에서는 가격 서열이 평준화되는 현상이 주기적으로 나타난다. 예를 들어 상급지의 A아파트와 중급지의 B아파트가 같은 시점에 비슷한 가격으로 내려오는 경우가 있다.

이는 하락기 시장의 착시에서 비롯된 현상이다. 그러나 장기적으로 보면 입지의 서열은 복원된다. 입지는 물처럼 흐르지만, 바닥의 높낮이는 쉽게 변하지 않는다. 일시적으로 평탄해진 듯 보이지만, 결국에는 다시 입지의 경사가 드러난다.

이런 시세 평준화 구간에서 입지 감각이 있는 사람은 '좋은 물건'부터 매수한다. 그리고 시간이 지나면 그 물건부터 다시 반등한다. A아파트와 B아파트가 같은 가격이라면, 좋은 입지를 선택하는 것이 정답이다.

시세 트래킹의 핵심 질문

시세 트래킹은 가격만 보는 것이 아니라 다음과 같은 질문을 반복하는 훈련이다.
- 이 가격은 정상적인 흐름인가, 일시적인 착시인가?
- 이 아파트는 입지·스펙 대비 제대로 평가되었는가?
- 현재 시세는 시장 전체 흐름 중 어디에 위치해 있는가?
- 이 단지는 하락기에 거래가 있었는가, 없었는가?
- 전세가, 입주 물량, 거래량 등을 종합해 가격 복원 가능성이 높은가?
    → 이 질문에 꾸준히 답해 나가다 보면, 입지와 시세를 보는 안목이 자연스럽게 체득된다.

실습을 위한 추천 방법
- 서울 25개 구 대장 단지의 실거래가 6개월 치 데이터를 엑셀로 정리해보자.
- 비슷한 시세 구간에서 A단지와 B단지의 입지 비교 연습을 한다.
- 프롭테크 앱(아실, 호갱노노, KB부동산 등)을 병행해 호가와 실거래가 흐름을 교차 검증한다.
- 상승장·하락장의 흐름별 매물 수, 거래량, 평단가 변화를 시계열로 정리한다.
    → 시세 트래킹은 기술이 아닌 습관이다. 연습처럼 반복하다 보면, 입지를 보는 감각과 부동산 시장의 흐름을 읽는 눈이 생긴다.

부동산 투자 성적은 '누가 비교를 더 잘하느냐'에서 갈린다. 여러 선택지 중 최선의 선택을 하는 사람이 최고의 수익을 맛볼 수 있다. 그리고 꾸준한 트래킹은 시장의 흐름을 가장 명쾌하게 알 수 있을 뿐만 아니라 가장 똑똑하게 비교하고 선택할 수 있도록 도와주는 최고의 기술이다. 부동산에는 '시세'보다 투명하고 정확한 기준이 없기 때문이다.

010
예산 안에서 최적의 대안 찾기 — 시세 그루핑

많은 사람이 "10억 원으로 서울에서 살 수 있는 가장 좋은 집이 뭔가요?", "예산이 6억 원인데, 서울에 들어갈 수 있을까요?", "8억 원으로 가장 많이 오를 수 있는 집은 어디인가요?"와 같은 질문을 던진다. 이러한 질문에 제대로 답하기 위해서는 '시세 그루핑'을 알아야 한다.

시세 그루핑이란?

시세 그루핑이란, 예산을 기준으로 살 수 있는 아파트들을 묶고, 그중에서 입지, 브랜드, 연식 등 여러 기준으로 최적의 대안을 추려내는 과정을 말한다. 시세 트래킹이 '입지를 보는 눈'을 길러주는 훈련이라면, 시세 그루핑은 선택지를 좁혀가는 기술이다. 시세 그루핑을 하기 위해서는 시세 흐름과 입지 조건을 연결한 전략적 사고가 필요하다.

> "10억 원 전후로 살 수 있는 괜찮은 집이 뭐가 있을까?"
> → 가능한 모든 대상을 리스트업한 뒤
> → 나만의 기준(입지, 직주근접, 전세가율 등)으로 정렬해
> → 그중 가장 좋은 1~2개를 추린다.

예산은 거의 모든 실거주자의 '절대적인 제약 조건'이다. 그 안에서 최대한 좋은 입지와 상품을 뽑아내는 것이야말로, 현명한 실거주 전략의 핵심이라 할 수 있다.

그렇다면 왜 '그루핑'이 필요할까? 서울 전체 아파트 시세를 일일이 외울 수는 없고, 내가 살 수 있는 단지들을 계속 비교·정렬해 패턴화해두지 않으면 막상 기회가 왔을 때 의사결정을 그르치기 쉽기 때문이다.

- A단지(금호/10억 원): 구축이지만 입지가 뛰어남
- B단지(장위/9억 8,000만 원): 입지는 평이하지만 신축
- C단지(중계/9억 5,000만 원): 재건축 기대, 학군, 넓은 평형

이렇게 예산 내에서 뽑아낸 단지들을 정량적·정성적으로 비교 분석할 수 있어야 한다. 이 과정을 체계적으로 정리하는 기술이 시세 그루핑이다.

예산대별 후보군 만들기

시세 그루핑의 출발점은 언제나 예산이다. 사람마다 보유한 자본금의 크기는 다르지만, 실거주자든 투자자든 결국 '내가 지금 살 수 있는 집'이라는 현실적인 출발선에서 판단이 시작된다. 이 장에서는 예산대별로 가능한 단지들을 어떻게 분류해야 하는지, 입지와 스펙 수준을 어떻게 판단해야 하는지를 다룬다. 예산이 6억 원일 때와 8억 원일 때 가능한 입지군은 전혀 다르다. 중요한 건 예산의 수치가 아니라, 그 예산 안에서 어떤 조건이 가능한지를 이해하는 것이다.

▼ 예산에 따른 입지 수준

예산	대출	매매가	대표 지역	평균 평형
6억~7억 원	4억 원	10~11억 원	장위, 동작·강동 구축	59~84m²
6억~7억 원	5억 원	11~12억 원	녹번, 구성남, 안양, 광명, 하남	59~84m²

6억~7억 원	6억 원	12~13억 원	가재울, 이문휘경	59~84m²
6억~7억 원	전세 7억 원(실거주×)	13~14억 원	마곡, 신길	59~84m²
6억~7억 원	이주비대출 3억 원	12~13억 원	수색증산·청량리·은평구·성북구 재개발	59~84m²

상승기에는 호가가 중심이 되고, 하락기에는 실거래가에 맞춘 보수적인 접근이 유효하다. 예산대별로 ① 살 수 있는 곳을 나열하고 ② 매매 시세와 전세가를 정리해 ③ 평균 연식과 입지 수준을 파악하는 순으로 후보군을 만든다.

입지 조건 점수화하기

예산대별 후보군을 추렸다면 이제는 그중에서 우선순위를 매겨야 한다. 같은 8억 원대 아파트라도 누군가에게는 교통이 중요하고, 누군가에게는 학군이나 인프라가 더 중요할 수 있다. 따라서 '나만의 기준'으로 점수화해 조건을 정리하는 것이 중요하다.

예를 들어 다음과 같이 항목별 점수를 부여할 수 있다.

▼ 나만의 입지 점수 기준표

항목	점수 기준	점수표
교통	지하철 도보 시간, 버스 환승 여부	• 지하철 도보 5분: 3점 • 지하철 도보 10분: 2점 • 버스 환승: 1점
학군	학원가, 초품아, 중고등 성취도	• 우수: 3점 • 양호: 2점 • 부족: 1점
인프라	백화점, 병원, 도서관, 근린상권, 자연환경	• 우수: 3점 • 양호: 2점 • 부족: 1점
신축 / 재건축·리모델링	신축 여부, 재건축·리모델링 여부	• 신축 또는 재건축 진행: 3점 • 재건축 예정: 2점 • 해당 없음: 1점
미래 가치	지하철 신설, GTX 개통, 고속도로 개통, 업무지구 확장, 문화시설 유치, 차량기지 이전 등	• 우수: 3점 • 양호: 2점 • 부족: 1점

점수 기준에 따른 총점은 15점이지만, 항목별로 가중치를 둘 수도 있다. 예를 들어 아이가 있는 30대라면 학군과 교통에 더 높은 가중치를 둘 수 있다. 또 감점 요소도 함께 고려해야 한다. 예를 들어 유해시설(고압선, 소각장 등), 비역세권, 단지 관리 상태 불량 등은 각각 1~2점씩 차감해 실질 점수를 조정하는 것이 좋다.

최종 점수가 12점 이상인 단지는 실거주 유망 단지로, 기준을 만족하는 것으로 간주하고 추가 분석 대상으로 삼을 수 있다.

입지 분석 결론 내리기

모든 비교를 마쳤다면 이제 선택의 시간이다. 최종 후보 3곳을 추려 장단점을 비교하고 우선순위에 따라 정리한다. 내가 살 수 있는 집 중 가장 좋은 집을 고르기 위한 방법은 조건을 명확히 하고 감정을 배제하는 것이다. 마음이 가는 곳도 중요하지만, 일단 입지를 중심으로 살펴보기로 했으니, 가치 상승을 염두에 두고 최대한 객관적으로 판단해보자.

▼ 나만의 입지 점수 최종 비교

후보	총점	장점	단점	우선순위 부합도
산성역포레스티아(59m²)	13점	신축, 대단지	학군, 인프라	상
귀인마을현대홈타운(84m²)	12점	학군, 인프라	노후도	중
e편한세상서울대입구(59m²)	11점	신축, 교통	학군, 미래 가치	하

가장 중요한 건 '내가 감정적으로 끌리는 단지'가 위 기준표의 객관적 점수와도 일치하는지를 확인하는 것이다. 데이터와 감정이 일치하면 더 이상 고민할 필요가 없다. 집은 리모델링으로 바꿀 수 있지만, 입지는 바꿀 수 없다. 집값은 결국 입지에 따라 움직인다. 내가 감당할 수 있는 예산 안에서 최선의 입지를 찾는 그 여정이 바로 시세 그루핑의 본질이다.

011
'나만의 강남'을 찾아라

'나만의 강남'이란 무엇일까? 현재 조건에서 마련할 수 있는 '나에게 최적화된 집'을 뜻한다. 예산, 연령, 가족 구성, 직장의 위치, 아이의 교육, 생활 방식, 목적(실거주, 투자) 등에 따라 각자 자신에게 맞는 입지가 다르다. 누군가에게는 마포가, 누군가에게는 위례가, 누군가에게는 신림이 '나만의 강남'이 될 수 있다. 지금부터는 나에게 맞는 입지를 찾기 위한 실전 전략을 알아보자. 여기서 중요한 건 '나만의'라는 단어다.

'나만의 강남'을 찾는 설계법

먼저, 스스로에게 물어야 한다. 나는 어디에 얼마 동안 살고 싶은가? 나는 집을 통해 무엇을 얻고 싶은가? 나는 이 집을 가족의 보금자리로 삼을 것인가, 아니면 자산 증식을 위한 전략적 선택으로 삼을 것인가? 이 질문에 대한 답을 바탕으로 '나만의 강남'을 정의할 수 있다. 단순히 남들이 좋다는 곳을 따라가는 것이 아니라, 내 삶의 맥락에 맞게 입지를 커스터마이징하는 것이다. '지금의 나'에게 가장 가치 있는 곳을 찾는 것이다.

시세 그루핑처럼 그룹 안에서 어떤 집을 선택하느냐도 중요하지만, 더 나아가 가장 중요한 것은 부동산 투자의 방향성을 설계하는 '얼개'를 짜는 법이다. 입지와 대출, 세금이 씨실과 날실이 되어 조화롭게 어우러져야 탄탄한 짜임새가 나온다.

이 책에서 다뤄온 프롭테크 분석, 임장, 시세 트래킹, 시세 그루핑 등은 모두 '나만의 강남'

을 찾기 위한 도구다. 집을 매수할 때 가장 중요한 기준은 현재의 내 가용자금이다. 아무리 입지와 미래 가치가 좋아 보여도 내가 그 집을 감당할 수 없다면 그곳은 안식처가 될 수 없다. 그래서 '나만의 강남'을 찾는 첫 번째 단계는 예산 안에서 최고의 현실적인 대안을 찾는 것이다.

'나만의 강남'을 찾는다는 건 단순히 예산 안에서 최선의 입지를 고르는 것이 아니라, 자금 구조와 투자 방향성까지 설계하는 총체적 전략이다. 같은 자본으로 누구는 시세 3억 원의 빌라에 머물고, 누구는 전세를 끼고 더 나은 입지에 있는 시세 15억 원의 아파트를 산다. 이는 단순한 선택의 차이가 아니라 계획의 차이, 전략의 차이다.

예를 들어 3억 원이라는 자본이 있을 때, 3억 원짜리 빌라를 사는 것은 투자적 관점에선 아쉬운 접근이다. 안정적인 실거주를 우선시하는 경우 유효한 전략일 수 있으나 자산 가치의 상승을 기대하기 어려운 수비수적 전략이다. 반면 같은 3억 원으로 전세를 활용하거나 대출을 레버리지로 삼아 10억~15억 원 수준의 아파트를 매수한다면, 이는 리스크를 감수하되 자산 증식을 노리는 공격적 전략이다.

▼ 자본 3억 원으로 내 집 마련하기

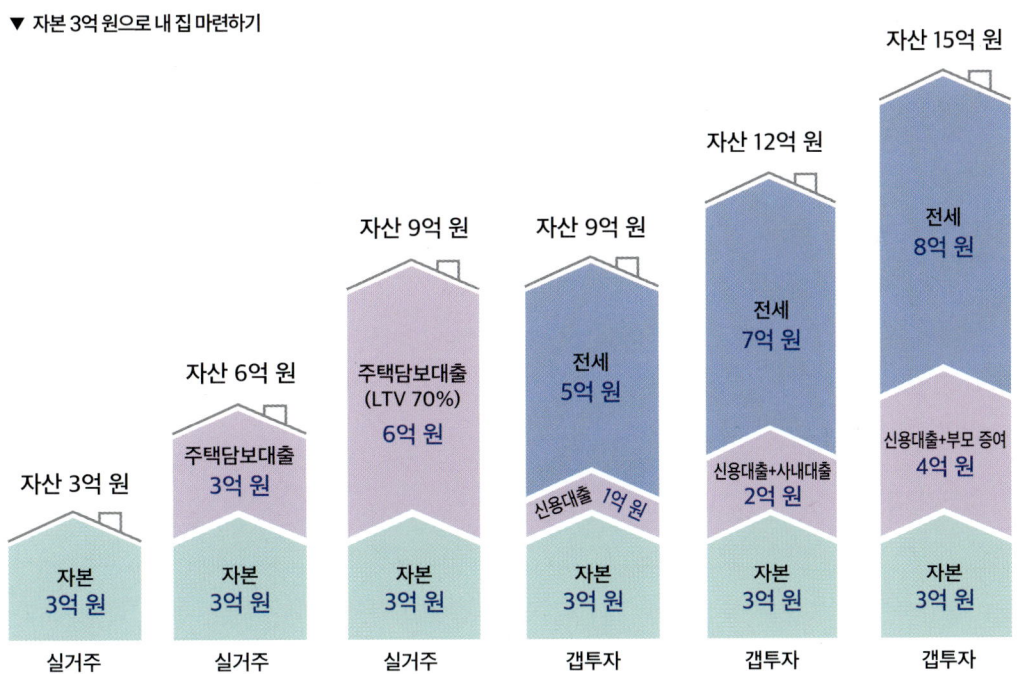

"대출을 많이 받아서 집을 사는 것이 맞나요?"라고 묻는 사람이 많다. 리스크는 단지 대출이 많을 때 생기는 것이 아니다. 가치가 없는 부동산을 사는 것이 진짜 리스크다. 그리고 높은 가치의 부동산을 사기 위해 무작정 대출을 많이 받아야 하는 것도 아니다. 각자 자신이 감당할 수 있는 금액을 대출받아야 하고, 그 대출 수용 능력은 본인이 가장 잘 알 것이다.

이 선택은 입지만이 아니라, 내 투자 성향, 대출 여력, 세금 이해도 등 모든 요소가 조화를 이뤄야 가능한 일이다. 그래서 입지 분석은 시작일 뿐, '나만의 강남'을 찾기 위해서는 예산 안에서의 최적 입지 선별부터 대출 전략과 원리금 상환 능력 검토, 세금 및 보유비용 고려, 장기 보유 전략 혹은 갈아타기 계획 수립까지 모든 것이 종합적으로 맞물려야 한다.

입지와 대출, 세금이라는 요소는 마치 씨실과 날실처럼 얽혀 있다. 어느 하나만 따져서는 제대로 된 그림이 나오지 않는다. 입지가 좋아도 세금 부담이 크면 유지가 어렵고, 대출이 과도해 상환에 어려움이 있다면 부동산 시장이 흔들릴 때 어려움이 닥칠 수 있다.

그러나 너무 보수적으로 접근해도 원하는 자본 차익을 얻을 수 없다. 6억 원의 아파트와 9억 원의 아파트는 자본 차익의 크기가 꽤 다르다. 6억 원의 아파트가 4년 뒤에 1억 원이 오른다면 9억 원의 아파트는 3억 원이 올라 자본 차이가 벌어질 가능성이 크다. 수익률도 중요하지만 결국은 자본 차익의 크기가 커야 원하는 곳에 닿을 수 있다.

나에게 맞는 투자 전략 짜기

첫 번째 단계는 얼마의 자본을 가지고 시작할지를 파악하는 것이다. "자기가 얼마를 가지고 있는지 모르는 사람도 있어?"라고 되물을 수 있지만, 실제로 흩어져 있는 자본을 모으면 모두 얼마인지 모르는 사람이 꽤 많다. 이외에도 집을 마련하려는 태도 그리고 적극성에 따라 모인 자본금은 크게 차이가 나기도 한다.

지금 살고 있는 집의 전세보증금을 빼서 집을 마련할 것인지, 전셋집에서 계속 거주하며 모아놓은 돈만으로 전세를 끼고 투자할 것인지, 전세보증금부터 예적금, 현금, 주식, 코인 등 현금화할 수 있는 모든 것을 자본으로 모아 눈덩이를 최대한 굴릴 것인지 등 투자에 임하는 마음에 따라 자본은 고무줄처럼 늘어나기도 하고 줄어들기도 한다. 부동산은 현실의 숫자 위에서 시작되는 게임이다.

두 번째 단계는 투자 방법과 상품군을 선택하고 총예산을 산출하는 것이다. 투자 방법에 따라 같은 자본금으로 마련할 수 있는 아파트 가격이 많게는 5배 이상 차이가 날 수도 있다. 이를 통해 자산, 대출 가능성, 거래비용을 합친 총예산을 산정한다. 둘째마당 대출 부분에서 많은 혜안을 얻을 수 있을 것이다. 대출과 전세 활용 등의 전략을 통해 내가 매수할 수 있는 아파트의 가격이 결정되었다면 절반 이상 왔다.

> **투자 방법 예시**
> 1. 실거주
> 2. 실거주+대출
> 3. 갭투자
> 4. 갭투자+대출
> 5. 재개발·재건축 투자
> 6. 단기 투자
> 7. 중장기 투자
> 8. 대체주택 취득

거듭 말하지만 내가 가진 돈이 얼마인지, 대출을 얼마나 활용할 수 있는지가 정리되어야 내가 살 수 있는 최대치를 알 수 있다. 간혹 내게 "돈이 3억~6억 원 정도 있는데, 어느 아파트를 살까요?"라고 물어보는 사람들이 있다. 자본 3억 원과 6억 원은 살 수 있는 집의 최대치가 상당히 차이 난다. 이 경우에는 결코 뾰족한 답을 얻을 수 없다.

> 자본금+대출 가능 금액+거래비용(세금, 중개수수료 등)=총예산

이때 규제지역 여부에 따라 대출 한도와 실거주 요건 및 취득세가 달라지므로 사전 확인은 필수다.

세 번째 단계는 각 단계를 거치며 도출된 매수 가능한 최대치 값으로 살 수 있는 곳을 정리

하는 것이다. 앞서 배웠던 손품은 여기서 빛을 발한다. 바로 프롭테크 앱을 활용한 입지 필터링 과정인데, 네이버페이 부동산, 호갱노노, 아실 등에서 내가 설정한 조건에 맞는 단지를 추린 뒤 시세, 학군, 교통 정보 등을 확인하며 후보지를 정리해야 한다.

네 번째 단계는 목적에 맞는 상품을 찾는 것이다. 실거주라면 가족의 라이프스타일을 기준으로 입지의 우선순위를 결정해보자. 우리 가족에게 좋은 입지는 삶의 방식에 따라 달라진다. 직장이 어디인지, 학령기 아이가 있는지, 산책을 자주 하는지 등은 모두 입지 판단의 핵심 요소다.

출퇴근 시간이 중요한 맞벌이 부부라면 40분 이내 대중교통 거리를 필터링할 필요가 있다. 초등 자녀가 있는 부모라면 초등학교와의 거리와 건널목 유무, 학원가 인접 여부 등을 살펴봐야 한다. 반려동물이 있고, 여가를 즐기는 경우에는 공원, 한강, 반려동물 동반시설 등이 중요하다. 이렇게 절대 포기할 수 없는 조건들을 먼저 정리하면 기준이 생긴다.

투자 목적이라면 입지 요소가 골고루 안배된 일명 '육각형 아파트'인지 살펴봐야 한다. 육각형 아파트란, 교통, 일자리, 학군, 환경, 인프라, 미래 가치 등 모든 것이 완벽한 아파트를 뜻한다. 내가 지금 살펴보고 있는 아파트가 사람들에게 선호도 높은 육각형 아파트의 기준을 충족했는지 살펴보자.

과거 3~10년간의 시세 그래프를 체크하고 전고점(2021년 하반기~2022년 상반기 부동산 상승기의 최고 매매가)을 확인해 내재 가치를 확인한다. 전세가율 여부도 전세를 끼고 집을 살 때 중요한 요소다.

이처럼 아파트를 사는 목적에 따라 개별 맞춤 상품을 찾아야 한다. 하급지 신축 vs. 상급지 구축, 서울 20평대 vs. 경기 30평대 등 집을 마련할 때는 생각보다 고려해야 할 것이 많다.

마지막 단계는 손품과 발품을 통해 후보지를 비교하고 최종적으로 '나만의 강남'을 선정하는 것이다. 일차적으로 손품으로 걸러지고, 현장에서 감각으로 확신이 더해진다. 이 과정을 통해 도출한 '나만의 강남'은 단순히 예산에 맞는 집이 아닌, 현재의 삶을 반영하고 미래까지 담아낼 수 있는 집이다.

▼ 육각형 아파트

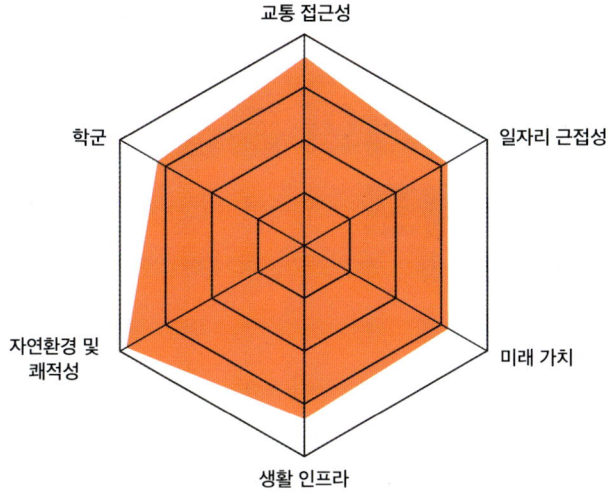

'나만의 강남'이란 말은 결국 지금의 나를 정확히 이해하고, 미래의 나를 설계한 결과로 얻어낸 가장 합리적인 부동산 선택지다. 그 선택은 남들이 대신 내려줄 수 없다. 부동산 시장은 늘 변하고, 개인의 상황도 계속 달라진다. 정답이 없는 부동산 투자 시장에서 살아남기 위해 필요한 건 정답을 외우는 것이 아니라, 문제를 푸는 사고력이다. 이 책이 말하는 '나만의 강남 찾기'가 바로 그 사고력이다. 당신에게 '강남'은 어디인가? 그리고 당신은 그곳에 어떤 전략으로, 어떤 방식으로 닿을 것인가? 부디 이 질문에 대한 답을 찾기 바란다.

012

흔들리지 않는 나만의 본진, 베이스캠프

부동산 투자는 갈아타기 게임이다. 한 번의 선택으로 끝나는 승부가 아니다. 첫 내 집 마련은 본선전이 아니라 예선전이다. 진짜 중요한 건 첫 집이 얼마나 좋은 집인가가 아니라, 수차례 갈아타기를 통해 결국 평생 살고 싶은 좋은 집에 도달하는 것이다.

베이스캠프란?

나는 작은 집에서 시작해 여러 번의 이사와 갈아타기 과정을 거친 끝에 도달한, 누구나 살고 싶어 하고 실거주와 자산 가치 모두를 만족시키는 최종 거점을 '베이스캠프'라고 부른다.

> 베이스캠프 = 실거주 완결 + 자산 증식 + 현금 흐름의 거점

이 책의 초반에 언급한 KB부동산의 '선도아파트50'과 같이 시장에서 입지, 학군, 브랜드, 커뮤니티, 거래 안정성 등이 모두 검증된 단지들이 대표적인 베이스캠프다. 이 집은 단순히 거주의 공간을 넘어, 자산 증식의 터미널이자 부의 복리 구조가 본격적으로 시작되는 지점이다. 든든한 베이스캠프에 도달한 이후부터는 내가 집을 위해 애쓰는 것이 아니라, 집이 나를 위해 자산을 만들어주는 단계에 접어든다. 집값이 오르면 순자산이 커지고, 그 자산을 담보로 다른 투자가 가능해진다. 그리고 그 집은 은퇴 이후 자산 재배치를 통해 현

금 흐름을 만드는 기반이 되어준다. 따라서 '나만의 강남'을 찾았다면, '든든한 베이스캠프'에 도달하는 것을 목표로 삼아야 한다. 이것이 부의 시스템이다.

베이스캠프의 다섯 가지 조건

그럼 베이스캠프의 구체적인 조건은 무엇인지, 어떻게 거기에 도달할 수 있는지, 어떤 단지들이 실제 그 조건을 충족하는지 구체적인 사례와 전략을 알아보자. 든든한 베이스캠프는 누구나 쉽게 도달할 수 있는 곳이 아니다. 반대로 말하면, 도달하기 어려운 만큼 도달에 성공하면 든든한 자산이 되어준다. 많은 사람이 무턱대고 좋은 아파트, 비싼 아파트를 쫓는데, 정작 그 집이 베이스캠프가 되려면 충족해야 할 핵심 요건들이 있다.
나는 이 요건을 다섯 가지로 정리한다. 바로 입지력, 브랜드력, 생활력, 학군력, 환금력이다.

1. 입지력

입지의 본질은 수요다. 즉 베이스캠프가 되기 위해서는 수요가 끊이지 않는 핵심 축에 올라타야 한다. 서울이라면 2호선, 3호선, 9호선 등 선호 노선이 교차하는 역세권, 수도권이라면 강남 접근성이 뛰어난 지역, 신분당선 역세권, 대규모 일자리 지역 등 사람들이 꾸준히 찾아오는 자리에 위치한 집이어야 한다. 입지는 시간이 갈수록 '좋아질 자리'도 중요하지만, 이미 좋은 자리는 검증이 끝났다는 점에서 더 강력한 방어력을 갖는다. 수많은 개발 호재 대신, 이미 완성된 기반시설과 인프라를 누릴 수 있는 곳이 베이스캠프다.

2. 브랜드력

요즘은 지역 자체가 브랜드가 되는 경우가 많다. '반포에 산다', '압구정에 산다' 등 지역 자체가 브랜드가 되는 경우가 속속 등장하고 있다. 또한 대치동의 '우선미(우성, 선경, 미도)', 잠실의 '엘리트(엘스, 리센츠, 트리지움)'는 그 이름만으로도 브랜드가 되고 있다. 최근에는 아크로, 디에이치, 써밋 등 지역에 따라 하이엔드 브랜드를 단 아파트들이 높은 집값을 형성하고 있다. 입지와 브랜드가 동시에 강한 단지는 시간이 지나도 그 지역의 '현역 아파트'로 인기가 있다. 시장과 소비자가 인정한 이름값이 있다면, 그 집을 가진 사람들은 그 자산을 쉽게 놓지 않는다.

3. 생활력

베이스캠프는 단지 '자산'의 역할만 해서는 안 된다. 출퇴근, 쇼핑, 병원, 학원, 여가 등 삶의 동선이 효율적으로 연결되는 생활 환경이 갖추어져 있어야 한다. 1층에 마트가 있고 도보 10분 거리 안에 대형 병원이 있으며, 단지 내 조경이 좋아 편안히 산책을 할 수 있고 차 없이도 주요 상권을 이용할 수 있는 곳. 커뮤니티와 인프라, 일상이 연결된 이러한 단지는 생활의 질이 높고, 생활권 이탈이 적다.

4. 학군력

학군은 수요를 유지하는 가장 강력한 방패다. 학군이 좋은 아파트는 자녀가 있는 사람들에게 매력적이기 때문에 시세가 방어된다. 특히 중위권 이상의 베이스캠프 아파트는 '선호 초·중·고등학교'를 품은 단지일 가능성이 높다. 나에게 자녀가 없더라도 학군은 거주 기간을 늘려주고, 거주 기간이 늘어나면 매물 공급이 줄어드니 그만큼 가격 하방이 견고해진다. 강남 8학군만 학군인 것은 아니다. 목동, 중계, 광진, 서현, 수내, 평촌 등 지역 내 전통 학군지는 언제나 수요가 복리처럼 쌓인다.

5. 환금력

가격이 오른다 해도 팔리지 않으면 좋은 자산이 아니다. 언제든 팔 수 있는 집이 진짜 자산이다. 베이스캠프는 유동성이 보장되어야 한다. 실제로 KB선도아파트50에 포함된 단지들의 공통점 중 하나는 하락장에도 거래가 이루어진다는 것이다. 환금성이 좋으려면 실거주 선호도가 높아야 하고, 전세 수요가 안정적이어야 하며, 단지 내 거래량과 매물 회전율이 꾸준해야 한다. 이 모든 것이 갖춰져야만 언제든 자산으로 활용 가능한 진짜 베이스캠프가 된다.

지금까지 소개한 다섯 가지 조건이 충족되었을 때, 비로소 우리는 "이 집이 내 본진이다"라고 말할 수 있다. 입지력, 브랜드력, 생활력, 학군력, 환금력이 우수한 아파트는 시장 흐름이 흔들릴 때 견고히 버티며 더욱 빛을 발한다.

베이스캠프에 도달하기 위한 전략적 흐름

'나만의 강남'을 시작으로 몇 번의 갈아타기 과정을 거치면 누구나 베이스캠프에 닿을 수 있다. 갈아타기란 단순히 더 비싼 집으로 이사를 가는 일이 아니라, 더 나은 입지, 더 강력한 자산, 더 높은 성장 가능성으로 점프하는 전략이다. 그렇다면 든든한 베이스캠프에 도달하기 위해 어떤 과정을 거쳐야 할까?

1. 현실 가능한 첫 집 마련

먼저, '나만의 강남'을 찾아야 한다. 지금의 상황에서 가장 좋은 예산 계획을 세운 뒤 직주근접, 정비사업 가능성 등을 파악해 최적의 지역을 선택해야 한다.

2. 2~4년 보유(거주) 후 첫 갈아타기

이때는 시장 상황에 따라 갈아타기를 하는 것이 맞는지를 결정해야 한다. 자고 일어나면 수천만 원씩 집값이 오를 때는 집을 빠르게 매도하고 갈아탈 집을 최대한 빨리 매수하는 것이 좋다. 기대만큼 집값이 오르지 않았더라도 그동안 잘 팔리지 않았던 집에 매수자가 나타났다면 더 좋은 집으로 갈아타기를 실행하자. 시장이 좋지 않을 때는 내 집이 팔리지 않아서 갈아타기가 힘든 경우가 많다. 내 집을 싸게 팔고 좋은 집을 시세에 사겠다는 자세로 접근하자. 보유 기간 동안 예상했던 각종 호재가 현실화가 되어 시세에 충분히 반영되었는지, 아직 호재 실현을 기다리고 있는지에 따라 매도 시기를 늦춰야 할 수도 있다. 이후 기존 자산 상승분과 금융 레버리지를 최대한 활용해 더 좋은 집으로 갈아타야 한다.

갈아타기 전략이 성공하기 위해서는 '어떻게', '어디로' 갈아탈 것인가가 중요하다. 당연히

'언제' 갈아타는가도 중요하지만 일반 사람이 갈아탈 타이밍을 분석하기에는 어려움이 많다. 사람들은 갈아타기를 시도할 때 '언제' 갈아탈지 그 타이밍에 집착한다. 갈아타기에 가장 좋은 시기는 '내가 준비됐을 때'다. 재정적·전략적으로 갈아탈 준비가 된 때가 가장 좋은 때다. 데이터 위에 감각이 필요하고, 전략 위에 실행력이 따라야 한다. '지금 나는 갈아탈 준비가 되어 있는가?', '내가 가진 집을 매도하는 것이 맞는가?', '갈아탈 집은 자본금 대비 가장 좋은 집인가?'라는 질문에 '예'라고 답할 수 있다면 지금이 바로 나만의 본진으로 이동할 타이밍이다.

3. 체계적인 갈아타기 1~2회 더 진행

이제는 갈아타기 경험도 있고 부동산을 보는 안목도 생겼다. 갈아타기는 입지 변화뿐 아니라 삶의 조건 변화에 맞춘 전략적 대응이기도 하다. 자녀의 초등학교 입학이나 학군 중심 단지로 이동할 시점, 부모와의 합가 또는 분가 시점, 평형 확장 혹은 축소를 위한 이동 등 여러 가지 모습으로 대응하며 갈아탈 수 있다.

이처럼 삶의 이벤트가 생겼을 때는 무리해서 억지로 버티기보다는 한발 먼저 움직여 생활의 질과 자산 안정성을 동시에 확보하는 것이 유리하다.

마지막으로 가장 예측하기 어려우면서도 갈아타기 타이밍에 큰 영향을 미치는 것이 정부 정책 변화와 시장 흐름이다. 대출 규제가 완화되는 타이밍, 종합부동산세와 양도소득세 제도 개편, 규제지역 해제 또는 신규 지정, 공급 확대 신호, 금리 정책 완화 등 정책 기반 시그널이 나올 때는 시장 전체가 움직이기 전에 먼저 행동에 나서야 기회를 잡을 수 있다.

4. 든든한 베이스캠프 도달

대치, 개포, 반포, 여의도, 압구정 등 검증된 프리미엄 입지에 진입했다면 든든한 베이스캠프에 도달했다고 보면 된다. 물론 베이스캠프의 기준은 각자 다르다. 실거주하기에 만족스럽고 자산 방어력이 높으며 재건축 또는 희소성까지 확보했다면 더 이상 바랄 것이 없다.

베이스캠프 갈아타기 사례

부동산 갈아타기는 단기간에 끝나는 프로젝트가 아니다. 입지와 자산, 인생의 시기가 맞물리는 장기 전략이다. 지금부터 2013년부터 2023년까지 약 10년간 3번의 갈아타기를 통해 수도권 외곽에서 강남 핵심지까지 도달한 직장인 B씨의 사례를 살펴보자. 시장 흐름을 읽는 통찰력과 타이밍, 입지와 상품을 선별하는 정교한 판단력을 엿볼 수 있을 것이다.

1. 2013년 고양시 화정동 구축 아파트

B씨의 첫 집은 고양 화정의 구축 아파트였다. 당시 전세가와 매매가의 차이가 크지 않아 '전세로 살 바에는 내 집을 사자'라는 마음으로 매입을 결심했다. 3호선과 가깝고, 서울 접근성도 괜찮은 편이었다. 가격이 안정된 시기에 대출이 가능했고, 전세 수요도 풍부하다는 조건도 갖추고 있었다.

- 매입가: 3억 1,000만 원(종잣돈 1억 원 + 주택담보대출 2억 1,000만 원)
- 매도가: 4억 1,000만 원(시세 차익 1억 원)
- 전략 포인트: 전세 대신 실거주, 자산 방어가 가능한 입지에 첫 집 마련

2. 2015년 서울시 은평구 녹번동 신축 아파트

화정 아파트가 4억 1,000만 원 수준으로 오른 2015년, B씨는 화정 아파트를 매도하고 서울 진입을 노렸다. 은평구 녹번동의 신축 단지가 타깃이었다. 평형을 좁혀 짐을 많이 버려야 했다. 인근이 모두 재개발 구역이라 어수선했고, 언덕에 위치해 있어 불편한 점도 있었지만 서울 입성과 시세 상승 모두를 고려한 선택이었다.

녹번역 인근의 재개발 구역은 순차적으로 신축 아파트로 바뀌며 주거 환경이 개선되었다. B씨는 2년 거주 후 매매가가 오른 시점에 매도하며 다음 갈아타기를 준비했다.

- 매입가: 5억 원(자금 2억 원 + 주택담보대출 3억 원)
- 매도가: 6억 5,000만 원(시세 차익 1억 5,000만 원)
- 전략 포인트: 지역의 미래 가치, 서울 진입

3. 2017년 마포구 신축 아파트

은평구 아파트를 매도한 후 B씨의 자산은 약 3억 5,000만 원으로 불어났다. B씨는 이 자금으로 마포의 신축 랜드마크 아파트를 전세를 끼고 매수했다. 입지(지하철 2호선·5호선), 생활 인프라, 직주근접까지 모두 갖춘 아파트였다. 해당 아파트를 갭투자로 매입하고, 1년 뒤 임차인이 퇴거한 후 실거주하는 절세 전략도 활용했다. 결과적으로 아파트 시세가 2023년 기준 16억 3,000만 원으로 올라 6억 원이 넘는 차익을 낼 수 있었다.

- 매입가: 9억 8,000만 원(자금 3억 5,000만 원 + 전세 6억 3,000만 원)
- 매도가: 16억 3,000만 원(시세 차익 6억 5,000만 원)
- 전략 포인트: 갭투자로 레버리지 효율 극대화, 마포 신축 대단지 효과

4. 2023년 강남구 도곡동 중대형 구축 아파트

마포구 아파트 입주 후 시세 차익 및 저축을 통해 B씨의 자산은 10억 원 이상으로 불어났다. 이후 B씨는 마침내 강남구 도곡동의 아파트로 갈아타기에 성공했다. 학군, 교통, 생활 인프라가 모두 갖춰진 곳이었으며, 강남 진입과 동시에 장기적 자산 상승의 기반까지 확보한 셈이다. 이 아파트의 실거래가는 2025년 기준 39억 원이다. 현재는 마포구에서 월세로 거주하고 있지만 이후 자녀가 초등학교 고학년이 되면 강남구에서 실거주하겠다는 계획을 가지고 있다.

- 매입가: 24억 3,000만 원(자금 11억 8,000만 원 + 전세 12억 5,000만 원)
- 시세: 39억 원(예상 시세 차익 14억 7,000만 원 이상)
- 전략 포인트: 자산 점프와 강남 입성을 동시에 달성한 갭투자 전략의 완결

이 사례의 핵심은 단순히 비싼 집을 산 것이 아니라, 갈아탈 것을 대비해 현명하게 집을 선택했다는 것이다. 각 단계마다 가격, 정책, 상품, 시장 흐름을 읽는 판단력이 있었기에 가능했다. 갈아타기란 결국 입지를 바꾸며 자산의 무게 중심을 옮기는 일이다. 무리한 점프가 아니라 계획된 전진이기 때문에 가능했던 여정이다.

▼ 갈아타기 타임라인

연도	위치	평형	매입가	시세 차익	전략
2013년	고양 화정	84m²	3억 1,000만 원	1억 원	전세 대신 실거주
2015년	은평 녹번	59m²	5억 원	1억 5,000만 원	서울 진입, 소형 평형 선택
2017년	마포 아현	84m²	9억 8,000만 원	6억 5,000만 원	상품성, 전세 후 실거주
2023년	강남 도곡	84m²	24억 3,000만 원	14억 7,000만 원 이상(예상)	강남 진입, 전세 레버리지

베이스캠프 이후의 전략적 투자

든든한 베이스캠프에 도달했다면, 이제는 새로운 국면으로 접어든다. 더 이상 이사 갈 집을 찾아 헤맬 필요도, 주거 안정 때문에 불안에 떨 필요도 없다. 이제부터는 그 집을 어떻게 활용하느냐에 따라 자산 성장의 속도가 결정된다.

베이스캠프 이후의 투자 전략은 세 가지 방향으로 나뉜다. ① 현금 흐름 확보, ② 투자 다각화, ③ 자산 리밸런싱을 통해 부동산 시스템을 구축하는 단계로 넘어간다.

점차 베이스캠프의 가격이 오르면서 자산이 증식된다. 상승 자산을 담보로 현금 유동성을 확보하고, 그 자금으로 수익형 부동산 등에 투자할 수도 있다. 베이스캠프는 은퇴 후에도 매각·전세 전환 등을 통해 안정적인 현금 흐름 확보가 가능하다. 당신이 아직 젊고 소득이 많다면 이 베이스캠프를 통해 꼬마빌딩을 만들어낼 수도 있다. 이처럼 든든한 베이스캠프에 깃발을 꽂는 순간, 단지 집을 산 것이 아니라 부의 시스템을 확보한 것이 된다. 결국 부동산으로 여유롭게 살기 위한 가장 좋은 방법은 평생 살고 싶은 집을 확보하는 것이다.

▼ 베이스캠프로 시작하는 부의 시스템

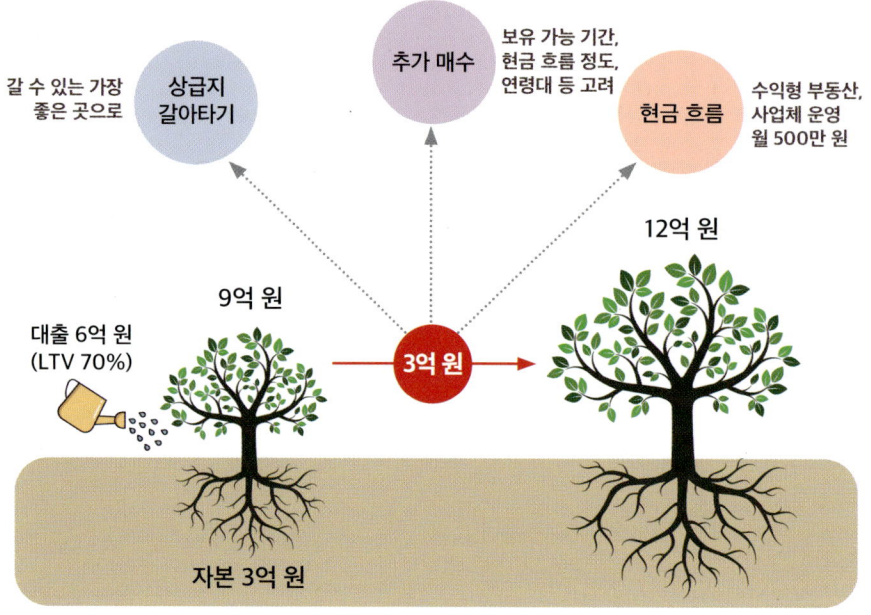

1. 현금 흐름 확보 전략

여유자금을 만들어주는 든든한 베이스캠프는 순자산의 기준점이자 담보 자산이 된다. 과거보다 주택담보대출이 여유롭게 나올 수 있고, 보유 자산으로 평가되면서 금융기관의 신뢰도도 높아진다. 이를 활용하면 수익형 부동산 투자 또는 사업을 통한 현금 흐름 확보와 같은 투자 전략을 펼칠 수 있다. 특히 기존주택에서 발생하는 자산 상승분을 재투자 원금으로 삼을 수 있다는 점이 핵심이다.

2. 투자 다각화 전략

베이스캠프는 말 그대로 움직이지 않는 본진이다. 여기서 얻는 심리적 안정감은 다른 투자에서의 '공격력'으로 전환된다. 주거 불안을 걷어낸 사람은 보다 유연하게 추가 투자, 분양권 투자, 재개발 대상 단지 진입 같은 다양한 레벨의 투자 기회를 노릴 수 있다. 예를 들어 20억 원짜리 베이스캠프를 보유하면서 수도권 아파트에 갭투자로 진입하거나 서울 역세권 아파트의 분양권을 매수할 수도 있다. 혹은 사업시행인가를 받은 서울의 재개발 빌라에 투자할 수도 있다. 핵심은 본진을 유지한 채, 다양한 투자 기회를 노릴 수 있는 여력이 생긴다는 점이다.

3. 자산 리밸런싱 전략

베이스캠프에 도달했지만, 언젠가는 그 집을 현금화하거나 '거주 기능'에서 '수익 기능'으로 전환해야 할 수도 있다. 그것이 자산 구조의 최종 리밸런싱이다. 이 시점에는 다음과 같은 전략이 유효하다.

- 베이스캠프 아파트를 다운사이징해 상가, 오피스텔 등 수익형 자산으로 교체
- 임대 등록을 통해 안정적인 연금형 수익 창출
- 2주택 이상 보유자의 경우, 세금 최적화를 고려한 주택 매도 순서 조율
- 자녀 증여나 명의 이전 등을 통한 가업 승계 및 상속 설계

이때는 더 이상 '오를 곳'을 찾는 것이 아니라 '나를 지켜줄 구조'를 만드는 것이 중요하다. 이때야말로 베이스캠프의 가치가 극대화된다.

베이스캠프에 도달했다면, 당신은 불안 속의 소비자에서 부의 설계가 가능한 자본가가 된 것이다. 그 집은 이제 단순한 거주 공간이 아니라, 당신의 순자산을 증식시킬 레버리지이자, 현금 흐름을 만들어주는 도구이자, 은퇴 이후 삶의 방패막이가 된다. 이제는 그 집이 당신을 키울 것이다. 이것이 든든한 베이스캠프에 깃발을 꽂는 진짜 의미다.

부의 삼각편대, 즉 정책, 대출, 세금에 상품(입지)을 더하는 기술을 익혀라. 자본의 볼륨을 키우고 현금 흐름을 만들 수 있도록 세팅하라. 나와 자본이 함께 성장해야 한다. 입지가 기본이다. 부의 그릇을 만드는 데 들이는 시간을 아까워하지 마라.

부동산 투자 무작정 따라하기

013 전 세계 부자들이 '레버리지'를 선택하는 이유
014 자본주의 사회에서 꼭 필요한 대출력
015 대출 절차 한눈에 보기
016 대출의 다섯 가지 종류
017 대출 한도 이해하기 - LTV, DTI, DSR
018 정책자금대출 파헤치기
019 전세자금대출 파헤치기
020 대출금리 이해하기 - 고정금리와 변동금리
021 대출 상환 방식과 원리금 통장 활용 전략
022 금융기관별 활용 전략
023 신용점수, 연체만 없다면 대출도 신용이다
024 대출 한도 최대로 받는 소득 전략
025 청약에서의 대출 전략

둘째 마당

대출:
상급지로 가기 위한
똑똑한 대출 활용법

— 금융기관별 노하우, 대출 한도 극대화, 무이자 대출 활용 등

013

전 세계 부자들이 '레버리지'를 선택하는 이유

부자들은 돈이 없어서가 아니라, 더 부자가 되기 위해 대출을 활용한다. 현금력과 자본력이 넘치는 부자들이 왜 굳이 대출을 받는 걸까? 그 답은 의외로 단순하다. 그들은 대출을 부채가 아닌 '수익률을 증폭시키는 도구'로 활용할 줄 알기 때문이다. 빚을 지더라도 그 이자보다 높은 수익이 보장된다면, 그 빚은 오히려 자산이 된다. 즉 부자는 '돈이 돈을 버는 구조'에서 가장 강력한 도구는 자신의 돈이 아니라, 남의 돈이라는 사실을 누구보다 잘 알고 있다.

부동산 투자에서의 레버리지 활용법

예를 들어 10억 원을 보유한 사람은 10억 원짜리 부동산을 현금으로 구매할 수 있다. 하지만 5억 원만 넣고 나머지 5억 원을 대출받아 두 채를 매입하면, 자산 상승 시 수익률은 2배가 된다. 레버리지는 자산의 크기를 키우고 수익률을 증폭시키는 지렛대다. 부의 지렛대(레버리지)를 잘 활용해 투자 대비 수익률을 극대화시키는 것, 이를 '레버리지 효과'라고 한다. 1억 원을 투자해 연 10% 수익을 얻는다면 수익은 1,000만 원이다. 하지만 1억 원에 2억 원을 더 대출받아 3억 원을 투자하고, 같은 10% 수익을 낸다면 수익은 3,000만 원이다. 이자 4%를 감안해도 2,200만 원의 순수익, 자기자본 대비 22%의 수익률이다.

특히 대출금리가 낮을수록 이 지렛대는 더욱 강력해진다. 부자들은 저금리로 조달한 자금을 고수익이 가능한 곳에 투자해 그 차익을 고스란히 챙긴다. 그들에게 대출은 위험하기만 한 나쁜 빚이 아니라 '계산된 이익'인 것이다. 홍콩은 세계에서 가장 집값이 비싼 도시 중 하나지만 많은 자산가가 레버리지를 극대화해 부를 이뤘다. 중국 자본이 유입되면서 부동산 가격은 급등했고, 홍콩의 부자들은 저금리 대출을 통해 아파트와 상가를 집중 매수했다. 전세 아닌 월세가 기반인 홍콩 부동산 시장에서는 월세 수익률이 높기 때문에 대출 이자보다 임대 수익이 큰 구조가 가능했고, 자산과 현금 흐름이 동시에 증가했다.

이는 한국의 일부 상위 부동산 투자자들의 투자법과 유사하다. 대출금리는 3%인데, 자산 상승률은 연 10% 이상일 때, 그 차익은 고스란히 투자자의 몫이 된다. 레버리지는 자산가에게 수익률을 기하급수적으로 키워주는 도구인 셈이다.

미국의 대통령인 도널드 트럼프와 사업가 일론 머스크도 대출을 잘 활용해 부자가 됐다. 사실 트럼프는 자수성가형 부자가 아니다. 그는 부동산 개발업자였던 아버지로부터 초기 자산을 상속받았지만 진짜 부를 만들어낸 것은 그의 레버리지 능력인 '대출력'이었다. 트럼프는 늘 자기자본보다 더 많은 대출을 끌어와 초대형 프로젝트를 진행했다. 호텔, 카지노, 고급 아파트 등 그의 투자 포트폴리오는 언제나 남의 돈을 지렛대 삼아 확장됐다. 실제로 그는 한 인터뷰에서 "내가 파산하면 은행들이 더 곤란해질 것이다"라고 말하며 은행과의 협상력이 자산 규모에서 비롯된다는 사실을 노골적으로 밝힌 바 있다.

트럼프의 핵심 전략은 '은행이 리스크를 떠안을 수 있을 정도로 매력적인 자산을 만들고, 그 돈으로 더 큰 수익을 창출한다'였다. 물론 그는 파산과 회생 신청도 수차례 했지만 결과적으로 자산을 되살렸고, 미국의 대통령이라는 권력까지 거머쥐었다. 레버리지는 그에게 부의 크기를 넘어 영향력의 크기까지 확장시킨 수단이었던 것이다.

머스크는 현금보다 주식이 많은 부자다. 그럼에도 그는 끊임없이 '대출'을 활용한다. 방법은 단순하다. 자신이 보유한 테슬라 주식을 담보로 맡기고, 대규모 자금을 조달하는 것이다.

그 돈은 스페이스X(Space X), 보링컴퍼니(The Boring Company) 등과 같은 신사업에 투자되며, 결국 자산 가치는 머스크의 손에 의해 커진다. 그야말로 레버리지의 고수다. 테슬라의 주가는 계속 상승했고, 머스크는 주식을 팔지 않고도 유동성을 확보할 수 있었으며, 심지어 세금도 피할 수 있었다. 미국에서는 주식을 팔면 세금이 부과되지만, 담보대출은 과세 대상이 아니기 때문이다. 즉 머스크는 세금을 내지 않고, 리스크는 나누며, 자산은 키우는 일석삼조의 레버리지 전략을 구사한 것이다. 물론 주가가 하락하면 위험이 따르지만, 머스크는 기술력과 브랜드 파워로 시장의 신뢰를 유지하고 있다. 그에게 대출은 단순히 돈을 빌리는 행위가 아니었다.

트럼프는 현실의 자산을 담보로, 머스크는 미래의 자산을 담보로 거대한 지렛대를 움직였다. 그들은 레버리지를 빚이 아닌 빛의 기회로 이해했고, 그 차이가 결국 지금의 그들을 만들었다.

부자는 돈이 많아도 대출을 받는다

레버리지는 강력한 자산 증식 도구지만, 동시에 손실을 증폭시키는 위험한 칼날이기도 하다. 금리가 낮고 시장이 우호적일 때는 누구나 지렛대를 들고 앞서 나갈 수 있다. 하지만 금리가 오르고 시장이 냉각되면, 그 지렛대는 가장 먼저 무거운 짐이 되어 투자자의 어깨를 짓누른다. 레버리지가 유익한 것은 그 자체가 아니라, 그 지렛대를 얼마나 지혜롭고 현명하게 다루는가에 달려 있다. 결국 중요한 건 레버리지의 무게를 감당할 수 있는 힘과 현명한 전략으로서의 대출력을 갖추는 것이다.

진정한 대출력이 있는 부자들은 현금을 단순히 쥐고 있는 것이 아니라, 언제든 움직일 준비가 된 유동 자산으로 본다. 그래서 그들은 자산을 고정시키지 않고, 새로운 기회가 올 때 재빠르게 대응할 수 있도록 늘 유동성을 유지하려 한다. 그들에게 레버리지는 단순히 투자 자금을 마련하는 수단이 아니다. 기회를 잡기 위한 유연한 전략, 타이밍을 놓치지 않는 민첩성의 도구다. 또한 그들은 법인, 신탁, 가업 승계, 세금 절감 전략까지 엮어 레버리지를 정교하게 설계한다. 대출을 단순한 금융 상품이 아니라, 자산 운용의 핵심으로도 활용하는 것이다.

은행원 시절에 자산가들이 더 적극적으로 대출을 활용하는 모습을 많이 목격했다. 그들은 자산 포트폴리오를 구성할 때 대출을 자산을 증식시키는 수단으로 여기고 적극 활용했다. 예컨대 부담부증여, 자금 출처, 자금 용도 증빙 등을 대출로 해결했다.

A고객은 강남에 50억 원 상당의 상가 건물을 보유하고 있었다. 이 건물을 자녀에게 증여하고 싶었지만, 단순 증여 시 수십억 원대의 증여세 부담이 예상됐다. 그는 건물에 30억 원의 근저당권*을 설정한 뒤 부담부증여 방식으로 자녀에게 증여했다. 결과적으로 자녀가 떠안은 대출금 30억 원은 증여세 과세표준에서 제외됐고, A고객은 합법적으로 수십억 원의 증여세를 줄일 수 있었다. 이 과정에서 대출은 절세 전략을 위한 중요한 장치가 됐다.

B고객은 고가의 부동산을 매입하려 했지만, 자금 출처 소명이 까다로웠다. 단기간에 여러 자금원을 통합하는 것이 불투명했고, 국세청의 조사를 우려했다. 그는 은행권 담보대출 10억 원을 통해 자금을 마련했고, 향후 현금 흐름을 통해 점진적으로 상환하면서 수월하게 자금 출처를 소명할 수 있었다. 대출이 단순한 자금 조달 수단을 넘어, 소득 대비 매입 여력을 합리화하는 증거가 된 것이다.

C고객은 법인을 통해 부동산을 매입하는 과정에서 자금 용도에 대한 명확한 증빙이 필요했다. 그는 개인자금과 법인자금을 혼용하지 않기 위해 일부 자금을 은행권 사업자대출로 분리 조달했고, 대출계약서와 납입 스케줄을 통해 투명한 자금 흐름을 증빙했다. 이 전략 덕분에 그는 법인과 개인 간 자금 혼동 없이, 국세청과 금융기관 모두에 신뢰받는 자금 구조를 만들 수 있었다.

자산가들은 대출을 단지 '돈이 부족할 때 쓰는 것'으로 여기지 않는다. 오히려 자산을 지키고, 이전하고, 증식하는 도구로 활용한다. 자금이 많다고 대출이 필요 없는 것은 아니다. 부자일수록 대출을 왜, 언제, 얼마나 써야 하는지를 안다. 결국 레버리지는 가난한 자의 위험한 선택이 아니라, 부자들의 정교한 도구다. 자산을 지키고, 불리고, 기회를 앞당기는 전략인 것이다.

빚을 부정적으로만 생각하고 두려워만 할 것인가, 부자들처럼 자본주의 사회에서 돈이 움직이는 원리를 이해하고 남의 돈을 내 이익으로 바꾸는 전략을 배울 것인가. 자산을 빠르게 늘릴 수 있는 가장 효율적인 방법은 대출을 잘 활용하는 것이다.

알아두세요
근저당권 앞으로 생길 채권의 담보로 일정 금액을 한도로 저당권을 미리 설정할 수 있는 권리를 뜻한다.

014

자본주의 사회에서 꼭 필요한 대출력

대부분의 사람이 부동산에 투자할 때 대출을 받는다. 자신이 가진 현금보다 더 높은 가격, 즉 가치가 높은 부동산을 구매하기 위해서다. 흔히 '빚도 자산이다'라고 하지만, 억 단위의 돈을 대출받아도 될지 두려운 것도 사실이다. 부동산 투자를 할 때 대출이 왜 중요한지, 자본주의 사회에서 대출은 어떤 힘을 갖고 있는지 알아보자.

대출로 자산 격차를 줄일 수 있다

빚은 여전히 많은 사람에게 두려움의 상징이다. 빚을 지는 순간 신용이 떨어지고, 인생이 무너질 수도 있다는 공포감이 오랫동안 대한민국 사회를 지배해왔다. 하지만 현금만으로 자산을 축적하는 건 속도와 규모 모두에서 한계가 있다. 특히 부동산, 창업, 투자 등 레버리지를 통해 자산을 확대해야 하는 영역에서는 대출 없이는 시작조차 하기 어렵다. 대한민국은 국민 자산의 80% 이상이 부동산에 집중되어 있고, 시세 차익이 주요한 자산 증식 수단이며, 각종 금융 규제와 정책 변화에 따라 레버리지 구조가 크게 달라진다. 이 특수한 구조 속에서 대출을 전략적으로 활용하지 못하면 자산의 격차는 점점 더 벌어진다.

2025년 기준, 서울 34평 아파트의 평균 매매가는 이미 14억 원을 넘겼다. 반면 평균 가구 자산은 5억 원 안팎에 머물러 있다. 즉 아무리 근검절약을 하더라도 현금만으로 내 집을 마련하는 것은 불가능에 가까운 일이 되었다는 뜻이다. 이러한 상황에서는 대출을 어떻게 활용하느냐가 자산 격차를 결정짓는 중요한 요소다. 이제는 오히려 대출을 받지 않음으로

써 얻지 못하는 기회비용이 더 커질 수 있다. 자산을 증식시키는 데 있어 중요한 것은 대출 자체의 유무가 아니라, 그것을 얼마나 전략적으로 활용할 수 있느냐다. 대출을 잘 활용해 자산 증식을 도모하는 전략적 능력을 '대출력'이라 한다.

대출력을 활용한 자산 전략

대출은 부의 씨앗이다. 자본주의 사회에서 대출력은 단순히 돈을 빌리는 능력이 아니다. 빌린 돈으로 어떤 기회를 만들고, 어떻게 자산을 설계해 나갈 것인가를 결정짓는 자본주의 맞춤형 생존 전략이다. 같은 자본금으로 누군가는 전세에 머물지만, 누군가는 대출을 활용해 입지가 좋은 곳에 내 집을 마련한다.

한 수강생이 2억 원의 자본금을 가지고 고민하고 있었다. 사실 이 돈으로는 서울에서 전세도 얻기 힘들지만, 수도권 외곽으로 눈을 돌리면 소형 아파트를 매매할 수 있다. 그러나 그는 과감하게 4억 원을 추가로 대출받아, 서울 내 교통이 우수하고 개발 호재가 있는 지역의 아파트를 매입했다. 3년 뒤, 해당 아파트는 시세가 3억 원가량 상승했다. 반면 같은 시기에 비슷한 자본금으로 전세를 선택했던 지인의 자산은 사실상 정체되었다. 이처럼 대출을 잘 활용하면 결과적으로 수억 원의 차이를 만든다.

직장생활 4년 차인 A씨는 월급을 꾸준히 저축해 7,000만 원을 모았다. 그는 이 돈으로 전세를 살지, 분양권 청약을 넣을지 고민했지만, 결국 정책 모기지 상품인 신혼희망타운대출을 활용해 수도권 신축 아파트 분양권을 확보했다. 3년 뒤 해당 분양가는 1억 5,000만 원 이상 시세 차익이 발생했고, 그 차액은 그의 자산 증식의 첫 열매가 됐다.

만약 이들이 '빚은 위험하다'라는 생각으로 대출을 회피했다면, 이런 기회를 얻을 수 있었을까? 같은 자본금으로도 누군가는 미래를 앞당기고, 누군가는 현재에 머무른다. 결국 부를 만드는 힘은 '대출'이라는 도구를 어떻게 활용하느냐에 달려 있다.

015
대출 절차 한눈에 보기

본격적으로 대출을 실행하기 전에 대출이 어떻게 진행되는지 알아야 한다. 각 단계를 이해해야 절차마다 필요한 서류 등도 놓치지 않고 체크할 수 있다.

1. 대출의 목적과 용도에 따른 상담 및 상품 비교

가장 먼저 어떠한 목적과 용도로 대출을 받으려는 건지 명확히 정리해야 한다. 주택 구입 목적인지, 전세자금 용도인지, 사업자 운전자금 목적인지 등에 따라 대출의 종류와 조건이 달라진다. 대출의 종류가 정해지면 은행 창구에 직접 방문해 은행원과 대면 상담을 하거나 인터넷 사이트, 금융기관 앱 등을 통해 비대면 상담을 진행한다. 요즘에는 대출 비교 플랫폼 등을 통해 여러 금융기관의 조건을 한 번에 비교해볼 수 있으니 거래하고 있는 은행만 고집하지 말고 나에게 가장 좋은 조건의 대출을 실행해줄 은행을 찾는 것이 현명하다. 나에게 좋은 조건의 대출을 실행해주는 그 은행이 바로 주거래 은행이다.

2. 대출 실행 기관 조사(사전 상담)

필요한 대출이 정해지면 은행원에게 대출 가능 한도, 대출금리, 대출 상환 방식, 중도상환 수수료 등에 대한 사전 상담을 받는다. 대출 상담은 부동산 계약을 하기 전에 진행하는 것이 좋다. 내가 예상했던 대출 금액이 나오지 않으면 잔금 사고가 날 수도 있기 때문이다. 은행에 방문할 때는 내가 대출이 가능한지 확인하기 위해 신분증과 재직증명서, 사업자등록증, 소득 관련 서류(원천징수영수증, 소득금액증명원 등) 등을 챙겨 가는 것이 좋다. 신용 정보 조회를 통해 대출자의 신용점수와 금융기관 거래 이력 등을 살펴볼 수 있고, 소득 관련 서류 등을 함께 제출하면 소득, 부채 등의 정보로 DSR을 계산할 수 있어 대출 가능 금액이 빠르게 산정된다.

주택담보대출을 받으려면 물건지 정보가 대략적으로라도 정해져야 정확한 상담이 가능하다. 대출자의 주택 수, 물건지가 수도권인지 아닌지에 따라서도 대출 한도가 달라지고, 규제지역 유무에 따라서도 대출 가능 금액이 상이하기에 상담을 받기 위한 사전 준비가 철저히 되어 있는 것이 좋다.

3. 심사 접수(은행 확정 및 매매 계약 체결)

가장 조건이 좋은 금융기관을 확정한 후 사전 상담을 통해 대략적인 대출 가능 금액이 정해지면 부동산 매매 계약을 체결한다. 잔금일은 보통 대출 실행일과 동일하므로 대출 실행일을 기준으로 잔금일을 설정한다. 이후 은행에서 요구하는 대출에 필요한 서류들을 제출하면 본격적인 심사에 들어가게 된다. 이때는 사전 상담 때보다 훨씬 더 꼼꼼하고 세부적인 심사가 이뤄지며, 이 과정에서 대출 부적격자로 확인되면 대출을 받지 못할 수도 있다. 따라서 금융기관에서 요구하는 서류들은 빠짐없이 제때 제출해야 한다. 서류가 하나라도 누락되면 대출 진행이 지연될 수 있다. 금융기관마다 요구하는 서류가 조금씩 다르지만 대략 다음과 같이 정리해볼 수 있다.

▼ 대출 시 필요 서류

신분 확인 서류		• 신분증: 주민등록증, 운전면허증, 여권 • 주민등록등본 또는 주민등록초본(최근 3개월 이내) • 가족관계증명서(공동명의나 상속 등 필요 시) • 혼인관계증명서(생애최초 여부 확인 시)
소득 증빙 서류	근로소득자	• 근로소득원천징수영수증 • 소득금액증명원 • 급여명세서 • 재직증명서
	사업소득자 (개인사업자)	• 소득금액증명원 • 사업자등록증 • 부가가치세 과세표준증명원 또는 부가세신고서 • 세무서 발급의 납세증명서
	기타 소득자 (프리랜서, 연금소득자 등)	• 소득금액증명원 • 건강보험료 납부확인서 • 연금 납부확인서 • 카드사용내역서 등
부채 관련 서류		• 기존 대출 원리금 상환 내역서(타 금융기관 부채 확인용) • 대출잔액증명서 또는 금융거래확인서
담보물 관련 서류		• 등기사항전부증명서 • 건축물대장 또는 토지대장(필요 시) • 매매계약서 • 감정평가서(은행 요구 시) • 인감증명서, 인감도장
기타 필요 서류		• 대출신청서 및 개인정보 수집·이용 동의서(은행 양식) • 대출약정서(은행 양식) • 자동이체신청서(이자 납입용 계좌 등록) • 납세증명서 또는 국세/지방세 완납증명서 • 위임장(필요 시)

4. 대출 심사 및 승인

심사를 통과하면 LTV, DSR, 신용등급, 담보 가치 등을 종합해 최종 대출 승인이 나고, 대출계약서를 작성하게 된다. 계약서에는 대출 금액, 이자율, 상환 기간, 중도상환수수료, 연체 시 불이익 등의 내용이 담긴다. 전자서명을 통해 온라인으로 진행되는 경우도 많다. 이때 부수거래 등을 통해 대출금리를 낮출 수 있는 방법이 있는지 확인해보는 것이 좋다. 대출의 종류에 따라 '추가매수금지약정서'와 같은 대출약정서를 추가로 작성할 수도 있는데,

반드시 꼼꼼히 읽고 이해한 뒤 서명해야 한다.

간혹 지점에서 승인이 되지 않을 시 본점 승인을 득해 대출을 받는 특수한 케이스도 있다. 물론 흔치 않지만 대출이 부결될 땐 부결 사유를 명확히 아는 것이 중요하며, 본부 승인을 득할 수 있는지 물어보는 것도 나쁘지 않다.

5. 대출 실행일 잔금 및 근저당권 설정

승인된 대출금은 잔금일에 맞춰 지급된다. 주택 매매의 경우 대부분 매도인에게 바로 송금되며, 전세자금대출은 임대인 계좌로 직접 입금되는 경우가 많다. 이자는 대출 실행일 이후부터 발생한다.

주택담보대출은 잔금 이후 금융기관이 대출금 회수를 위해 해당 부동산에 '근저당권'을 동시에 설정한다. 등기소에 등기가 되어야 비로소 법적으로 효력이 생기기 때문이다. 이 과정은 셀프 등기로도 진행 가능하지만, 보통 법무사가 대행해주는 경우가 많다. 이때 근저당권 설정 서류, 대출실행확인서 등이 필요하며, 인지세 납부(대출 금액에 따라 차등) 및 등기비용, 법무사비용 등이 수반된다.

6. 이전비용 납부 및 등기권리증 수령

소유권 이전을 위한 취등록세 및 지방교육세, 농어촌특별세 등 각종 세금과 이전비용(등기수수료, 법무사수수료 등)을 납부하면 소유권이전등기가 완료되어 온전한 소유권을 갖게 된다. 근저당권 설정과 소유권이전등기를 완료한 후에 등기소로부터 등기권리증(집문서)을 수령하면 해당 부동산에 대한 법적 소유권이 생긴다.

이처럼 대출은 단순히 '돈을 빌리는 일'이 아니라, 절차가 정해진 하나의 계약 과정이다. 각각의 단계를 이해하고 서류를 잘 준비하면 당황하지 않고 일을 마무리할 수 있다.

잠깐만요 — 대출 과정에서 법무사를 제대로 활용하는 팁

잔금일에는 대출 실행과 동시에 법무사를 통해 등기 이전과 근저당권 설정을 한 번에 처리하는 경우가 많다. 주택담보대출 실행 시 은행은 해당 주택에 근저당권을 설정한다. 이는 반드시 등기소를 통해 등기가 되어야 하며, 등기와 근저당권 설정 같은 법률적 절차는 서류 누락 또는 작성 오류가 생기면 대출 일정이 지연될 수 있어, 법무사에게 도움을 받는 것이 훨씬 수월하고 안전하다.

또한 부동산 매매 시 소유권이전등기 역시 매수인이 직접 하는 것도 가능하지만, 대개는 잔금일에 맞춰 법무사가 소유권 이전과 근저당권 설정을 한 번에 처리한다. 법무사를 이용하면 모든 등기 절차를 위임할 수 있고, 취득세, 농어촌특별세 등 세금 신고 및 납부도 맡길 수 있다.

부부공동명의, 상속주택, 세대분리 조건, 지분 매입 등 복잡한 형태의 거래는 등기 과정에서 오류가 생기기 쉽다. 실제 부동산의 소유 구조와 일치하지 않는 등기가 발생하면 추후 매매를 할 때나 대출을 받을 때 불이익을 받을 수도 있다. 이와 같은 경우에도 법무사의 법률 검토는 필수다.

법무사비용은 일반적으로 매수인이 부담하며, 지역과 업무 특성에 따라 차이는 있을 수 있으나 보통 20만~40만 원 정도다.

016
대출의 다섯 가지 종류

대출은 미래의 소득이나 자산을 담보로 오늘 필요한 돈을 앞당겨 쓰는 것이다. 지금은 돈이 없지만, 앞으로 갚을 능력이 있다는 믿음을 바탕으로 자금을 빌리는 행위다. 은행, 보험사, 캐피털사, 정부기관 등에서 일정한 조건에 따라 돈을 빌려주면, 대출자*는 원금에 상응하는 이자를 지불하며 일정 기간 동안 나눠 갚는 구조다. 대출과 비슷한 의미로 사용하는 단어로는 여신, 모기지 등이 있다.

당연한 이야기지만 은행에서는 아무에게나 대출을 해주지 않는다. 신용점수가 일정 수준 이상인지, 대출을 갚을 수 있는 능력이 있는지 등을 면밀히 파악한 뒤 대출을 실행한다. 대출은 연체 없이 성실히 잘 갚는 것이 무엇보다 중요하다. 대출도 없고 카드도 쓰지 않는 사람보다, 대출을 받아 성실히 상환하고 신용카드도 규모 있게 잘 사용하는 사람이 신용점수가 더 높다.

내 집 마련 등 인생의 큰 고비 때마다 대부분 큰돈이 든다. 이 큰돈을 저축만으로 마련하는 것은 현실적으로 어렵다. 대출은 '지금 당장 할 수 있는 능력'을 만들어준다. 내 힘으로는 10년 걸릴 일을 대출이라는 도구를 잘 활용하면 3년 만에 해낼 수도 있다. 상황에 따라 내가 활용할 수 있는 대출의 다섯 가지 종류를 살펴보자.

> **알아두세요**
> **대출자** 대출을 받는 사람. '채무자' 또는 '차주'라고도 부른다.

신용대출 — 담보 없이 나의 소득과 신용만으로

말 그대로 대출자의 소득과 신용만 보고 돈을 빌려주는 대출이다. 담보 없이 소득, 직장, 신용점수 등을 기준으로 대출 가능 여부와 한도가 결정된다. 일반적으로 직장인, 프리랜서, 사업자가 주로 활용한다.

신용대출은 빠르게 필요한 자금을 조달할 수 있다는 장점이 있지만, 주택담보대출에 비해 금리가 다소 높다. 대표적인 신용대출로는 마이너스 통장이 있다. 보통 5년 만기 상품이 많으며, 1년마다 연장되는 상품이 주를 이룬다. 2025년 8월 기준 신용대출은 연봉 이내로만 가능하며, 1억 원 이상의 신용대출을 받을 경우 해당 자금으로 1년 이내에 규제지역(강남3구와 용산구)의 주택을 매수하면 안 된다는 것을 주의하자.

강남구에 주택담보대출을 받아 공동명의로 집을 마련하려던 맞벌이 부부가 있었다. 그들은 1억 원 이상이 부족해 신용대출을 받으려 했는데, 은행 규정상 규제지역에서 집을 살 때는 신용대출이 1억 원 이하로만 가능하다고 안내받았다. 결국 남편이 단독명의로 주택담보대출을 받고, 아내가 1억 원 넘게 신용대출을 받아 주택을 매수했다. 1억 원 이상의 신용대출이 꼭 필요했기 때문에 공동명의를 할 수 없었던 사례다.

담보대출 — 자산을 담보로

부동산, 예적금, 차량 등 실물 자산을 담보로 제공하고 받는 대출이다. 실물 자산이 있다면 가장 안정적이고 규모 있게 돈을 빌릴 수 있는 방법이다. 담보가 있기 때문에 신용대출보다 금리가 낮고 한도가 높다. 주로 부동산 구입, 사업확장자금 등에 활용된다. 집을 담보로 대출을 받으면 주택담보대출이 되고, 예적금을 담보로 대출을 받으면 예적금담보대출이 된다. 사업자금을 위해 건물을 담보로 사업자대출을 받을 수도 있다.

보유 중인 주택을 담보로 하는 주택담보대출은 집을 매매할 때 받는 구입자금대출(모기지론)과 소유권이 내 것이 된 후 3개월이 지난 시점부터 기존주택을 활용하는 생활안정자금대출로 나뉜다. 구입자금대출은 '매매잔금대출'이라고도 하며, 담보 가치를 평가해 대출자의 소득 범위 내에서 대출이 가능하다. 신용대출보다 금리가 낮고 오랜 기간에 걸쳐 상환이 가능하다는 장점이 있다. 생활안정자금대출은 자금의 용도에 맞게 사용해야 한다. 즉 생활비, 의료비, 교육비 등으로만 활용해야 하고, 해당 자금으로 추가주택을 매수해서는 안 된다는 약정서(추가매수금지약정서)를 작성해야 한다. 혹 해당 약정서를 작성했는데도 추가로 집을 사면 본대출은 회수된다. 또한 3년간 주택 관련 대출을 받지 못하며, 신용불이행자로 등록되니 반드시 주의해야 한다.

전세자금대출 — 무주택자의 필수 무기

전세보증금을 마련할 수 있도록 정부 혹은 은행이 제공하는 대출이다. 청년, 신혼부부, 저소득층을 위한 정책성 상품도 다양하다. 정책성 상품인 전세자금대출로는 버팀목 전세자금대출, 신생아 특례 전세자금대출 등이 있다. 예컨대 사회초년생이 보증금 1억 원짜리 전셋집에 들어가기 위해 한국주택금융공사의 보증형 전세자금대출을 신청하면, 청년 버팀목 전세자금대출 한도 내에서 최대 9,000만 원을 연 1.7% 금리로 대출받을 수 있다.

은행이 제공하는 전세자금대출은 주택금융공사(HF)나 도시보증공사(HUG), 서울보증보험(SGI) 같은 보증기관이 보증서를 발급해주면 은행이 그 보증서를 담보로 대출을 실행해주는 보증서 담보대출이기에, 전세보증금의 80%까지 지원받을 수 있다. 무주택자는 5억 원까지, 1주택자는 3억 원까지 은행에서 전세자금대출이 가능하다. 예를 들어 연봉 1억 원의 회사원이 5억 원의 전세보증금을 내기 위해 SGI에 전세자금대출을 신청할 경우, 이자 상환 능력만 되면 전세보증금의 80%인 4억 원까지 지원받을 수 있다.

단, 2025년 9월 7일 이후 수도권과 규제지역 내 1주택자의 전세자금대출 한도는 최대 2억 원으로 제한되었다. 그전까진 1주택자의 경우, SGI 전세자금대출은 최대 3억 원, HF 전세자금대출은 최대 2억 2,000만 원까지 가능했는데 모두 2억 원으로 일원화된 것이다. 지방은 여전히 1주택자인 경우 최대 3억 원의 전세자금대출을 받을 수 있다.

정책자금대출 — 정부가 밀어주는 기회의 대출

정부나 공공기관이 특정 조건을 충족한 사람에게 저금리로 지원하는 특별 대출이다. 신혼희망타운대출, 신생아특례대출, 디딤돌대출, 보금자리론 등이 있다. 일반적으로 은행에서는 대출자가 원금과 이자를 모두 갚을 수 있는지를 꼼꼼히 심사해 대출이 나가는 반면, 이러한 정책자금대출은 이자 상환 능력 정도만 체크해 대출이 나가기에 받기가 훨씬 수월하다. 연봉이 같아도 은행에서 대출을 받을 때보다 정책자금대출로 대출을 받으면 한도가 많이 나오는 이유다. 갚아야 하는 이자도 저금리인데, 장기간 고정금리로 사용할 수 있어 상환 부담도 덜하다.

사업자대출 — 창업을 위한 생존자금 및 운영자금

사업자등록증이 있는 대표(개인 또는 법인)가 운영자금, 시설자금, 초기 창업비용 등을 조달할 때 받는 대출이다. 사업자신용대출, 소상공인진흥공단이나 신용보증기금 등에서 지원받는 정책형 창업자금대출, 보유하고 있는 담보를 바탕으로 담보대출을 받는 운전자금 형식의 사업자대출, 사업을 위해 필요한 시설을 마련하거나 확장하는 데 쓰이는 시설자금대출 등이 있다. 개인대출과 달리 원리금 상환 능력이 안 된다고 대출이 거절되는 경우는 거의 없으며, 사업장의 매출과 대표자의 신용점수 등을 파악해 이자 상환 능력 정도만 체크하고 실행되는 경우가 많다.
사업자대출은 반드시 용도에 맞게 사용해야 하며, 그 밖의 용도로 사용한 것이 적발될 경우에는 대출금이 회수될 수 있으니 주의해야 한다.

▼ 대출의 종류

종류	신용대출	담보대출	전세자금대출	정책자금대출	사업자대출
대상	직장인, 프리랜서, 사업자	부동산, 차량 등 보유자	청년, 신혼부부, 저소득층	저신용자, 청년, 소상공인	사업자등록증이 있는 대표(개인 또는 법인)
목적	생활비 등	부동산 구입, 사업 확장 등	전세보증금 마련	부동산 구입 등	운영자금, 시설자금, 초기 창업비용 등 조달
종류	마이너스 통장	주택담보대출, 예적금 담보대출, 사업자대출	버팀목 전세자금대출, 신생아 특례 전세자금대출, 청년 버팀목 전세자금대출 등	신혼희망타운대출, 신생아특례대출, 디딤돌대출, 보금자리론 등	사업자신용대출, 정책형 창업자금대출, 운전자금 형식의 사업자대출, 시설자금대출 등
금리 수준	높음	낮음	낮음	매우 낮음	낮음(실사업자인 경우)
실행 기준	소득, 직장, 신용점수 등	실물자산을 담보로 제공	상품에 따라 다름	정책에 따라 따름	매출, 대표자 신용점수, 운영자금일 경우 실물 자산 담보로도 제공
상환 방식	만기일시상환, 원리금균등상환	만기일시상환, 원금균등상환, 원리금균등상환, 거치 후 분할상환	만기일시상환	만기일시상환, 원금균등상환, 원리금균등상환, 거치 후 분할상환, 체증식 상환	만기일시상환, 원금균등상환, 원리금균등상환, 거치 후 분할상환
활용 팁	규제지역에서는 1억 원 이하만 사용	부부 합산 소득을 활용해 대출자의 DSR을 높여 대출 한도를 높게 받아 원리금 통장과 함께 운영	DSR을 보지 않는 은행도 있으므로 비교 및 체크 필요, 다주택자가 되거나 규제지역에 3억 원 이상의 아파트를 구매하면 기존에 사용 중인 전세자금대출이 회수되니 주의 필요	• 추가 주택 매수 금지 약정이 있으므로 해당 대출이 있을 땐 주택 매수 금지 • 디딤돌대출이 막힐 땐 보금자리론도 함께 알아보기	DSR을 보지 않는 기업대출이므로 DSR이 불리한 차주는 사업자대출과 병행 가능한지 확인 후 진행

017

대출 한도 이해하기
— LTV, DTI, DSR

'내 연봉에 대출이 이것밖에 안 나온다고?'
집을 살 때 누구나 한 번쯤 하는 생각이다. 연봉이 같아도 대출 한도가 다를 수 있는데, 그 이유는 금융기관이 대출 심사를 할 때 소득과 신용만 보지 않고, 다양한 규제 지표를 함께 따지기 때문이다. 지금부터는 대출을 심사할 때 체크하는 핵심 지표인 LTV, DTI, DSR, 스트레스 DSR을 자세히 살펴보자. 또한 대출을 받을 때 집값의 기준은 무엇인지, 대출 한도를 설정할 때 주의점은 없는지도 함께 알아보자.

LTV(Loan to Value Ratio) — 담보인정비율

LTV란, 집값 대비 얼마까지 빌릴 수 있는지를 따지는 비율이다. 6억 원짜리 아파트를 구매할 때 LTV가 40%라면 2억 4,000만 원까지 대출이 가능하다는 뜻이다. 즉 LTV는 집값을 기준으로 대출 가능 금액을 살펴보는 것이며, 어느 지역에서 집을 사느냐에 따라 대출 가능 금액이 달라진다. 규제지역에서 집을 구매할 것인지, 비규제지역에서 구매할 것인지에 따라 대출 한도가 다르다.

또한 주택 보유 수에 따라서도 LTV 비율이 달라진다. 무주택자인지, 1주택자인지, 다주택자인지에 따라 한도 금액이 달라진다. 예를 들어 무주택자가 규제지역에서 집을 살 경우 대출이 LTV 40%까지 나오기 때문에 10억 원의 주택을 구입하면 4억 원까지 대출이 가능하다.

차주의 조건에 따라서도 다르다. 같은 무주택자라 하더라도 서민 실수요자 요건(부부 합산 소득 9,000만 원 이하의 무주택 세대주가 9억 원 이하의 주택을 구매하는 경우)이 충족되면 규제 지역, 비규제지역 할 것 없이 모두 LTV 70%까지 대출이 가능하다. 그리고 생애최초 주택 구매자(단 한 번도 주택을 구매한 이력이 없는 사람)라면 지방에서는 LTV 80%까지, 서울 수도권에서는 LTV 70%까지 대출받을 수 있다(대출 한도는 최대 6억 원). 다주택자인 경우에도 지방에서는 LTV 60%까지 매매잔금대출을 받을 수 있으나 서울 수도권에서는 다주택자 대출이 불가하다. 서울 수도권에서는 최대 매매잔금의 주택담보대출을 받을 수 있는 한도가 6억 원까지이며, 반드시 6개월 이내에 해당 주택에 전입해야 한다.

LTV의 아파트 가격 기준은?

"이 아파트를 5억 5,000만 원에 샀는데, 왜 대출은 5억 원 기준으로 나오는 거죠?"
대출을 받을 때 많은 사람이 헷갈려하는 부분이다. 은행에서 기준으로 삼는 시세는 우리가 실제로 집을 사는 가격과 다르기 때문이다. 우선 아파트의 가격을 부르는 다양한 이름을 알아보자.

- **호가**: 집주인이 부르는 희망 가격
- **실거래가**: 실제로 거래된 가격
- **공시가격**: 정부가 세금 계산을 위해 매긴 가격
- **KB시세**: KB국민은행에서 산정한 시장 평균 가격

이 중에서 은행이 대출을 실행할 때 기준으로 삼는 가격은 대부분 KB시세다. 국토부 실거래가, 한국부동산원 시세는 참고 자료로 삼는다. 실제 매매가가 5억 5,000만 원이고 KB시세가 5억 원이라면, 은행은 KB시세인 5억 원을 기준으로 대출 한도를 계산한다.
이때 KB시세는 '층별 시세'를 반영해 같은 단지라도 1층보다 15층이 대출이 더 많이 나올 수 있다는 것도 참고하자.

▼ 층별 적용 시세와 대출 한도

층수	적용 시세	대출 한도
1층	하위 평균가	대출이 가장 적게 나옴
2~10층	일반 평균가	기준 수준의 대출이 나옴
고층(뷰 좋은 층)	상위 평균가	대출이 더 많이 나옴

즉 어느 은행에서 대출을 받느냐에 따라 대출 한도가 달라진다. 은행마다 기준 적용 방식이 조금씩 다르기 때문이다. 보통 1층 매수 시 하위 평균가를 기준으로 대출을 해주지만 어떤 은행은 같은 1층이라도 일반 평균가로 적용해주는 경우도 있기에, 같은 집을 사도 어느 은행을 이용하느냐에 따라 대출 한도가 달라질 수 있다.

대출금이 줄어드는 방공제?

방공제*는 쉽게 말해, '세입자를 보호하기 위해 대출 계산 시 일정 금액을 미리 빼고 계산하는 것'이다. 왜 이런 제도가 필요할까? 만약 집주인이 대출을 갚지 못해 집이 경매로 넘어가게 되면, 세입자가 먼저 보장받을 수 있는 최소 보증금이 법적으로 정해져 있다. 이것을 '최우선변제금'이라고 한다. 즉 세입자가 은행보다 먼저 돈을 가져간다. 그래서 은행은 혹시라도 이런 상황이 발생했을 때 손해를 보지 않기 위해 대출 실행 시 그만큼을 미리 제외하고 대출을 줄여서 실행한다.

그런데 왜 은행은 세입자를 위해 대출을 줄이는 것일까? 이는 「주택임대차보호법」과 경매 절차상 우선순위 때문이다. 만약 집주인이 파산하거나 집이 경매로 넘어가면, 세입자의 최우선변제금은 법적으로 가장 먼저 보호된다. 세입자가 먼저 돈을 가져가니, 은행 입장에서는 이 금액만큼을 담보 가치에서 제외하는 것이다. 방마다 하나씩 공제하는 것이 기본인데, 예외적으로 아파트처럼 1세대 1가구 구분 등기된 주택은 한 번만 공제한다. 즉 방공제 1회만 적용한다는 소리다. 다가구나 다세대주택처럼 방마다 임대가 가능한 구조일 경우에는 방 개수만큼 공제가 들어가기에 대출에 훨씬 더 불리하다.

> **알아두세요**
>
> **방공제** 임차인의 최우선변제금을 제외하고 대출해주는 것을 뜻한다. 세입자의 권리를 보호하기 위한 조치다.

> **방공제 예시**
> - 서울의 비규제지역 아파트 매매가 5억 원
> - 무주택자, LTV 70% 적용 가능
> - KB시세와 매매가 동일(5억 원)
> - 소액보증금(최우선변제금): 5,500만 원(서울 기준)
> - 실제 대출 실행 가능 금액: 2억 9,500만 원
> - 일반적인 계산: LTV 70% 적용 → 대출 가능액: 5억 원 × 70% = 3억 5,000만 원
> - 방공제 적용: 3억 5,000만 원 − 5,500만 원(최우선변제금) = 2억 9,500만 원

대출금을 줄이기 싫다면 MCI와 MCG를 활용하자

MCI(Mortgage Credit Insurance)와 MCG(Mortgage Credit Guarantee)는 방공제 없이도 대출을 최대로 받을 수 있도록 도와주는 보증 상품이다. 일정 수수료(보증료)를 내고 가입하면 은행이 세입자 리스크를 보험사에 넘기기 때문에 방공제 없이 LTV 한도까지 대출이 가능하다.

MCI와 MCG는 은행원이 먼저 안내해주지 않는 경우가 많기 때문에, 대출 상담 시 "MCI나 MCG로 방공제 없이 진행할 수 있나요?"라고 물어보는 것이 좋다. 은행에서는 가계대출 총량 규모를 줄여야 하기 때문에 적극적으로 MCI나 MCG를 권유하지 않는다. 방공제는 세입자를 위한 안전장치이자, 대출자에게는 숨은 제약 조건이다. 미리 알고 준비하면 불필요한 좌절도, 손해도 피할 수 있다.

DTI(Debt to Income Ratio) — 총부채상환비율

DTI는 연소득 대비 상환해야 할 원리금(주택담보대출)과 이자(기타 부채)의 비율을 계산하는 방법이다. '이 사람의 소득으로 주택담보대출 원리금 전액과 기타 대출의 이자를 감당할 수 있는가'를 보는 기준이다. LTV가 담보를 기준으로 한다면, DTI는 '갚을 능력'을 따진다.

예컨대 DTI 40%까지 대출이 가능하다는 의미는 연소득 6,000만 원인 사람이 연간 원리금 2,400만 원까지만 상환할 수 있도록 다른 대출을 제한한다는 의미다.

DTI에서 한 발 더 나아간 규제로 신DTI가 있다. 이는 기존주택에서 신규주택으로 갈아타기를 할 때 중요하므로 알아둘 필요가 있다.

갈아타기의 핵심, 신DTI란?

신DTI는 갈아타기를 하려는 사람에게 직접적인 영향을 미친다. 이사를 고려하고 있다면 신DTI와 만기 제한을 반드시 확인해야 한다. 기존주택을 담보로 대출을 받은 상태에서 신규주택을 살 때 추가로 주택담보대출을 받으면 대출 한도가 대폭 줄어들기 때문이다.

기존주택에 2억 원의 주택담보대출이 남아 있는 상태에서 시세가 7억 원인 집으로 이사 가는 경우를 생각해보자. LTV 70%를 적용하면 4억 9,000만 원까지 대출이 나올 것 같지만, 신DTI 때문에 불가능하다.

신DTI에서는 기존의 주택담보대출이 상환되지 않은 상태에서 추가로 주택담보대출을 신청하면 신규 대출 만기를 15년으로 제한해 결과적으로 대출 한도가 2억~3억 원 수준으로 축소된다. 상황이 이렇다 보니 많은 사람이 이사를 가고 싶어도 대출이 나오지 않아 포기하는 일이 생긴다. 그러나 이때 기존주택을 2년 안에 처분하겠다고 서약하면, 신규 대출의 만기를 원래대로 30년이나 40년 등으로 설정할 수 있게 해준다. 이렇게 되면 다시 대출 한도가 늘어나 기존주택을 매도하기 전이라도 대출 한도를 확보할 수 있다.

DSR(Debt Service Ratio) — 총부채원리금상환비율

DSR은 모든 대출(주택담보대출, 신용대출, 카드론 등)의 총원리금 상환액을 소득과 비교한 비율이다. '이 사람의 소득으로 모든 대출을 갚을 수 있을 것인가'를 보는 지표로, DTI보다 더 포괄적으로 상환 능력을 평가하는 개념이다. 1금융권에서는 DSR 40%까지, 2금융권에서는 50%까지 대출이 허용된다. 예를 들어 연소득 6,000만 원인 사람이 주택담보대출 연상환액이 2,000만 원이고, 신용대출 상환액이 1,000만 원이면 총 3,000만 원의 원리금이 있으므로 DSR이 50%가 된다. 이 경우 규제선 초과로 2금융권에서도 더 이상 대출을 받을 수 없다.

정리하면, DSR은 금리가 낮을수록, 대출 만기가 길수록, 소득이 높을수록 대출 한도가 많이 나온다.

신용대출이 DSR에 불리한 이유?

신용대출의 만기는 보통 1~5년이다. DSR 계산에서는 신용대출을 '5년 분할 상환'으로 간주하기 때문에 상환 부담이 매우 크다고 본다. 같은 1억 원 대출이라도 주택담보대출은 30년에 나누어 갚기에 원리금 상환액이 연 640만 원 수준인데, 신용대출은 5년 만에 갚아야 하기에 연 2,300만 원 수준이 된다. 즉 같은 1억 원이라도 주택담보대출보다 신용대출이 DSR을 3~4배 더 차지하기 때문에 신용대출처럼 만기가 짧은 대출은 DSR이 불리하다.

사례 1: 연봉 5,000만 원, 신용대출 5,000만 원
- 금리: 5.5%
- 신용대출은 5년 만기로 환산 → 연간 원리금 약 1,250만 원
- DSR=1,250만 원/5,000만 원=25%
    → 아직은 괜찮지만, 이미 한도의 절반 이상을 소진

사례 2: 연봉 5,000만 원, 신용대출 7,500만 원
- 연간 원리금: 약 1,912만 원
- DSR=1,912만 원/5,000만 원=38.25%
    → DSR 한도 40%에 거의 도달하여 주택담보대출 등 추가 대출이 불가능할 수 있음

대출을 받을 때는 단순히 '얼마까지 빌릴 수 있는가'가 아니라 '내가 감당 가능한가'를 철저히 따져야 한다. DSR은 대출 '체력 테스트'다. 신용대출이 많다면, 체력이 이미 바닥일 수도 있다.

> **잠깐만요** **차주단위 DSR**
>
> 이제는 각 금융사가 아니라 개인 단위로 대출 총액과 상환 능력을 계산한다. 과거에는 2금융권(저축은행, 카드사, 보험사 등)이 대출에 더 유연했다. DSR 100~300%까지도 대출이 가능했고, 소득 대비 대출이 많아도 쉽게 승인이 났다. 그러나 이제는 2금융권도 차주별 DSR 50% 규제가 적용된다. 결국 1금융이든 2금융이든, 총대출액이 많고 소득이 적으면 대출을 받기 어려운 시대가 된 것이다.
>
> 마이너스 통장을 개설만 하고 사용하지 않아도 전체 대출 한도에는 다 잡힌다. DSR은 '사용 여부'가 아니라 '한도 자체'를 포함해 계산하기 때문이다.

DSR 예외 대출의 함정

"전세자금대출은 DSR을 안 보는거 아닌가요?"
"중도금대출은 규제에 걸리지 않는다면서요?"
"부동산 관련 대출을 받은 후 신용대출을 받으려 하니 안 됩니다. 왜일까요?"

이런 질문들을 많이 받는다. 대출이 안 되는 이유는 바로 'DSR 적용 제외'와 'DSR 계산 제외'는 전혀 다르기 때문이다. DSR을 '보지 않는 대출'과 '계산에 포함되지 않는 대출'의 차이 그리고 그로 인해 생기는 함정은 무엇일까?

DSR은 대출을 실행할 때 '소득 대비 빚 갚을 능력이 있는지'를 따지는 기준이다. 그런데 일부 대출은 처음 받을 때 DSR을 적용하지 않는다. 소득이 적거나 부채가 많아도 대출 실행이 가능하다는 뜻이다. 다음과 같은 대출은 DSR 규제 적용 대상이 아니다. 즉 이 대출만 받을 때는 DSR을 따지지 않기 때문에 대출 자체는 실행이 된다.

> **대표적인 'DSR 미적용' 대출 목록**
> - 전세자금대출(전세보증금 담보 기준)
> - 중도금대출(분양 아파트 계약금 이후 분할 납부분)
> - 이주비대출(재개발·재건축 조합원 대상)
> - 정책금융상품(새희망홀씨, 햇살론, 사잇돌대출 등)
> - 300만 원 이하 소액신용대출
> - 보험계약대출, 예적금담보대출
> - 주택연금(역모기지), 상용차금융
> - 할부·리스, 현금서비스 등
> - 특례보금자리론, 정부이차보전협약대출

정책성 목적의 대출이나 소액대출, 목적이 특정된 대출 상품들은 DSR 심사를 건너뛰고 실행이 가능하다. 하지만 이것이 DSR 계산에서 완전히 제외된다는 의미는 아니다. 'DSR을 보지 않는 대출'은 나중에도 DSR 계산에서 빠질까? 그렇지 않다. 이 대출들은 받을 때는 DSR 심사를 하지 않지만, 나중에 다른 대출을 신청할 때는 기존 부채로 포함되어 DSR을 계산할 때 전부 합산된다는 점을 유념해야 한다.

예를 들어 중도금대출은 잘 나왔는데, 신용대출은 안 되는 경우가 있다. C씨는 5억 원 분양 아파트 계약 후 중도금대출 3억 원을 실행했다. 당시에는 소득이 적어도 DSR이 적용되지 않아 대출이 잘 나왔다. 이후 생활비를 마련하기 위해 신용대출 3,000만 원을 신청했는데, 은행에서는 DSR 심사 시 중도금대출 3억 원도 계산에 포함시켰다. 그랬더니 총 DSR 비율이 초과되어 신용대출이 거절되었다. 이와 같이 DSR을 보지 않는 대출이라고 해서 무작정 받으면 낭패를 볼 수도 있다. 따라서 지금 받는 대출이 향후 어떤 영향을 미칠지 미리 전략적으로 생각하고 설계해야 한다.

DSR이 내 모든 부채를 반영하는 건강 검진표라면, 스트레스 DSR은 여기에 덧붙여 미래 리스크까지 미리 당겨온 경고 시스템이라 할 수 있다.

스트레스 DSR

정부는 2024년 2월부터 '스트레스 DSR 제도'를 도입했다. 기존 DSR이 '현재 금리 기준'이라면, 스트레스 DSR은 향후 금리가 오를 것을 가정하고 가산금리(스트레스 금리)를 더해 미리 계산하는 방식이다. 목적은 하나다. '혹시 나중에 금리가 오르면, 지금 빌린 대출의 원리금을 갚지 못하는 상황이 생길 수도 있다'라는 가능성을 미리 반영해, 현 대출금리에 일정한 가산금리를 더해 대출 한도를 산정하는 것이다. 가산금리를 더해 대출 한도를 계산한다고 해서 실제 대출금리까지 오르는 것은 아니다. 대출 가능 금액을 판별하는 DSR 한도 측정에만 가산금리가 쓰인다고 보면 된다.

이 제도는 변동금리 대출자에게 적용된다. 고정금리는 처음부터 끝까지 금리가 같아 금리 변동 위험이 없지만, 변동금리는 향후 금리가 오르면 상환 부담도 따라 올라가기 때문이다. 변동금리를 점차 줄이고 고정금리로 유도하려는 목적도 있다.

스트레스 DSR은 어떻게 계산될까?

스트레스 DSR은 단계적으로 확대 적용되고 있다. 스트레스 DSR 2단계 때 신용대출과 2금융권 주택담보대출까지 적용 범위가 넓어졌고, 2025년 7월부터는 스트레스 DSR 3단계가 시행되었다.

이제는 전 금융권의 모든 가계대출에 스트레스 금리가 적용된다. 현재 수도권에서 변동형 주택담보대출을 받아 집을 살 경우 스트레스 가산금리는 1.5%가 가산되고, 비수도권에서는 0.75%의 가산금리가 적용된다. 수도권에서 매매 시 한도가 더 적게 나오는 구조다. 지방은 2025년 12월 말까지 이 가산금리가 유지되며, 향후 변동 가능성이 있다.

예컨대 스트레스 DSR 2단계 때는 연소득 1억 원인 고소득자가 30년 만기, 4.2% 원리금 상환으로 대출 실행 시 변동금리로 5억 9,000만 원가량의 대출을 신청할 수 있었다. 하지만 스트레스 DSR 3단계부터는 그보다 1,000만 원에서 3,000만 원 적은 금액을 대출받아야 한다.

물론 이는 변동형 상품 기준이고, 주기형 상품으로 실행할 경우에는 대출 만기를 길게 설정하거나 부수 거래를 통한 우대금리 적용 등을 통해 대출 한도를 더 늘리면 6억 원이 넘는 금액도 대출 가능하다.

스트레스 3단계 때는 신용대출뿐 아니라 기타 대출도 모두 영향을 받게 되는데, 신용대출은 잔액 기준 1억 원이 넘을 때 스트레스 금리가 적용된다. 신용대출의 경우, 2단계 대비 2~3% 더 줄어들어 연봉이 1억 원인 차주를 기준으로 전보다 100만~400만 원 정도 감소한다고 보면 된다.

스트레스 DSR 3단계, 어떤 상품을 선택하는 것이 좋을까?

수도권에서 주택담보대출을 받을 경우 변동형 대출은 가산금리 1.5%가 적용되고, 5년 혼합형은 가산금리 1.5%의 80%가 적용되기에 1.2%가 적용된다. 반면 주기형 대출은 9년 이하 상품은 가산금리의 40%만 적용해 0.6%가 가산된다. 따라서 대출 한도를 최대한 넉넉하게 받는 것이 중요하다면 주기형 대출을 이용하는 것이 좋다.

더욱이 주기형 대출은 2025년 상반기 기준 변동형과 혼합형 상품보다 낮은 금리를 형성한다. 예를 들어 주기형 상품으로 매매 자금을 실행하면 3% 중후반대가 가능한데, 변동형 상품을 선택하면 4% 중후반대다.

한국은행 금리 인하 기조는 지속되고 있는데, 변동형 상품이 고정금리 주택담보대출보다 금리가 높은 것이 아이러니하다. 이는 현재 가계대출 총량규제와 함께 맞물려 있는 규제의 역설 현상이기도 하다. 은행은 기준금리가 낮아져도 가산금리를 낮추지 못한다. 금리를 낮추면 대출 한도가 높아져 가계대출이 전반적으로 늘어나므로 정부에서 막고 있기 때문이다.

가계대출 총량규제는 계속 이어질 전망이라 당분간 주기형 상품이 한도나 금리 면에서 유리한 현상이 지속될 것으로 보인다. 따라서 향후 변동금리가 고정금리보다 확실히 낮아지면 주기형 상품과 비교해 자신에게 유리한 상품을 선택하는 것이 좋다.

▼ LTV, DTI, DSR, 스트레스 DSR 정리

종류	LTV	DTI	DSR	스트레스 DSR
특징	집값 대비 대출 가능 비율	연소득 대비 주택담보대출 원리금+기타 부채 이자 비율	연소득 대비 모든 대출 원리금 총합 비율	금리 인상 리스크를 반영한 DSR
대출 한도	KB 시세×LTV(%)	• 규제지역: DTI 40% • 비규제지역: DTI 60%	• 1금융권: 40% • 2금융권: 50%	• 수도권: 1.5% 가산 • 비수도권: 0.75% 가산
계산법 및 적용 기준	지역/주택 수 등에 따라 차등 적용 예 무주택자 규제지역 50%, 비규제지역 70%	{주택담보대출 원리금+기타 이자(기존 대출 고려)}/연소득	총부채 원리금/연소득	변동형, 혼합형, 주기형
특징	생애최초 무주택자* 수도권 LTV 70%, 지방 LTV 80%, 최대 6억 원 가능	기존 주택담보대출이 있는데 추가로 주택담보대출을 실행하면 대출 한도 대폭 감소	대출 만기가 길수록, 소득이 높을수록, 금리가 낮을수록 DSR에서 유리	2025년 7월부터 모든 가계대출 변동금리에 스트레스 DSR 3단계 가산금리 적용
주의점	방공제(MCI, MCG 가입 여부 판단)	신DTI 적용 시 두 번째 주택담보대출 만기 15년으로 제한	DSR 예외 적용되는 대출도 전체 대출 한도 계산에는 포함	주기형 상품이 대출 한도가 가장 많고 금리도 낮으나 향후 금리가 인하되면 변동형과 비교 필수

> **알아두세요**
>
> **생애최초 무주택자** 생애 단 한 번도 주택을 소유한 적이 없는 무주택자를 말한다. 만약 청약에 당첨된 적이 있거나 분양권이나 입주권을 소유한 이력이 있다면 생애최초 자격을 얻지 못한다. 주택담보대출은 분양권이나 입주권도 주택으로 보기 때문이다. 단, 오피스텔이나 상가는 주택에서 제외된다. 생애최초의 기준은 기관별로 다른데, 정책자금대출은 무주택 조건의 예외를 인정하지만, 은행권은 매우 엄격하다. 은행권 기준으로는 세대원 전체가 주택 구입 이력이 없어야 한다. 심지어 배우자가 결혼 전에 집을 보유한 적이 있다면, 세대분리를 해도 생애최초가 불가능하다. 부부는 한 몸이기 때문이다.

> 무작정 따라하기

내가 받을 수 있는 최대 대출 한도는?
— DSR 계산 연습

집을 살 때 내가 받을 수 있는 최대 대출 한도는 얼마일까? 대출 한도를 계산할 때는 LTV, DTI, DSR 등의 기준을 활용할 수 있지만, DSR이 가장 보수적인 규제로 적용되어 실제 한도가 가장 적은 경우가 많다. 따라서 대출 한도는 DSR 기준으로 따져보는 것이 현실적이다. 예를 들어 LTV가 70%까지 가능하더라도, DSR 40% 한도에 맞춰야 실제 가능한 대출 금액이 산출되기 때문이다.

대출 한도를 확인할 때는 '부동산 계산기(부동산계산기.com)'를 활용하면 편리하다.

① 사이트에 접속해 'DSR'을 클릭한다.

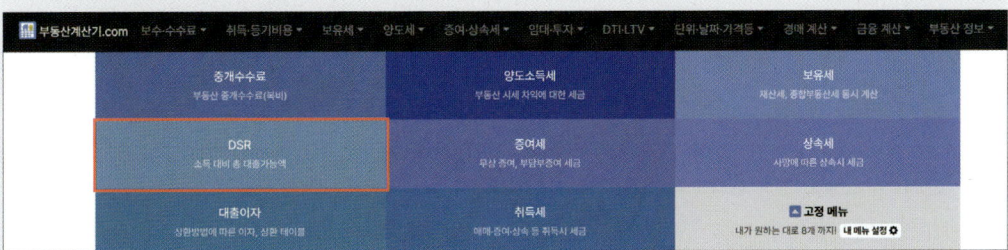

② 연소득, 대출 종류, 대출 기간, 금리 등을 입력하고, 대출금도 임의로 채운 뒤 'DSR 계산'을 클릭한다.

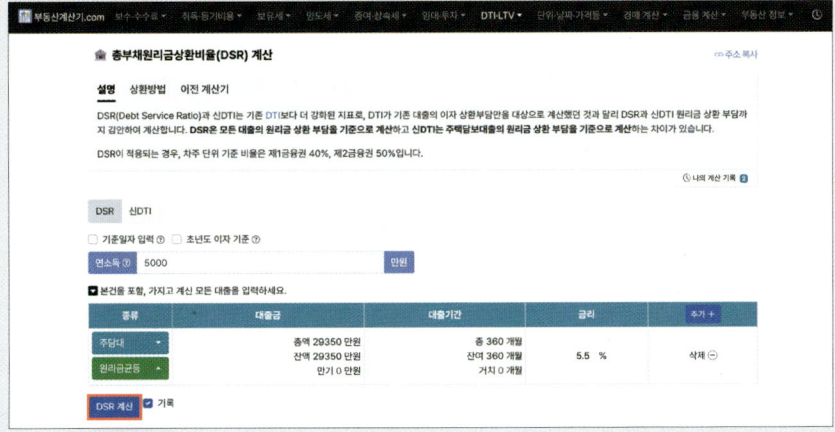

③ 계산 결과를 확인하고, DSR 40% 이내에 들어오도록 대출금을 조정하며 나의 최대 대출 한도를 확인한다.

연봉 5,000만 원 직장인의 최대 대출 한도는?

연소득 5,000만 원인 사람이 원리금균등상환 30년, 금리 4%의 변동형 주택담보대출로 서울 수도권 비규제지역에 집을 사는 경우를 살펴보자.

우선 비규제지역은 LTV 70%, DTI 60%, DSR 40~50% 이내에서 대출이 가능하며, 수도권의 스트레스 가산금리는 1.5%다. 1금융권 기준 시중금리 4%에 스트레스 가산금리 1.5%를 더하면 5.5%이고, DSR 40% 이내로 대출받을 수 있으므로, 부동산 계산기를 활용하면 2억 9,350만 원까지 대출이 가능하다는 것을 알 수 있다.

만약 변동형이 아닌 주기형 주택담보대출을 받는다면 최대한도는 어떻게 달라질까? 주기형의 경우 스트레스 가산금리가 변동형의 40%만 적용되어 1.5%의 40%인 0.6%의 스트레스 금리를 가산하면 금리는 4%+0.6%=4.6%가 된다. 계산해보면 3억 2,510만 원까지 대출이 가능하다는 것을 알 수 있다. 즉 주기형 상품으로 선택하면 변동형보다 3,160만 원 더 대출 받을 수 있는 것이다.

1금융권이 아닌 2금융권 보험사 대출을 이용한다면 어떨까? DSR 50%까지 대출이 가능하므로 변동형 상품으로 대출받을 시 3억 6,690만 원까지, 주기형 상품으로 대출받을 시 4억 640만 원까지 대출이 가능하다. DSR 10%의 차이가 대출 가능 범위를 얼마나 늘리는지 명확히 알 수 있다.

서울 수도권이 아닌 지방에 집을 마련하는 경우도 알아보자. 변동형 주택담보대출로 내 집 마련을 할 경우 스트레스 가산금리가 0.75%이므로 4%+0.75%=4.75%를 적용하여 1금융권을 기준으로 계산해보면 3억 1,950만 원까지 대출받을 수 있다. 주기형 주택담보대출의 경우 0.75%의 40%인 0.3%의 가산금리만 붙으므로 3억 3,680만 원까지 대출이 가능하다.

지방에서 2금융권 대출을 받는다면 DSR 50%까지 가능하므로, 변동형 대출 상품 기준 3억 9,940만 원까지, 주기형 상품 기준 4억 2,100만 원까지 대출받을 수 있다.

018
정책자금대출 파헤치기

우리가 집을 살 때 받는 주택담보대출은 크게 두 가지로 나뉜다. 바로 '정책자금대출'과 '은행재원대출'이다. 정책자금대출은 금리가 더 중요한 사람에게, 은행재원대출은 한도가 더 중요한 사람에게 좋다. 자신의 소득 수준, 집값, 향후 계획 등을 종합해 어떤 대출이 더 유리할지 꼼꼼히 따져봐야 한다.

정책자금대출은 무주택자나 서민을 위해 정부가 지원하는 대출 상품이다. 금리가 낮고, 10년 이상의 장기 고정금리가 가능하며, DSR 대신 DTI만 보기 때문에 소득이 낮거나 부채가 많아도 일정 조건만 맞으면 대출을 받을 수 있다. 예를 들어 연봉이 3,000만 원이고 부채가 조금 있더라도, 조건만 맞으면 저금리로 내 집 마련의 기회를 잡을 수 있다. 디딤돌대출, 보금자리론, 신생아특례대출 등이 여기에 속한다.

단, 주의할 점이 있다. 정책자금대출을 받으면 '추가주택 매수 금지 약정'을 해야 한다. 즉 추가로 집을 한 채 더 사는 것이 불가능하다. 그래서 이 대출은 투자 목적이 아닌 실거주용 첫 집 마련에 적합하다.

은행재원대출은 은행 자체 자금으로 운영하는 대출이다. DSR을 보기 때문에 소득이 받쳐줘야 원하는 대출 한도까지 받을 수 있다. 정책자금대출보다 금리는 다소 높지만, 대출 한도가 더 넉넉한 편이다. 대표적으로 서민실수요자대출, 생애최초주택구입자대출, 일반무주택자대출 등이 있다. 2025년 8월 기준, 은행재원대출의 금리는 3% 후반에서 4% 초반대 수준이다. 우대금리를 적용받는다면 이보다 더 낮은 금리도 가능하다.

디딤돌대출 — 내 집 마련의 첫 번째 디딤돌

무주택자라면 집을 살 때 가장 먼저 떠올리는 대출이 있다. 바로 '디딤돌대출'이다. 대표적인 정책자금대출 중 하나로, 금리가 낮고, 은행 대출보다 유리한 점도 많아 처음 집을 마련하는 서민이나 신혼부부에게 가장 유리한 상품으로 꼽힌다.

디딤돌대출은 무주택 세대주이며, 연소득이 일정 기준 이하인 경우 신청이 가능하다. 보금자리론의 금리가 3%대 후반인데 반해, 디딤돌대출의 금리는 2%대 안팎으로 훨씬 낮다. 금리만 보면 2배가량 저렴한 셈이다. 그만큼 부담이 적기 때문에 조건이 맞다면 가장 먼저 알아볼 필요가 있다. 소득 증빙이 어려워도 걱정할 필요가 없다. 디딤돌대출은 건강보험료나 국민연금 납부액을 기준으로 한 대체 소득도 인정된다. 다만 카드 사용액은 대체 소득으로 인정되지 않는다. 디딤돌대출을 받을 때 주의해야 할 네 가지를 소개하도록 하겠다.

첫째, 디딤돌대출은 실거주 의무가 1년이 있어, 대출을 받으면 반드시 해당 대출을 받은 주택에 전입해 1년 이상 거주해야 한다. 즉 갭투자나 임대 목적으로 활용할 수 없다.

둘째, 2024년 12월부터 수도권에서 디딤돌대출로 아파트를 살 때는 반드시 방공제를 해야 한다. 예전에는 구입자금보증에 가입하면 방공제가 됐지만, 이젠 안 된다. 예를 들어 경기도에 있는 5억 원짜리 아파트를 사는 경우, LTV 70%로는 원래 3억 5,000만 원까지 대출이 가능했지만, 경기도 방공제 금액인 4,800만 원을 빼야 해 실제로는 3억 200만 원까지만 대출이 가능하다.

셋째, 신축 아파트 잔금대출로는 디딤돌대출을 활용할 수 없다. 신축 아파트를 분양받고 잔금대출을 받으려 할 때, 등기가 늦게 나오는 경우가 많다. 이럴 땐 시행사 협약은행이 등기 전에 먼저 대출을 실행하는 후취담보 방식으로 잔금을 빌려주는데, 디딤돌대출은 불가하다. 단, 2024년 12월 1일 이전에 입주자모집공고가 나온 단지이고, 2025년 상반기까지 입주하는 단지라면 예외적으로 후취담보대출이 가능하다.

넷째, 디딤돌대출은 정책자금대출이기에 추가주택 구매에 활용하면 안 된다. 디딤돌대출 실행 시 추가매수금지약정서를 쓰기 때문에 해당 약정을 어기면 본대출을 갚아야 한다.

잠깐만요 부동산등기란?

부동산등기란, 부동산의 법적 소유자를 국가가 공적으로 증명해주는 제도다. 돈을 주고 집을 샀다고 해서 자동으로 내 집이 되는 것이 아니다. 등기사항전부증명서에 내 이름이 올라가야 법적으로 진짜 내 집이 된다. 즉 부동산등기는 '이 집의 주인은 나!'라고 정부에 공적으로 신고하는 것이라 보면 된다.

그렇다면 부동산 매매 과정에서 등기는 언제 하는 것일까? 보통 매도자와 매수자가 계약서를 쓰고 계약금을 지급하면 부동산 매매 계약이 체결된다. 이후 중도금(경우에 따라 생략 가능)과 잔금을 지급하기로 한 날짜에 나눠 지급하는데, 잔금을 지급할 때 보통 소유권이전등기 신청이 함께 이루어진다. 등기가 완료되어 등기사항전부증명서에 내 이름이 올라가면 마침내 법적 소유자로 확정되는 프로세스다. 통상적으로 잔금일이 등기일이 되고, 실제 소유권이 바뀌는 날이 된다. 만약 잔금을 치르고 등기를 하지 않으면 법적으로 아직 내 것이 아니기 때문에 이후에 문제가 될 수도 있다.

부동산등기와 대출 사이에는 밀접한 관계가 있다. 은행에서 주택담보대출을 실행할 때, 대출 실행과 동시에 근저당권을 설정한다. 매수자가 집을 사면서 주택담보대출을 받는 경우, 은행은 '이 집을 담보로 잡겠다'라는 근저당권을 등기사항전부증명서에 함께 기재하므로, 부동산등기에는 매수자의 이름과 은행의 근저당권이 등기사항전부증명서의 '을구'에 함께 올라간다. 등기사항전부증명서의 표제부에는 부동산의 기본 정보(주소, 면적 등)가 표기되고, 등기사항전부증명서의 갑구에는 소유권과 관련된 사항(소유자 변경, 가압류 등)이 표기되며, 을구에는 소유권 이외의 권리, 즉 근저당권, 전세권 등이 기재된다. 따라서 근저당권 설정이 등기사항전부증명서에 어떻게 표기되는지를 알면, 어느 은행 어느 지점에서 대출을 얼마나 받았는지 한눈에 알 수 있다.

▼ 등기사항전부증명서

【 을 구 】		(소유권 이외의 권리에 관한 사항)		
순위번호	등 기 목 적	접 수	등 기 원 인	권리자 및 기타사항
1	근저당권설정	2024년5월7일 제◯◯◯◯◯호	2023년4월5일 설정계약	채권최고액 금392,700,000원 채무자 서울특별시 ◯◯구 ◯◯◯ (◯◯◯동) 근저당권자 주식회사하나은행 서울특별시 ◯◯구 ◯◯◯
2	1번근저당권설정등기말소	2025년3월11일 제◯◯◯◯◯호	2025년3월11일 해지	
-- 이 하 여 백 --				

'근저당권자'는 부동산을 담보로 돈을 빌려준 주체로 보통 은행이 되며, '채권최고액'은 담보로 설정된 최대 금액을 뜻한다. 실제 빌린 대출금의 110~130%로 설정하는데, 이자는 물론 연체 위험 대비분까지 포함한 금액이다. 예를 들어 대출 원금은 3억 5,700만 원인데 채권최고액은 3억 9,270만 원으로 설정되는 형태다. 해당 금액을 모두 갚으면 취소선으로 표시된다.

보금자리론 — 디딤돌대출의 대안

디딤돌대출이 점점 까다로워지면서 "이제 서민들도 대출을 받지 못하는 거 아냐?"라는 목소리가 커지고 있다. 특히 DSR을 보지 않는 유일한 창구인 정책대출조차 점점 닫히고 있다. 하지만 아직 희망은 있다. '보금자리론'이라는 또 다른 정책대출이 있기 때문이다.

보금자리론은 무주택자는 물론이고, 1주택자도 대환이나 생활안정자금 용도로 사용 가능하고, 처분 조건으로 내 집 마련도 가능해 활용 범위가 훨씬 넓다. 물론 금리는 3% 후반대로 조금 높지만, 보금자리론 역시 디딤돌대출처럼 DSR을 보지 않고 DTI만 보기에 소득이 적은 차주에게 유리하다. 예를 들어 DSR을 적용하면 은행에서는 대출 한도가 거의 나오지 않는 사람도 보금자리론을 받으면 대출이 가능하다. 연봉 5,000만 원 차주가 신용대출이 8,000만 원 있는 경우, DSR 40% 제한으로는 추가 대출이 거의 불가능하다. 하지만 보금자리론은 DTI 60%만 보기 때문에, 이 경우에는 무려 5억 원까지 주택담보대출이 가능해진다. 은행에서는 대출이 0원이었는데, 보금자리론으로는 5억 원까지 받을 수 있는 것이다. 이것이 DSR을 보지 않고 DTI만 보는 대출의 강점이다.

더욱이 보금자리론은 방공제도 가능하고, 신축 아파트 잔금대출로도 사용이 가능하다. 단 정책자금대출 중에서 유일하게 실거주 의무가 없었으나, 2025년 7월 대출 규제 이후 전입 의무가 생겼으니 주의가 필요하다.

신생아특례대출 — 우리 집 복덩이가 가져온 밝은 미래

요즘 같은 저출산 시대에 출산 가정에만 주어지는 특별한 대출이 있다. 바로 '신생아특례대출'이다. 신생아만 있어도 대출 문턱이 낮아지고, 금리도 1~2%대로 확 줄어든다. 이는 단순한 혜택이 아니라, 집을 사느냐 마느냐의 갈림길이 되기도 한다.

신생아특례대출은 2023년 1월 1일 이후 출생아가 있는 출산 또는 입양 가정이고, 연소득이 외벌이는 1억 3,000만 원 이하, 맞벌이는 2억 원 이하면 신청 가능하다. 기존 주택담보대출을 갈아탈 수도 있고, 신규로 집을 사거나 전세를 얻을 때도 활용할 수 있다.

자본금 1억 원을 모은 연봉 1억 원인 외벌이 차주 가정에 2025년에 출생한 신생아 1명이 있다고 가정해보자. 이 가정이 비규제지역에 7억 원으로 분양된 아파트에 분양권 투자를 하려고 하는데 계약 시 필요한 돈인 계약금과 프리미엄을 합한 1억 5,000만 원을 신용대출로 다 충당했다면, 이 가정은 신용대출이 이미 많고 DSR이 꽉 찬 상태라 은행 대출로는 잔금을 치를 수 없다. 정책자금대출을 알아보았으나 디딤돌대출이나 보금자리론은 집값이 초과되어 이마저도 사용이 불가하다. 하지만 신생아특례대출은 정책자금으로서 DSR을 보지 않고 DTI 60%만 보기 때문에, 신용대출이 있어도 4억 원까지 대출이 가능하다. 결국 신생아 하나 덕분에 내 집 마련에 성공할 수 있는 것이다.

사실 신생아특례대출 역시 디딤돌대출의 확장판이라 신축 아파트 잔금대출로는 원칙상 사용이 불가하다. 하지만 예외가 있을 수 있다. 청약으로 당첨된 아파트는 시행사 협약은행에서만 잔금대출을 실행해주는데, 그 지정 은행인 시행사 협약은행의 재량으로 허용해주는 경우도 있기 때문이다. 실례로 '힐스테이트 송도 더스카이'는 농협은행, 신한은행, 하나은행 등에서 신생아특례대출로 잔금대출을 허용했다. 단, 모든 사업장에서 가능한 건 아니므로 협약은행 조건을 잘 따져보고 준비해야 한다.

▼ 정책자금대출 비교

종류	디딤돌대출	보금자리론	신생아특례대출
대상	무주택 세대주 (일반, 신혼부부, 생애최초 등)	무주택자 또는 1주택 처분 조건 (생애최초 포함)	2023년 이후 출생 자녀 있는 무주택가구
소득	일반 6,000만 원, 신혼 8,500만 원, 생애최초 7,000만 원	일반 7,000만 원, 신혼 8,500만 원, 다자녀 최대 1억 원	외벌이 1억 3,000만 원 이하, 맞벌이 2억 원 이하
주택 가격	일반 5억 원, 신혼&다자녀 6억 원, 생애최초 3억~5억 원	일반&신혼&다자녀 6억 원, 전세사기피해자 9억 원	최대 9억 원
대출 한도	일반 2억 원, 신혼 3억 2,000만 원, 생애최초 2억 4,000만 원	일반&신혼 3억 6,000만 원, 생애최초 4억 2,000만 원, 전세사기피해자 4억 원	최대 4억 원
대출금리	2.85~4.15%(우대 시 최저 1.5%)	3.65~3.95%(우대 시 3.2~3.5%)	1.8~4.5%(우대 시 최저 1.2%)
특징	DSR 미적용, 실거주 의무 1년, 수도권 방공제 필수, 후취담보 불가, 추가매수금지약정서 의무	DSR 미적용, 서울 수도권의 경우 6개월 이내 전입 의무	DSR 미적용, 실거주 의무 1년, 다자녀, 전자 계약 우대, 추가매수금지약정서 의무

생애최초대출 — 지방에서 사용할 수 있는 강력한 무기

생애최초대출은 정책자금대출이 아닌 은행재원대출로 실행할 때 지방에서 가장 강력한 혜택을 누릴 수 있는 대출로 평가받고 있으므로 자세히 알아보자.

왜 생애최초대출은 지방에서 특히 강력할까? 일반 무주택자는 서울 수도권에서 최대한도로 대출을 받는다 해도 LTV 비율이 70%에 그치지만, 지방에서 생애최초는 그보다 훨씬 유리한 조건으로 집을 살 수 있다. LTV 최대 80%, DSR 범위 내에서 6억 원까지 대출이 가능하다. 게다가 주택 가격 기준 제한이 없고, 수도권과 달리 실거주 의무도 없다. 이 말은 곧, 갭투자에도 활용이 가능하다는 뜻이다. 예를 들어 전세가 5억 원인 시세 10억 원의 핵심 입지 주택을 갭투자할 때 생애최초는 전세보증금을 받은 후에도 3억 원의 후순위 주택담보대출이 가능하다. 그럼 내 돈 2억 원으로도 해당 주택을 매입할 수 있다.

15억 원짜리 아파트에 전세 9억 원이 들어가 있다면, 12억 원(15억 원의 80%)에서 9억 원을 뺀 3억 원을 생애최초 후순위 주택담보대출로 받을 수 있다. 내 돈 3억 원만으로 상급지의 집을 살 수 있게 되는 셈이다.

생애최초 후순위 주택담보대출을 활용한 갭투자의 핵심은 '입지 좋은 집'을 볼 수 있는 안목을 먼저 길러야 한다는 점이다. 나아가 대출을 활용해 초기 투자금을 줄이고, 적은 종잣돈으로 내 자산을 일하게 해줄 좋은 집을 매수한다면 금상첨화다.

지방에서 핵심 학군지 위주의 대장 단지를 갭투자한다면, 생애최초 후순위 주택담보대출을 최대한 활용해 적은 자본금으로 좋은 입지를 미리 선점할 수 있다. 부산, 대구 등 주요 핵심 대장 단지는 34평 기준 10억 원이 훌쩍 넘는다. 이런 곳은 늘 전세 수요가 풍부하고 전세가율도 높게 형성되어 있기에 갭투자하기 유리한 조건을 갖추고 있다.

이렇게 생애최초 주택담보대출의 힘을 빌려 자본금을 줄이면서도 상급지에 입성하는 방법은 2025년 6월 27일까지는 토지거래허가구역을 제외한 모든 지역에 통하는 전략이었다. 하지만 강력한 대출 규제 이후 이 방법은 지방에서만 사용 가능한 방법이 되었다. 입지 분석이 끝났다면, 이러한 빈틈 전략은 활용해보길 강력 추천한다. 대출은 받을 수 있을 때 받아야 한다.

019
전세자금대출 파헤치기

전세 제도는 우리나라에만 있는 독특한 시스템으로, 집을 사지 않아도 큰돈을 맡기고 임차기간 동안 살 수 있는 제도다. 전세는 자가를 마련하기 전에 서민들이 안정적으로 살 수 있는 집을 제공해주며, 1주택자들이 투자와 거주를 분리해 살고 싶은 곳에 살 수 있는 거주의 혜택을 주는 제도이기도 하다. 전세는 보통 억 단위이기 때문에 현금이 부족한 사회초년생 등은 금융기관의 도움을 빌리는데, 이를 '전세자금대출'이라 한다. 최대 전세보증금의 80%까지 대출을 받을 수 있으며, 정책자금대출로서의 전세자금대출과 은행재원의 전세자금대출로 나누어볼 수 있다.

정책성 전세자금대출

국토교통부 산하의 주택도시기금에서 운영하는 정부 지원형 상품으로, 서민들을 위해 저금리로 돈을 빌려주는 대출이다. 대표적인 상품으로는 버팀목 전세자금대출, 신혼부부 전용 전세자금대출, 중소기업 청년전세자금대출, 신생아 특례 전세자금대출 등이 있다.

정책성 전세자금대출의 금리는 1~2%대이며, 최장 10년까지 연장이 되기 때문에 오랫동안 부담 없이 사용할 수 있다. 하지만 은행 대출에 비해 대출 한도가 낮고, 자격 요건이 까다로우며, 무주택자만 신청할 수 있어 내 집을 사면 바로 상환해야 한다. 그래서 곧 집을 살 계획이 있다면 정책성 전세자금대출이 오히려 불리할 수도 있다.

버팀목 전세자금대출 사례

첫 독립을 준비할 때 누구나 '나만의 멋진 공간'을 꿈꾼다. 그러나 현실에서 맞닥뜨리는 선택지는 그리 많지 않다. 작은 예산으로 집을 구하려면 반드시 무언가를 포기해야 하는 상황이 발생하곤 한다.

D씨는 종잣돈 500만 원으로 집을 알아보다가 서울에서는 그 돈으로 원하는 집을 얻을 수 없다는 사실을 깨닫고 보증금 500만 원, 월세 35만 원을 내고 반지하에 살게 됐다. 그가 꿈꿨던 독립생활과는 다소 거리가 멀었다. 그러던 어느 날 그는 우연히 '전세자금대출'에 대한 정보를 접했다. 지금껏 생각하지 못한, 더 나은 주거 환경으로 갈 수 있는 기회였다. 그가 눈여겨본 곳은 보증금 2억 원의 신축 아파트였다. 처음에는 감당하기 어려운 금액처럼 느껴졌지만, 정책성 대출인 버팀목 전세자금대출을 활용하면 충분히 가능할 것 같았다.

버팀목 전세자금대출은 청년층이나 저소득층 무주택자에게 연 1~2%대의 낮은 금리로 전세보증금의 90%까지 빌려주는 제도다. 그는 2억 원 중 1억 6,000만 원을 2.1%의 금리로 대출받았다. 그에 따른 월 이자는 약 28만 원으로, 반지하 월세 35만 원보다 오히려 저렴했다. 이제 그는 나머지 4,000만 원만 더 마련하면 꿈에 그리던 신축 아파트에 살 수 있었다.

D씨는 반지하 보증금 500만 원을 환급받고, 신용대출을 활용해 2,000만 원을 추가로 확보했다. 신용대출 금리 5.5%로 인해 추가로 매달 10만 원의 이자가 발생했다. 부족한 1,500만 원은 부모님의 도움을 받아 해결했다. 결국 그는 월 38만 원의 이자비용으로 신축 아파트에 입주하게 됐다. 반지하 월세보다 단돈 3만 원을 더 주고 삶의 질을 향상시킨 것이다.

전세자금대출은 흔히 집값 상승의 주범으로 오해받기도 하지만, 이렇게 적절히 활용하면 더 나은 삶을 위한 강력한 레버리지가 된다. 누구나 주거비용 부담으로부터 자유로울 수는 없지만, 올바른 정보와 조금의 용기만 있다면 더 좋은 주거 환경에서 새롭게 시작할 수 있다.

은행재원 전세자금대출 — HF, SGI, HUG

은행재원 전세자금대출은 보증기관의 보증서를 담보로 대출을 실행해주는 보증서 담보 대출로, 한국주택금융공사(HF), 서울보증보험(SGI), 주택도시보증공사(HUG)가 보증서를 발급해준다. 이 세 기관은 겉보기엔 비슷해 보여도, 조건과 유연성, 대출 가능 금액이 다르다.

HF 전세자금대출은 수도권은 전세보증금 7억 원 이하, 지방은 5억 원 이하여야 하고, 무주택자는 보증금의 80% 이내에서 4억 4,400만 원까지, 1주택자는 2억 원까지 대출이 가능하다. 보통 연소득의 3.5배 정도가 대출 한도이기에 연봉이 4,000만 원이면 1억 4,000만 원 정도까지 받을 수 있다고 보면 된다. 또한 HF 전세자금대출은 임대인이 외국인이거나 법인일 경우에도 대출이 가능하다는 장점이 있다.

SGI 전세자금대출은 고가 전세도 대출이 가능해 전세보증금이 얼마든 상관이 없다. DSR은 보지 않지만 DTI는 보기 때문에, 이자 상환 능력만 되면 규정상 무주택자는 5억 원까지, 1주택자는 2억 원까지 대출이 가능하다. 또한 세대주가 아닌 세대원도 대출이 가능해 선택의 폭이 넓다. 단, 임차인이 계약한 집에 계속 전입해 있어야 하고, 임대인의 동의(질권설정)가 필수라는 점을 꼭 기억해야 한다. 임차하는 주택의 근저당권 설정 금액(채권최고액)과 임차보증금의 합계가 KB시세를 넘어서면 대출이 불가하니, 적어도 채권최고액과 임차보증금의 합이 90% 이내에 들어오게 해야 한다.

HUG 전세자금대출은 '안심전세'라는 이름으로 많이 알려져 있는데, 임차보증금을 보호해주는 보증금반환보증보험 가입이 필수라 안심하고 이용할 수 있다. 수도권 전세금 7억 원 이하, 무주택자는 4억 원까지, 1주택자는 2억 원까지 대출이 가능하고, 소득이 부족해도 신용만 괜찮으면 대출이 나온다는 것이 큰 장점이었다.

하지만 2025년 7월 21일부터 서울 수도권에서 전세자금대출을 일으키는 경우에는 보증기관의 보증 비율이 80%로 축소되었다. 그로 인해 은행의 자율심사권이 강화되어 대출을 받기가 까다로워졌다(지방은 전세자금대출 보증 비율 90%). SGI 전세자금대출은 원래 심사 시 DTI를 산정했기에 차주의 이자 상환 능력을 체크했다. 하지만 이제는 1주택자가 SGI

전세자금대출을 받을 때 대출 비율이 60%를 넘으면 DSR 40% 이내로 들어와야 하기에 부채가 많거나 소득이 웬만큼 높지 않으면 유주택자가 전세자금대출을 받기 힘들다. 즉 1주택자가 3억 원의 전세보증금에 2억 원의 전세자금대출을 일으키려 한다면 대출 비율이 60%가 넘기에, 2억 원을 받을 수 있는지 차주별 DSR을 계산해봐야 한다.

HUG 전세자금대출은 신용점수만 괜찮으면(보통 700점 이상) 소득이 부족하거나 직업이 없어도 전세자금대출이 실행되었는데, 이제는 차주의 증빙소득을 체크하기에 소득 확인이 필수가 되었다.

또한 근저당권이 설정되어 있는 집에 전세자금대출을 받아 들어갈 때, 채권최고액과 전세보증금의 합이 KB시세의 80% 이내로 들어와야 전세자금대출이 가능하다. 집주인의 과도한 부채가 있는 집에 들어가 전세 사기를 당할 수 있는 위험을 막겠다는 취지다. 이때 선순위채권은 주택가액의 60% 이내, 임차보증금은 KB시세의 90% 이내여야 전세보증금의 80%까지 전세자금대출을 받을 수 있다.

예컨대 시세 10억 원의 아파트에 전세금 5억 원으로 들어가려 하는데, 이미 해당 아파트에 집주인의 대출 3억 원이 있다면 채권최고액과 전세보증금의 합이 KB시세의 80%를 넘기에 전세자금대출이 실행되지 않는다(보통 채권최고액은 원금의 110~120%는 잡히기에 3억 원의 채권최고액은 3억 3,000만 원에서 3억 6,000만 원은 될 것이기 때문이다). 따라서 집주인이 해당 대출을 일부 상환하든, 전세보증금을 낮춰야 한다. 이는 근저당권이 설정된 집의 전세가가 낮게 형성되는 이유이기도 하다.

잠깐만요 보증금반환보증보험, 내 보증금을 지키는 안전벨트

보증금반환보증보험이란, 세입자가 전세보증금을 돌려받지 못할 경우 보험기관(HUG 또는 SGI)이 대신 지급해주는 제도다. 세입자가 해당 보험에 가입하면, 집주인이 만기 시 보증금을 돌려주지 않았을 때 보험사가 대신 보증금을 돌려주고 나중에 집주인에게 구상권을 청구하는 시스템이다. 즉 전세보증금을 지켜주는 일종의 안전장치인 셈이다.

보험료는 전세보증금의 0.1~0.2% 수준으로, 전세보증금이 2억 원이면 연 20만~40만 원 정도라 보면 된다. HUG는 전세보증금 한도가 있으며(수도권 7억 원 이하, 지방 5억 원 이하), 근저당이 과도하거나 건축물대장에 문제가 있는 집은 가입이 거절될 수도 있으니 주의해야 한다.

전세자금대출을 받기 전에 유의할 점

2020년 7월 10일, 정부는 부동산 시장 안정을 위해 '투기과열지구의 3억 원 이상 아파트를 사면 1금융권 전세자금대출을 금지한다'라는 규제를 발표했고, 그 규제는 지금까지 이어져 오고 있다. 예를 들어 2020년 7월 10일 이후 강남, 서초, 송파, 용산 같은 투기과열지구의 3억 원이 넘는 아파트를 샀다면 1금융권에선 전세자금대출을 받을 수 없다는 것이다. 그러나 규제지역이 아닌 곳에서는 제한이 없기에 전세자금대출이 막히지 않는다. 규제지역에서도 아파트가 아닌 빌라, 다세대주택을 사는 것은 규제 대상이 아니다. 즉 규제지역 여부와 건물 유형이 아파트인지 아닌지에 따라 결과가 달라진다.

다주택자도 1금융권에서는 전세자금대출을 받을 수 없다. 2주택 이상 보유한 다주택자는 시중은행(1금융권)에서는 전세자금대출이 불가능하기 때문이다. 그러나 카드사나 캐피털사, 신협 일부 지점 등의 2금융권을 활용하면 다주택자도 전세자금대출을 받을 수 있다. 다만 2금융권 전세자금대출은 보증기관을 통한 보증 방식이 아니라, 질권 설정(전세보증금을 담보로 잡는 방식)이나 전세권 설정(등기사항전부증명서에 권리를 설정하는 방식)으로 진행되기에 집주인의 동의가 필수다. 금리는 대체로 4% 후반에서 5% 초반대로 1금융권보다 다소 높지만, 입지가 좋은 곳의 다주택자라면 활용해보는 것도 나쁘지 않다.

조건부 전세자금대출이란?

조건부 전세자금대출이란, 주택 매수자(또는 수분양자)가 전세보증금으로 매매대금 또는 분양 잔금을 납입할 때 활용하는 전세자금대출을 뜻한다. 즉 갭투자에 사용되는 전세자금대출이다. 매수자가 전세를 끼고 집을 살 때, 본인의 현금과 전세보증금으로 잔금을 치르면서 세입자가 받는 전세자금대출을 의미한다.

현재 서울 수도권에서는 이러한 소유권 이전 조건부 전세자금대출(임대차계약서상 임대인과 임차주택 소유주가 다른 경우 등)을 금지해 실거주가 아닌 갭투자 목적의 주택 구입에 금융권 대출자금이 활용되지 못하도록 하고 있다. 갭투자를 막겠다는 취지다. 다만 이미 전세자금대출을 받아 세를 들어 살고 있다면 집주인이 바뀐다고 해도 내 전세자금대출이 회수되진 않으니 염려하지 않아도 된다.

또한 신축 아파트 입주장에 전세로 들어갈 때도 조건부 전세자금대출에 해당되어 원칙적으로는 전세금 전부를 현금으로 낼 수 있는 사람만이 신축 아파트 전세 거주가 가능하다. 다만 집주인이 갭투자가 가능한 지역에서 대출을 받지 않고 현금으로 잔금을 치른 후에 세입자를 들이는 경우에는 전세자금대출을 받을 수 있다. 주택담보대출이 일어나지 않았고, 소유권이 이전되면서 동시에 실행되는 전세자금대출이 아니기 때문이다.

이렇듯 대출력을 발휘하면 불가능할 것 같은 대출도 실행되는 마법이 펼쳐진다.

020
대출금리 이해하기
— 고정금리와 변동금리

은행에서 대출을 받을 때 가장 먼저 확인해야 하는 것이 있다. 바로 금리, 즉 돈을 빌릴 때 내야 하는 이자다. 대출금리는 단 0.1% 차이만 나도 수년간 수백만 원, 많게는 수천만 원의 차이를 만든다. '얼마나 많이 빌릴 수 있는가' 못지않게 '얼마의 금리로 빌릴 수 있는가'가 중요한 이유다. 그런데 같은 아파트를 사는데, 왜 이 사람은 3.9%, 나는 4.5% 금리를 받는 것일까?

대출금리 계산하기

은행이 정하는 대출금리는 크게 세 가지로 구성되며, 다음과 같은 계산식으로 표현할 수 있다.

> 대출금리 = 기준금리 + 가산금리 - 우대금리

기준금리는 말 그대로 기초가 되는 금리다. 중앙은행의 기준금리, 코픽스(COFIX), 은행채 금리 등이 여기에 해당된다. '고정금리'냐 '변동금리'냐에 따라 사용하는 기준금리가 달라진다.

가산금리는 은행이 이익을 붙이는 부분으로, 운영비, 리스크, 인건비, 고객 신용도 등을 반영해 더해진다. 가산금리는 은행마다, 사람마다 다르므로 여러 은행에서 비교해볼 필요가 있다. 가산금리는 여러 기준에 따라 달라지는데, 신용이 높을수록 낮은 금리를 적용하며, 담보가 확실하면 리스크가 줄어들어 가산금리가 낮아질 수 있다.

우대금리는 쉽게 말해 '할인받는 이자'다. 대출금리는 기본적으로 '기준금리+가산금리' 구조로 정하는데, 여기에 특정 조건을 만족한 고객에게만 일부를 깎아주는 제도라고 생각하면 된다. 예를 들어 해당 은행 계좌로 월급을 받거나, 공과금, 보험료, 카드값 등을 자동이체하면 우대금리를 적용해준다. 해당 은행 카드를 일정 기준 이상 사용하거나 일정 금액 이상의 예금이나 적금을 예치하거나 청약 통장에 가입해도 우대금리가 적용될 수 있다. 한 예로, 급여이체 0.3%, 자동이체 0.2%, 카드 사용 0.2%를 합해 총 0.7%의 우대금리를 적용받을 수 있다. 보통 우대금리는 대출 실행 후에도 계속해서 조건을 충족해야 유지된다. 즉 대출 후 급여이체를 중단하거나 카드 사용이 줄면 다음 달부터 금리가 자동으로 올라갈 수 있다. 은행마다 매월 체크하거나 분기별로 확인하는 시스템을 갖추고 있기 때문이다.

일정 기간마다 금리가 바뀌는 변동금리

처음 대출을 받을 때 많은 사람이 지금은 이자가 낮은데, 나중에 갑자기 올라가지는 않을지 염려한다. 바로 이것이 변동금리의 특징이다. 변동금리는 일정한 기간(3개월, 6개월, 12개월 등)마다 기준금리에 따라 바뀌는 대출금리다. 예를 들어 지금 4% 금리로 대출을 받았다 해도 6개월 뒤 그 금리가 4.5%가 될 수도 있고, 3.8%가 될 수도 있다는 소리다. 이렇게 금리가 바뀌는 기준이 바로 '코픽스'다.

코픽스는 'Cost of Funds Index'의 줄임말로, 자금조달비용지수를 의미한다. 은행은 대출해줄 돈을 예금, 적금 또는 채권 발행(은행채) 등을 통해 모은다. 이렇게 모은 돈에 들어가는 자금조달비용의 평균값을 계산한 것이 코픽스다. 즉 은행이 돈을 얼마나 비싸게 조달했느냐에 따라 대출자의 대출금리가 달라진다. 코픽스가 올라가면 대출금리도 오르고, 코픽스가 내려가면 대출금리도 함께 내려간다.

코픽스는 계산 방식에 따라 세 가지로 나뉜다. 첫 번째는 '신규 취급액 기준 코픽스'다. 최근 새로 취급된 상품을 기준으로 하기에 시장의 금리 변화에 가장 민감하게 변동한다. 두 번째는 '잔액 기준 코픽스'다. 전체 예적금 잔액 평균을 기준으로 하기에 변화가 느려 안정적인 편이다. 마지막 '신잔액 기준 코픽스'는 두 기준을 혼합한 형태로, 최근 대출 상품 중 가장 널리 사용되는 경향이 있다.

대출이 끝날 때까지 금리가 바뀌지 않는 고정금리

고정금리는 처음 대출을 받을 때 정해진 금리가 대출이 끝날 때까지 변하지 않는 금리다. 예를 들어 4%로 대출을 받았다면 30년 내내 4%가 유지되는 것이다. 가계 예산이 빠듯하거나 금리 인상 가능성이 클 때, 고정금리는 안정적인 선택이 된다. 이자에 민감하고 예산 계획이 중요한 사람에게 고정금리는 예측 가능한 안정감이라는 무기가 되어준다. 하지만 시장금리가 떨어질 때는 고정금리가 손해일 수 있다.

따라서 고정금리는 앞으로 금리가 오를 것 같을 때나 이자 변동 없이 매달 일정한 금액을 내고 싶을 때, 대출 한도가 중요할 때 선택하는 것이 좋다. 고정금리는 변동금리처럼 코픽스가 아니라, 은행이 발행하는 채권, 보통 '5년 만기 은행채'의 금리를 기준으로 정해진다. 이런 이유로 우리나라에는 '5년 고정 후 변동'이라는 혼합금리가 많다. 처음 5년은 고정금리, 이후는 변동금리로 전환되는 형태이다.

은행의 고정금리는 정책자금대출의 고정금리처럼 10년 이상의 장기고정금리 상품이 거의 없다. 은행의 고정금리 상품은 크게 혼합형 상품과 주기형 상품으로 나뉜다. 혼합형 상품은 5년간 고정금리를 유지하다가 변동금리로 전환되는 상품을 말한다. 주기형 상품은 일정 주기로 금리가 변동하되, 그 기간에는 고정금리가 적용되는 상품이다. 예컨대 3년 주기형 상품이라 하면 3년간은 고정금리가 적용되고 그 이후에는 변동금리가 적용되었다가 다시 3년간 고정금리로 전환되는 상품을 뜻하는데, 혼합형 상품보다 고정금리 기간이 긴 편이다.

금리 선택, 어떤 게 유리할까?

금리가 떨어질 것 같다면 변동금리가 유리할 수 있다. 금리가 내려가면 대출이자도 줄어들기 때문이다. 하지만 현재는 스트레스 DSR의 규제 영향도 크므로 금리 인하기에 무조건 변동금리가 유리하다고 단정지을 수 없다. 스트레스 DSR은 고정금리일수록 대출 한도가 많이 나오는 구조이기 때문에 대출 한도가 대출금리보다 중요한 차주는 고정금리를 선택하는 것이 유리하다. 이제는 변동금리와 고정금리 양자택일로만 생각하지 말고, 스트레스 금리도 염두에 두어야 한다.

금리는 숫자지만, 선택은 전략이다. 지금 내게 필요한 것이 낮은 금리인지, 큰 대출 한도인지부터 결정해야 한다. 금리 인하가 확실해 보이고, 대출 한도도 충분하다면 변동금리가 좋을 것이고, 금리가 올라갈까 불안하고, 대출 한도가 더 중요한 상황이라면 고정금리가 유리하다. 당장의 이자율도 중요하지만, 내 상황에 맞는 구조인지, 내가 감당할 수 있는 리스크인지, 한 걸음 더 들어가 생각해볼 필요가 있다.

> 무작정 따라하기

금융기관별 금리 실시간으로 확인하는 법

각 은행의 공식 홈페이지나 앱(모바일 대출)을 통해 은행별 대출금리 및 실제 승인 금리 등을 확인할 수 있다. 덧붙여 다음 사이트들을 통해서도 금리 확인이 가능하다.

국토교통부 부동산거래 전자계약시스템(irts.molit.go.kr)

요즘은 부동산 거래 시 전자 계약을 체결하면 우대금리를 주는 은행이 늘어나고 있다. 부동산거래 전자계약시스템은 금융기관과 제휴해 대출 우대금리 서비스를 제공하고 있다. 주택구입자금대출, 전세자금대출, 기타 부동산담보대출 등 금융기관별 혜택을 확인할 수 있다.

① 사이트에 접속해 '부가서비스 → 우대금리 제공기관'을 클릭하면 우대금리를 제공하는 기관 목록이 나온다.

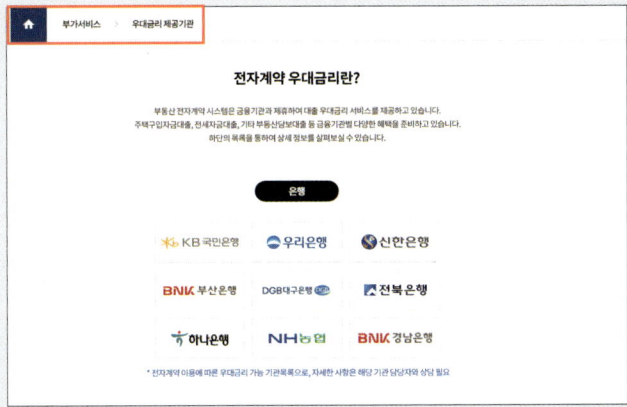

② 원하는 기관명을 클릭하면 자세한 내용을 확인할 수 있다.

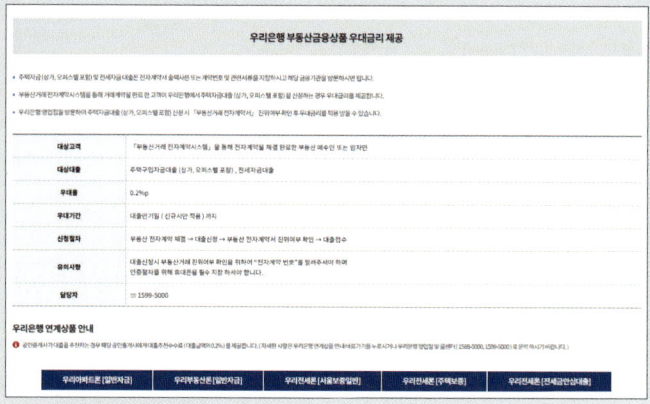

전국은행연합회 소비자포털(portal.kfb.or.kr)

소속 은행의 금리 정보, 각 은행의 대출금리 공시 내역, 코픽스 기준금리, 수수료 비교 등을 제공한다.

① 사이트에 접속해 '금리/수수료 → COFIX 공시'를 클릭한다.

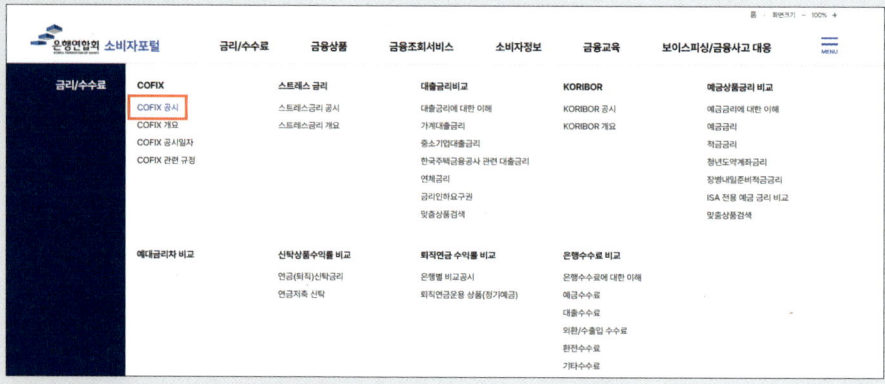

② 변동금리의 기준이 되는 코픽스 금리를 확인할 수 있다.

금융투자협회 채권정보센터(kofiabond.or.kr)

고정금리의 기준이 되는 채권금리를 확인할 수 있으며, 다양한 채권 수익률 정보를 제공한다. 특히 고정금리 상품의 기준이 되는 국고채 수익률을 확인할 수 있으며, 이는 고정금리 상품의 기준금리로 활용된다.

① 사이트에 접속해 '채권금리 → 채권금리'를 클릭한다.

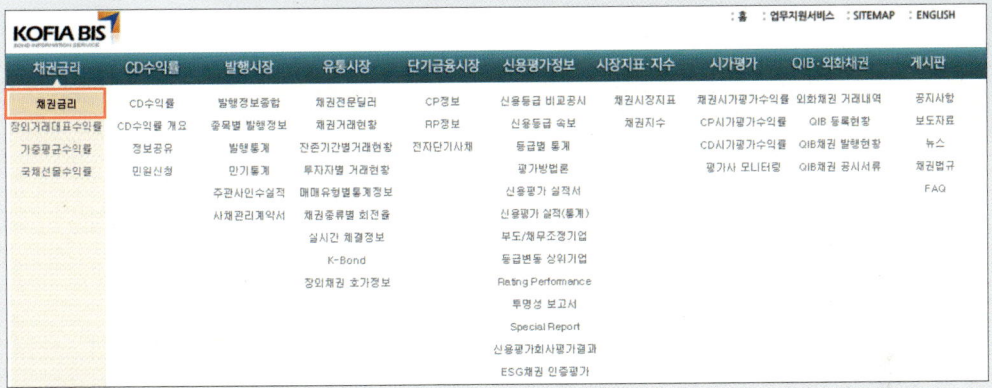

② 국고채 수익률 등을 확인할 수 있다.

금융감독원 금융상품통합비교공시 금융상품한눈에(finlife.fss.or.kr)

은행별 예적금 금리와 대출금리를 실시간으로 비교해볼 수 있으며, 대출금리, 부가 조건, 대출 한도, 우대 조건 등도 자세히 알 수 있다. 신용대출, 전세자금대출, 주택담보대출 등 세부 항목별로도 확인이 가능하다.

① 사이트에 접속해 '주택담보대출'을 클릭한다.

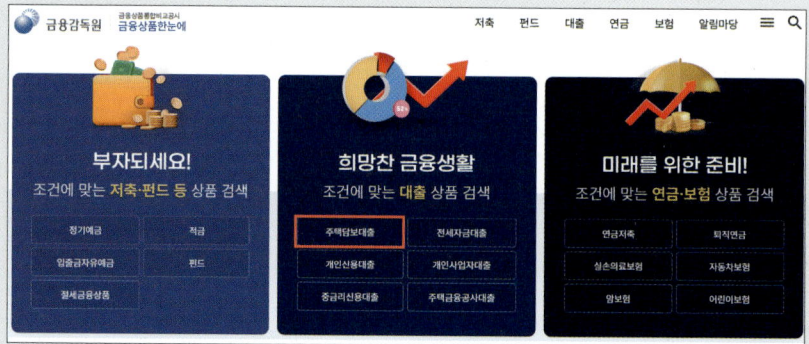

② 원하는 조건을 체크하고 '금융상품 검색'을 클릭한다.

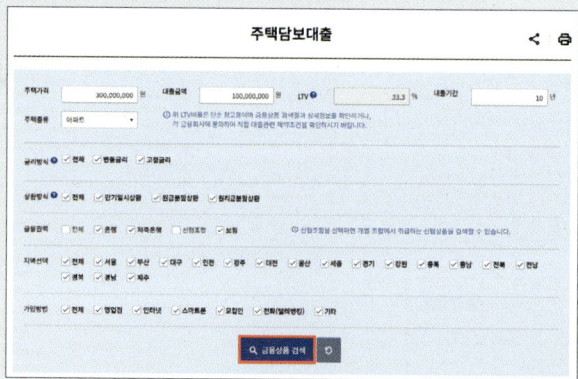

③ 다양한 금융 상품을 확인할 수 있다.

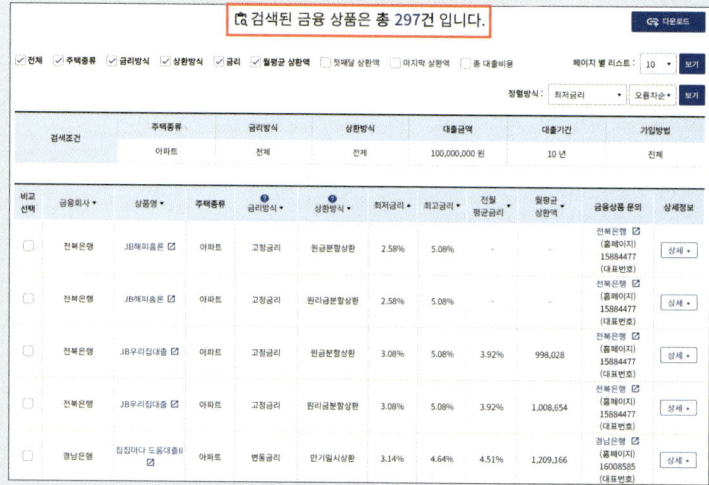

021
대출 상환 방식과 원리금 통장 활용 전략

같은 금액을 빌려도 어떻게 갚느냐에 따라 부담해야 하는 이자가 달라지고, 어디서 빌리느냐에 따라 유리한 상환 방식도 달라진다. 대출을 상환하는 방식은 여러 가지가 있고, 그 차이를 잘 이해하면 불필요한 이자 부담을 줄이고, 상황에 맞게 똑똑한 선택도 할 수 있다.

네 가지 대출 상환 방식

1. 만기일시상환 — 이자만 내다가 한 번에 갚는 방식

대출 기간 동안에는 이자만 납부하고, 마지막에 원금을 한 번에 갚는 방식이다. 당장 부담이 적기 때문에 전세자금대출이나 사업자대출 등에서 많이 쓰인다. 하지만 전체 이자비용은 다른 방식에 비해 많은 편이라 단기간 대출을 활용할 경우에 유리하다.

2. 원리금균등분할상환 — 매달 같은 금액을 갚는 가장 보편적인 방식

주택담보대출에서 가장 널리 쓰이는 방식이다. 매달 상환하는 금액이 동일해 대출 계획을 세우기 쉽고, 매달 얼마를 갚아야 하는지 예측하기 편하다.

초기에는 이자 비중이 높고 원금 비중은 적은데, 시간이 지날수록 이자 비중은 줄고 원금 비중이 커진다. 예를 들어 1억 원을 20년간 원리금균등분할상환 방식으로 빌린 경우, 초기 몇 년간은 전체 상환액 중 절반 이상이 이자이고, 원금은 아주 조금씩만 갚는다. 이는 초기 몇 년은 원금이 거의 줄지 않기 때문에 중도 상환을 하지 않는 한, 이자 부담이 크다는 의미다. 따라서 이 방식은 장기 대출 시 심리적으로 부담이 덜하고, 고정적인 생활비 관리에 유리하다. 다만 전체 이자액은 원금균등분할상환 방식보다 많다.

3. 원금균등분할상환 – 원금을 일정하게, 이자는 점점 줄어드는 방식

매달 같은 금액의 원금을 갚아 나가면서, 남은 원금에 이자를 계산해 갚는 방식이다. 그래서 첫 달에는 원금과 이자의 총액이 가장 많고, 시간이 지날수록 매달 갚는 금액이 점점 작아진다. 즉 초기엔 부담이 크지만 후반부에는 매달 갚는 금액이 눈에 띄게 줄어든다. 가장 큰 장점은 전체 대출 기간을 놓고 봤을 때 이자 총액이 가장 적다는 것이다. 이자를 계산하는 기준이 되는 잔여 원금이 빠르게 줄어들기 때문이다. 자금 여유가 있어 초기 상환 여력이 충분한 차주, 대출을 빨리 상환하고 싶은 차주, 이자를 최소화하고 싶은 전략적 차주에게 유리한 방식이다. 단점은 초기 부담이 크기 때문에 상환 능력이 낮은 사람에게는 부담이 될 수 있다는 것이다. 또한 DSR 계산 시에도 초기 상환 부담이 높게 반영되어 대출 한도가 줄어들 수 있다.

4. 체증식 상환 – 초반에 적게 갚고 점점 늘어나는 방식

시간이 지날수록 점점 더 많은 금액을 상환하는 방식이다. 초기 소득이 적거나, 앞으로 소득이 늘어날 가능성이 큰 사람에게 적합하다. 장기 모기지 상품의 경우 체증식 상환이 가능한데, 주택금융공사에서 제공하는 보금자리론의 일부 유형도 체증식 상환 방식을 선택할 수 있다. 그러나 만기일시상환 방식처럼, 초기에는 부담이 적어도 전체 이자 부담은 오히려 늘어나는 구조다. 원금을 천천히 갚다 보니 그만큼 이자 계산의 기준이 되는 원금이 줄어드는 속도가 느리고, 결과적으로 전체 이자액은 커지기 때문이다.

> **잠깐만요** DSR 계산과 상환 방식의 상관관계
>
> 대출 한도를 정할 때는 DSR을 기준으로 삼는다. 이때 상환 방식도 DSR 결과에 영향을 미칠 수 있다. 예를 들어 원리금균등분할상환은 초반 상환 부담이 낮게 계산되므로 DSR에서 가장 유리하다. 하지만 모든 금융사가 같은 기준을 쓰는 건 아니다. 일부 보험사는 DSR 계산 시 전 기간 평균값을 사용하기 때문에, 이 경우엔 오히려 원금균등분할상환이 DSR에 더 유리한 구조를 가진다. 따라서 대출의 목적, 상환 계획, 이용할 금융사 등을 모두 고려해 상환 방식을 선택하는 것이 중요하다.

원리금 통장 전략 — 이자 부담 없이 대출금 갚는 법

대출을 장기간에 걸쳐 갚아야 하는 빚이라고 생각하면 부담스럽게 느껴진다. 그럴 때는 생각의 전환이 필요하다.

사실 대출은 정해진 기간 동안 잘 이용하고 다시 은행에 돌려주는 것이다. 그 시점이 꼭 30년, 40년 후 만기가 될 필요는 없다. 한 집에서 30, 40년 이상 사는 사람은 드물다. 국토교통부의 조사에 따르면, 아파트는 평균 11년 정도 보유하고 매도한다고 한다. 만기까지 이자와 원금을 꼬박꼬박 갚는다는 생각 자체를 바꾸는 것이 대출력의 출발점이다.

대출을 갚아야 한다는 강박에 시달리면 시장 상황에 따라 멘탈이 흔들린다. 금리가 오르거나 생활비가 부족해지면 괜찮은 물건도 서둘러 매도하고 싶은 충동이 생긴다. 하지만 대출을 '갚아야 할 짐'이 아니라 '활용할 자금'으로 생각하면 상황이 달라진다. 이용만 한다고 생각하면 훨씬 여유 있게 내 집 마련도 가능하고, 차분하게 투자도 할 수 있다. 그러면 어떻게 대출을 잘 이용할 수 있을까? 답은 '원리금 통장'에 있다.

원리금 통장은 말 그대로 대출받을 때 원금뿐 아니라 이자까지도 함께 마련해 따로 보관해두는 통장을 말한다. 잘못 생각하면 이렇게 말할 수도 있다.

"이자를 갚기 위해 대출을 더 받으라고? 너무 위험한 거 아닌가?"

하지만 전혀 그렇지 않다. 사업자대출 2억 원을 3년 만기 5% 변동금리로 받았다고 가정하자. 이 경우 1년 이자가 약 1,000만 원, 3년이면 3,000만 원 정도가 될 것이다. 그렇다면 이

렇게 생각하자.

'나는 2억 원을 다 투자하지 않고 3,000만 원은 이자용으로 따로 떼어놓을 거야. 실질적으로 투자에 쓰는 원금은 1억 7,000만 원이야.'

핵심은 바로 이것이다. 처음부터 이자도 대출금 안에 포함된다고 생각하고, 그 이자를 통장에 따로 묶어두는 것! 이렇게 원리금 통장을 만들어두면 매달 자동이체로 원리금이 빠져나가고, 투자금은 순수하게 1억 7,000만 원만 운용되며, 대출을 마치 '무이자처럼' 걱정 없이 쓸 수 있는 구조가 된다. 이는 이자를 갚기 위해 추가로 돈을 빌리는 것이 아니라, 애초에 총대출금 안에서 원금과 이자를 따로 나눠 쓰는 방식이다. 사고방식만 바꿔도 대출에 대한 부담과 스트레스를 줄일 수 있다.

원리금 통장을 만들어두면 금리 인상 시기가 와도 흔들리지 않는다. 이자 낼 돈은 이미 준비돼 있으니까. 그래서 시장이 아무리 요동쳐도 수익이 날 때까지 묵묵히 기다릴 수 있는 힘, '투자 체력'이 생긴다.

대출을 무조건 빨리 갚아야 한다는 생각을 버리자. 갚는 것보다 잘 쓰는 것이 진짜 중요하다. 그리고 잘 쓰기 위한 시작은 바로 원리금 통장으로 대출을 미리 관리하는 것이다. 이것이야말로 금리 걱정 없는 투자, 조급함 없는 내 집 마련의 첫걸음이다.

022

금융기관별 활용 전략

대출은 '어디서 어떻게 받느냐'에 따라 조건도, 한도도, 전략도 완전히 달라진다. 금융권은 일반적으로 1금융권, 2금융권, 3금융권으로 나뉜다. 이름만 보면 다 비슷해 보이지만, 대출 규제, 금리, 접근성 등이 모두 다르다. 차이를 알면, 자신에게 가장 유리한 대출 전략을 짤 수 있다.

1금융권 — 가장 안전하지만, 대출은 깐깐하게

우리가 가장 흔히 접하는 시중은행, 인터넷은행, 지방은행, 외국계은행이 여기에 속한다. 은행연합회에 소속되어 있으며, 「은행법」의 적용을 받는 제도권 중심 기관이다. 가계대출에 가장 엄격한 DSR 규제가 적용되어 대출 한도는 낮은 편이지만, 대출금리는 제일 저렴하다. 금융위원회와 금융감독원의 감독을 직접 받기 때문에 정책 변화에 민감하게 반응한다. 안정성과 신뢰도가 높은 만큼, 심사 기준도 깐깐하다는 특징이 있다.

2금융권 – 조금 더 자유롭고, 때론 더 많은 대출이 가능

은행과 유사한 금융 업무를 하지만, 「은행법」의 적용을 받지 않기 때문에 1금융권보다 규제에서 조금 더 자유롭다. 카드사, 보험사, 캐피털사, 저축은행, 증권사, 신협, 농협, 수협, 새마을금고 등이 여기에 속한다.

외형상 1금융권과 비슷해 보이지만, 실제로는 지점별 자율성이 더 크고, 대출 운영 방식도 유연하다. 예를 들어 DSR 규제가 50%라 해도 일부 2금융권 지점에서는 200%까지도 대출이 가능하다. 이유는 간단하다. 영업점장의 전결 권한하에 실제 조건에 따라 탄력적으로 적용되기 때문이다.

게다가 주택담보대출의 경우 1금융권과 금리 차이가 크지 않다 보니, 대출 한도 부족으로 고민 중이라면 2금융권이 현실적인 대안이 될 수 있다. 1금융권에서 대출이 어렵거나, 한도가 부족한 사람에게 유리한 방법이다.

3금융권 – 빠르지만 신중하게 접근해야 할 곳

흔히 말하는 P2P금융*, 대부업체 등이 여기에 속한다. 절차가 간단하고 심사가 빠르다는 장점이 있지만, 그만큼 금리가 높고 리스크도 크다. 그렇다고 무조건 불법이나 사채라고 오해하면 안 된다. 금융감독원과 지자체에 정식 등록된 '등록 대부업체'라면 제도권 내 금융사다. 정기 감사도 받고, 법의 테두리 안에서 운영되기 때문에 정보 공개도 투명하다. 하지만 등록되지 않은 불법 업체도 존재하므로 금융감독원 홈페이지(fss.or.kr)에서 사전에 확인해볼 필요가 있다. 자산을 급히 마련해야 할 때, 단기 보완 용도로만 제한적으로 활용하는 것이 좋다.

최근 대출 규제를 피해 3금융권을 찾는 사람이 늘어나고 있는데, P2P 대출 한도가 최대 6

알아두세요

P2P금융 개인 투자자와 개인 채무자를 연결해주는 온라인투자연계금융업을 뜻한다.

억 원인점, 고금리 부담과 신용점수 하락 가능성이 있다는 점을 고려해 신중히 접근해야 한다.

금융권별 특성을 알면, 전략이 보인다

좋은 입지의 아파트를 매수할 기회가 왔다고 생각해보자. 조금만 더 대출이 나오면 기회를 잡을 수 있는데, 1금융권에서는 한도가 부족하다면? 그럴 땐 2금융권의 여유로운 심사나 한도를 활용해 기회를 잡아야 한다.

투자도 마찬가지다. 중요한 타이밍에 대출력이 부족해 흐름이 끊기면 기회는 지나간다. 금리가 중요한 순간에는 1금융권을, 대출 한도가 중요한 순간에는 2금융권을, 긴급자금이 필요한 순간에는 3금융권을 전략적으로 활용해야 한다.

대출은 전략이다. 금융권의 종류와 특성을 이해하면, 자신에게 유리한 대출을 찾는 안목이 생긴다. 1금융권의 안정성과 2금융권의 유연성, 3금융권의 융통성을 잘 조합하면, 어떤 시장 환경에서도 기회를 잡을 수 있다.

▼ 금융권별 특징

종류	1금융권	2금융권	3금융권
설명	은행연합회 소속(「은행법」 적용 ○)	금융 업무 수행(「은행법」 적용 ×)	제도권 밖의 대부업체
특징	금융위원회의 제재를 많이 받음	지점, 조합별 독자 운영 시스템 갖춤	DSR 규제가 적용되지 않지만 고금리임
예시	일반 시중은행(하나, 신한 등), IBK 기업은행, 지방은행, NH 농협은행, 인터넷은행 등	새마을금고, 신협, 농협, 수협 등	P2P, 대부업체 등

> 무작정 따라하기

은행 대출 상담 체크리스트

은행에 대출 상담을 받으러 갈 때 어떤 것들을 챙겨야 할까? 주택담보대출을 받아야 하는 경우를 예로 들어 필요한 서류를 소개하도록 하겠다. 참고로 필요 서류는 사람마다, 은행마다 조금씩 다를 수 있다.

▼ 은행 대출 상담 체크리스트

구분	항목	설명
개인 정보	신분증	주민등록증 또는 운전면허증
	주민등록등본	세대 구성 확인용(최근 1개월 이내 발급본)
	가족관계증명서	공동명의, 배우자 소득 합산 시 필요
소득 자료	근로소득원천징수영수증	최근 1년분 또는 전년도 원천징수영수증
	건강보험자격득실확인서, 납부확인서	최근 12개월분
	급여명세서	최근 3개월분(요구하는 은행 있을 수 있음)
	소득금액증명원, 사업자등록증	국세청 발급 소득금액증명원(최근 1~2년 치)
	프리랜서 소득 입증 자료	통장 입금 내역, 세금계산서 등 입증 가능한 자료 준비
주택 정보	부동산 매매계약서(또는 분양계약서)	계약서 사본 또는 원본(계약금 입금증도 준비하면 좋음)
	등기사항전부증명서	해당 주택의 등기사항전부증명서(1개월 이내 발급본)
	건축물대장(또는 재산세 납부내역서)	건물 정보 확인용
기존 대출	기존 대출 내역서	보유 중인 주택담보대출, 신용대출 등의 상환 내역 확인서
	신용정보 조회 동의서	신용등급 및 부채 확인용(은행에서 작성 가능)
기타 준비	등기권리증(또는 분양계약서)	담보 설정을 위한 확인 자료
	인감도장, 인감증명서	대출 계약 시 필수 자료(1개월 이내 발급본 2통 이상 권장)
	통장 사본	대출 실행 계좌 제출용
사전 점검	정책금융 대상 여부	생애최초, 신혼부부, 보금자리론 등 정책금융상품 해당 여부 사전 확인

023

신용점수, 연체만 없다면 대출도 신용이다

대출을 전혀 받지 않고 카드도 사용하고 있지 않다면 '나는 금융생활을 아주 잘하고 있어'라고 생각하기 쉽다. 하지만 금융자본주의 사회에서는 '아무것도 하지 않는 것'이 오히려 손해일 수 있다. 실제로 신용대출, 전세자금대출, 주택담보대출까지 여러 대출을 보유하고 있는 사람의 신용점수가 대출 하나 없는 사람보다 훨씬 높을 수 있다. 대체 왜 이런 일이 벌어질까?

대출이 있다고 무조건 신용점수가 떨어지는 건 아니다

신용점수는 단순히 '부채가 있느냐 없느냐'로 평가되지 않는다. 얼마를 빌렸고, 얼마나 잘 갚아왔는지, 금융과 어떤 관계를 맺어왔는지를 종합적으로 판단한다. 신용점수는 흔히 'CB 점수(Credit Bureau Score)'라고도 부르는데, 우리나라에서는 KCB(올크레딧)와 NICE(마이크레딧)라는 두 기관이 신용점수를 산정한다. 은행이나 카드사는 이 두 점수를 비교해 대출 승인 여부, 금리, 한도를 결정한다.

신용을 쌓으려면 '거래 이력'이 있어야 한다. 대출을 한 번도 받은 적이 없고, 카드도 없는 사람은 '신용 거래 이력'이 전무한 상태다. 이럴 경우 신용점수가 아예 측정되지 않거나, 낮을 수밖에 없다. 반면 신용대출도 받고, 카드도 쓰고, 전세자금대출이나 담보대출까지 있는 사람이 한 번도 연체하지 않고 성실히 상환하고 있다면? 이 사람은 금융기관이 신뢰할 수 있는 차주로 평가되어 높은 신용점수를 받을 가능성이 크다.

NICE는 상환 이력, 즉 '연체 없이 잘 갚았는가'를 가장 중요하게 본다. 따라서 연체 없이 카드값이나 대출 원리금을 잘 납부했다면 NICE 점수가 높다. 반면 KCB는 신용 거래 형태와 부채 수준을 중요하게 본다. 자산 대비 빚이 너무 많거나, 고금리 대출(카드론, 현금서비스, 대부업)을 여러 건 이용 중이면 큰 감점 요인이 된다. 즉 NICE는 연체 없는 성실 상환 여부가 핵심이고, KCB는 부채의 구성과 신용 거래 형태, 금융 사용 습관이 핵심이다.

대출 상담만 받아도 신용점수가 떨어진다고 생각하는 사람이 많은데, 단순 신용 정보 조회만으로는 신용점수가 깎이지 않는다. 문제는 '부채 수준'이다. 자산 대비 부채가 많거나 대출 건수가 많다면 신용점수가 떨어질 수 있다.

대출 한도부터 이자까지, 신용이 자산이 되는 시대

신용점수는 단지 숫자가 아니라, '금융 신뢰도'를 보여주는 지표다. 신용점수 하나로 빌릴 수 있는 금액, 내야 할 이자, 대출 승인 여부가 좌우된다 해도 과언이 아니다. 신용점수가 좋으면 어떤 점이 유리할까?

우선 대출 한도가 커진다. 같은 소득, 같은 상황에서도 신용점수 차이로 대출 한도 자체가 달라진다. 같은 연봉을 받고 있는 두 사람이 있다고 가정해보자. A씨의 신용점수는 930점, B씨의 신용점수는 710점이다. 이 둘은 같은 아파트를 사기 위해 1억 원을 대출받으려 하는데 은행은 A씨에겐 1억 2,000만 원까지 가능하다고 말하고, B씨에겐 9,000만 원까지 가능하다고 말했다. 왜 그런 것일까? 심사를 해보니 A씨는 지금까지 돈을 잘 갚아왔고, 연체 이력이 없었다. 그러나 B씨는 신용 이력이 부족하고, 연체 이력이 있었다. 신용 이력과 연체 이력이 신용점수 차이를 크게 벌어지게 만들었고, 이는 대출 한도의 차이를 낳았다.

신용점수가 높으면 대출금리도 낮아진다. 같은 대출이라도 신용이 높으면 이자를 덜 낸다. 이번에는 두 사람이 같은 조건으로 1억 원을 10년간 대출한다고 가정해보자. 신용점수가 930점인 A씨는 연 3.5% 금리를, 신용점수가 710점인 B씨는 연 5.2% 금리를 부여받았다.

이 경우 A씨는 매년 약 350만 원의 이자를 내야 하는 반면, B씨는 약 520만 원의 이자를 내야 한다. 10년이면 둘의 이자 차이는 무려 1,700만 원이 된다. 같은 돈을 빌렸는데, 신용점수 차이 하나로 수천만 원을 더 내야 할 수도 있는 것이다.

또한 신용점수가 높으면 담보와 보증인이 없어도 대출을 받을 수 있다. 신용점수가 낮으면 은행은 불안하다. 그래서 보증인을 데려와 연대보증인을 세우거나, 부동산 담보라도 제공하라고 요구한다. 하지만 신용점수가 높으면 신용만으로도 대출을 해준다. 신용보증(MCI, MCG) 등도 신용점수가 높아야 가입이 가능하다.

신용은 나를 대신해 말해주는 신분증과도 같다. 은행은 신용점수를 보고 그 사람을 평가한다. 앞서 이야기했듯, 대출을 잘 관리하면 신용점수가 올라간다. 대출이 있다고 무조건 불리한 것이 아니다. 대출을 '어떻게' 사용하고, '어떻게' 갚아왔느냐가 중요하다. 카드도 쓰지 않고 대출도 없는 사람보다, 다양한 대출을 이용하면서도 한 번도 연체하지 않은 사람이 신용점수가 더 높다. 연체만 없다면, 대출도 신용이다. 이것이 금융자본주의 사회의 기본 공식이다. 신용점수는 숫자 이상의 가치다. 대출은 잘 쓰는 사람의 것이고, 신용은 잘 쌓은 사람의 자산이다.

신용점수를 올리는 방법

신용점수는 말 그대로 나의 금융 신뢰도를 숫자로 보여주는 지표다. 카드 내역과 대출이 없으면 신용 이력이 없다는 뜻이고, 신용 이력이 없으면 금융기관은 돈을 잘 갚는 사람인지 판단할 근거가 없다고 본다. 신용카드는 무작정 쓰는 것이 아니라 전략적으로 잘 관리해야 하고, 체크카드도 꾸준히 쓰면 신용을 올리는 자산이 된다. 그럼 신용점수는 어떻게 올릴 수 있을까?

우선 신용카드를 발급받으려면 기본적으로 신용점수가 일정 기준 이상이어야 한다(NICE 680점 이상, KCB 576점 이상). 즉 카드를 만들 수 있다는 것 자체가 이미 일정 수준의 신용을 보장받았다는 뜻이다. 그리고 카드를 발급받은 이후에는 그 카드가 나의 신용점수를 올리는 중요한 도구가 된다. 예전에는 신용카드만 신용점수에 영향을 줬지만, 요즘에는 체크카드 사용 내역도 신용 평가에 반영된다. 월 30만 원 이상, 6개월 이상 꾸준히 사용하고 연체 없이 정기적으로 결제하기만 해도 긍정적인 신용 거래 이력으로 인정되어 신용점수가 올라간다.

그렇다면 카드 사용 금액은 어떻게 조절하는 것이 좋을까? 카드 한도는 높게 설정하고, 사용 금액은 한도의 30~40% 이하로 유지하는 것이 가장 좋다. 되도록 50%를 넘지 않도록 해야 안정적인 신용 관리에 도움이 된다. 신용카드로 할부를 자주 이용하면 누적된 할부금이 '부채'로 계산된다. 그래서 가능하면 일시불 사용을 권한다. 그리고 더 좋은 방법은 선결제다. 카드 결제일보다 미리 갚아버리는 것이다. 예를 들어 결제일이 25일인데, 15일에 미리 결제하면 신용공여 기간(카드사가 대신 입금해준 기간)이 줄어들어 신용점수가 빠르게 올라간다.

아무리 카드를 잘 써도 카드값을 연체하거나 현금서비스나 카드론 등 고금리 단기 대출을 자주 이용하면 신용점수가 급감한다. 리볼빙(결제 금액을 다음 달로 넘기는 서비스)이나 카드 돌려막기(한 카드로 다른 카드값을 메우는 방법) 또한 신용점수를 떨어뜨리는 지름길이다.

비금융 정보도 신용점수를 올려준다고?

사회초년생, 주부처럼 대출이나 카드 사용 이력이 적은 사람들은 신용점수가 아예 없거나 낮을 수 있다. 이럴 때는 '비금융 정보'로 보완할 수 있다. 국민연금 납부 내역이나 건강보험료 납부 내역, 국세청 소득 증명, 아파트 관리비, 세금, 휴대폰 요금 납부 실적 등을 신용평가기관(KCB, NICE)에 직접 제출하면 가점을 받을 수 있다. 단, 최근 6개월 이상 연체 없이 성실 납부한 이력이어야 하고, 6개월마다 갱신해야 가점이 유지된다.

신용은 관리하는 순간부터 자산이 된다. 신용은 없는 게 깔끔한 것이 아니라 '잘 쓰고, 잘 갚는 습관'이 진짜 중요하다. 신용을 쌓아야 기회가 많아지고, 신용점수를 올려야 금융의 문이 더 활짝 열린다.

024 대출 한도 최대로 받는 소득 전략

우리는 DSR 시대에 살고 있기 때문에 소득이 부족하거나 없으면 대출을 받기가 힘들다. 그래서 급여명세서나 사업자 신고 자료가 부족하면 "아, 나는 대출이 안 되겠구나" 하고 바로 포기해버리는 사람이 많다. 하지만 꼭 그렇진 않다. 요즘은 다양한 방식으로 소득을 인정해주는 '추정소득(대체소득) 시스템'이 있어 꼭 월급이나 세금신고서가 없어도 대출을 받을 수 있다.

증빙소득 — 가장 확실한 공식 소득

공공기관에서 발급해주는 공식 서류로 입증되는 소득을 말한다. 신뢰도가 가장 높아 대출 심사 시 우선적으로 반영된다. 근로소득, 사업소득, 연금소득 등이 해당된다. 근로소득자라면 원천징수영수증의 세전 금액으로, 사업소득자라면 소득금액증명원상의 소득 금액으로 연봉을 인정받을 수 있다(수입 금액이 아님에 주의). 은행은 늘 서류를 중심으로 차주를 판단한다. 증빙소득은 다음 서류들로 확인이 가능하다.

- 급여소득자: 근로소득원천징수영수증
- 자영업자: 소득금액증명원
- 프리랜서: 사업소득원천징수영수증
- 연금수령자: 연금증서

인정소득 — 건강보험료, 국민연금으로 추정하는 소득

매월 납부하는 건강보험료나 국민연금 금액을 기준으로 금융기관이 정한 '소득 기준표'를 적용해 추정하는 방식으로, 최대 연봉 5,000만 원으로 인정된다. 직장이 없어도 국민연금 납부 내역이 있다면 그 금액을 환산해 연소득을 계산해준다. 예를 들어 프리랜서로 일하는 사람이 건강보험료를 매달 10만 원씩 납부하고 있다면 최대 5,000만 원으로 추정소득을 삼아준다(3개월 평균 건강보험료/3.545%×12개월). 단, 더 많은 금액을 납부한다 하더라도 최대 인정 금액은 5,000만 원이라는 것을 잊지 말자.

신고소득 — 카드 사용액, 임대료, 이자소득 등

카드 사용액, 임대소득, 금융소득 등을 국세청 자료로 확인해 대략적인 소비나 자산 활동을 기반으로 추정하는 방식이다. 신고소득 역시 최대 5,000만 원까지 인정해준다. 월급은 적지만 카드를 잘 쓰고 있다면 신고소득으로 활용 가능하다. 예를 들어 전업주부가 본인 명의 카드를 매달 200만 원 이상 사용하고 있다면 '연말정산용확인서' 등의 자료를 통해 최대 연봉 5,000만 원인 차주로 인정받을 수 있다(연간 카드 사용 금액/45.5%). 단, 합산 조건이나 계산 방식은 금융기관마다 다를 수 있으니 본인이 대출받으려는 금융기관에 문의해보는 것이 좋다.

소득이 부족하면 배우자 소득도 합산 가능하다

혼인 신고를 한 부부는 소득을 합산할 수 있다. 증빙소득은 합산이 가능하다. 예를 들어 남편과 아내 모두 연봉 1억 원의 근로소득자라면 주택담보대출을 받을 시, 총 2억 원 소득의 차주로 취급해 대출이 가능하다. 단, 소득을 합산할 땐 배우자의 부채도 함께 합산된다.

추정소득(대체소득)은 부부소득 합산 조건이 있다. 부부 합산 연소득이 2,400만 원 미만이거나, 배우자 한 명이 소득이 아예 없을 때만 사용이 가능하다. 추정소득은 합산이 불가해 5,000만 원까지가 인정 금액이다. 예를 들어 남편 카드 사용액 기준 추정소득이 3,000만 원이고, 아내 카드 사용액 기준 추정소득이 3,000만 원이라 해도 부부 합산 연봉 6,000만 원이 아닌, 5,000만 원까지만 인정된다는 소리다.

대출 상품에 따라 인정되는 소득 방식도 다르다. 예를 들어 디딤돌대출이나 보금자리론 같은 정부 지원 대출은 증빙 가능한 소득만 인정된다. 물론 은행마다 기준이 조금씩 다를 수 있으니, 대출 전에 꼭 해당 금융기관에 문의해보는 것이 좋다.

부부가 각각 주택담보대출과 신용대출을 받을 때, 누가 어떤 대출을 받는 것이 유리할까? 예를 들어 아내 연봉이 3,000만 원, 남편 연봉이 5,000만 원이라고 할 때 부부 둘 다 한도를 최대한으로 받으려면 어떻게 해야 할까? 결론적으로 주택담보대출은 부부소득을 합산할 수 있으니, 연봉이 적은 사람이 받는 것이 좋다. 즉 이 경우에는 아내가 남편의 소득을 합쳐 대출 한도를 키우고, 남편에겐 부채를 가지게 하지 않는 것이 유리하다. 신용대출은 개인소득만 보고 판단하므로 연봉이 높은 남편이 받는 것이 좋다. 남편은 아내가 주택담보대출을 받을 때 소득만 합산해줬을 뿐 실제적으로 본인은 대출을 받지 않아, 아내의 부채 영향을 받지 않고 신용대출을 받을 수 있기 때문이다. 따라서 DSR 40% 이내에서 신용대출을 다 받을 수 있게 된다. 이것이 대출력의 힘이다.

025
청약에서의 대출 전략

청약은 돈이 많은 사람들만의 전유물이 아니다. 오히려 자금이 부족한 사람일수록 더 눈여겨보아야 한다. 당장 큰돈이 없어도 신축 아파트를 마련하고, 시세 차익까지 누릴 수 있는 가장 가성비 넘치는 방법이 바로 '청약'이다.

보통 청약에 당첨되면 '계약금'만 내고 일단 아파트를 확보할 수 있는데, 이 계약금은 분양가의 10% 정도다. 즉 10억 원짜리 아파트라면 1억 원만 있어도 시작이 가능하다는 뜻이다. 물론 아파트에 따라 계약금을 5%만 내는 곳도 있고, 20%를 내는 곳도 있다. 이는 조합의 특성에 따라 달라진다. 계약금 납부 시점에 함께 낼 수 있는 비용에는 발코니 확장비나 유상옵션비도 포함될 수 있으니 입주자모집공고문을 꼼꼼히 읽어보는 것이 중요하다.

1억 5,000만 원으로 50억 원 아파트의 주인이 된 비결

한 배우가 방송에 나와 한때 미분양이었던 성수동 트리마제를 청약으로 분양받았다고 이야기했다. 그 당시에는 분양가가 15억 원이었으므로, 10% 계약금인 1억 5,000만 원만 있으면 우선 명의를 확보할 수 있었다. 여기서 주목해야 할 점은 그가 부자라서 그 집을 산 것이 아니었다는 사실이다. 그는 대출을 최대한 활용해 그 집을 손에 넣었다. 중도금은 분양 기간 동안 은행에서 중도금대출을 받아 낼 수 있었고, 문제는 잔금이었다. 하지만 입주 시점에 집값이 2배 이상 올라 늘어난 자산을 담보로 잔금도 충분히 해결할 수 있었다. 현재 그곳의 가격은 무려 50억 원에 육박한다.

▼ 청약 절차에 따른 필요비용의 흐름

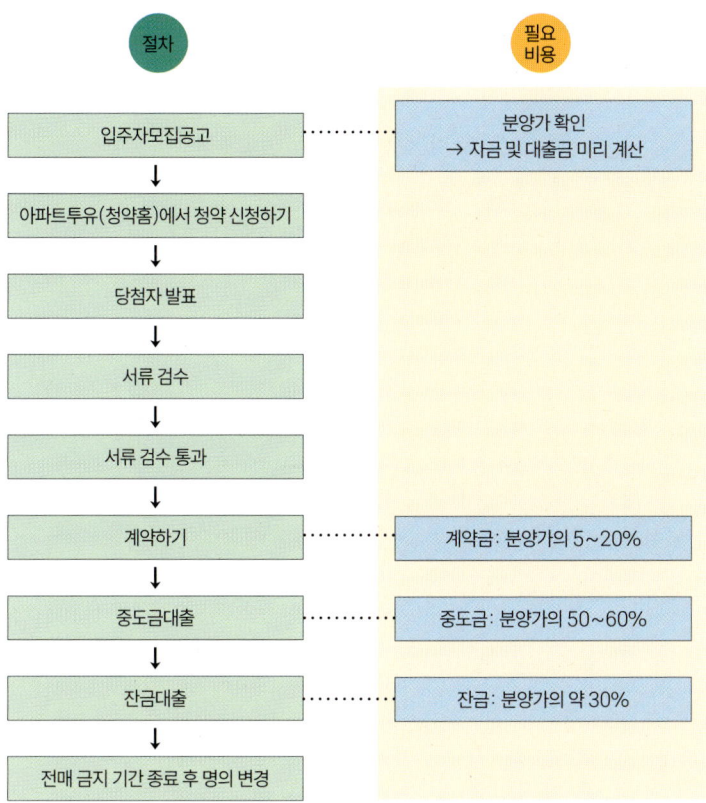

계약금이 부족할 땐 어떻게 해야 할까?

계약금이 부족할 때 활용할 수 있는 대출에는 무엇이 있을까? '계약금담보대출'이라는 것이 따로 없기 때문에 현금이 필요하다. 하지만 다음과 같은 대출을 활용하면 현금 유동성을 만들 수 있다.

- **신용대출**: 급하게 자금을 마련할 수 있는 가장 보편적인 방법이다. 다만 DSR 계산에 포함되기 때문에 이후 잔금대출 한도에 영향을 줄 수 있다.
- **청약통장담보대출**: 청약 통장을 해지하지 않고 담보로 자금을 빌릴 수 있다. 청약 통장을 아깝게 해지하면 그동안의 가점이 날아가지만, 담보대출로 활용하면 가점을 유지하면서 현금을 만들 수 있어 유리하다.
- **예적금담보대출/보험약관대출**: 적금이나 보험이 있다면 이를 담보로 자금을 대출받을 수 있다. 이 대출들은 대부분 DSR 계산에서 제외되므로, 대출 규제에도 덜 걸린다.
- **사내대출**: 회사 복지 차원의 대출이다. 회사마다 DSR 포함 여부 등이 다르니 미리 확인하는 것이 좋다.

청약에 당첨되면 모든 것을 이룬 것 같은 기분이 든다. 하지만 이제부터가 시작이다. "청약에 당첨됐는데 중도금이 걱정이에요", "잔금 낼 돈이 없으면 어쩌죠?"와 같이 말하며 걱정하는 사람들이 있다. 그런데 돈이 없어 로또 청약을 놓치는 것이 아니라, 대출을 모르는 게 문제인 경우가 많다. 하지만 걱정할 필요 없다. 중도금대출과 잔금대출을 잘 활용하면 생각보다 적은 돈으로 신축 아파트에 등기를 칠 수 있기 때문이다.

중도금대출, 받는 순서만 기억하자

중도금대출은 아파트를 분양받은 뒤 건설되는 동안 나눠 내야 하는 중도금을 대신 내주는 대출이다. 보통 분양가의 60% 정도를 6회에 나눠 내는데, 이때 활용할 수 있는 대출이 바로 중도금대출이다. 중도금대출은 DSR을 보지 않기 때문에 소득이 없는 노인이나 주부도 받을 수 있다. 과거에는 분양가가 12억 원이 넘는 아파트는 중도금대출이 나오지 않았지만, 지금은 금액 제한도 없다.

중도금대출은 순서가 아주 중요하다. 규제지역을 먼저 받고, 비규제지역의 중도금대출을 실행하는 것은 가능하지만, 반대로 비규제지역을 먼저 받고, 나중에 규제지역을 받는 것은 불가능하기 때문이다. 또 아무 은행에서나 중도금대출을 해주는 것이 아니다. 중도금대출은 지정 은행과 시행사 협약은행에서만 가능하다.

중도금대출 이자는 회차별로 매번 납부하는 방식과 무이자로 사용하다가 입주 때 몰아서 내는 '후불제' 방식이 있다.

▼ 대출 안내문

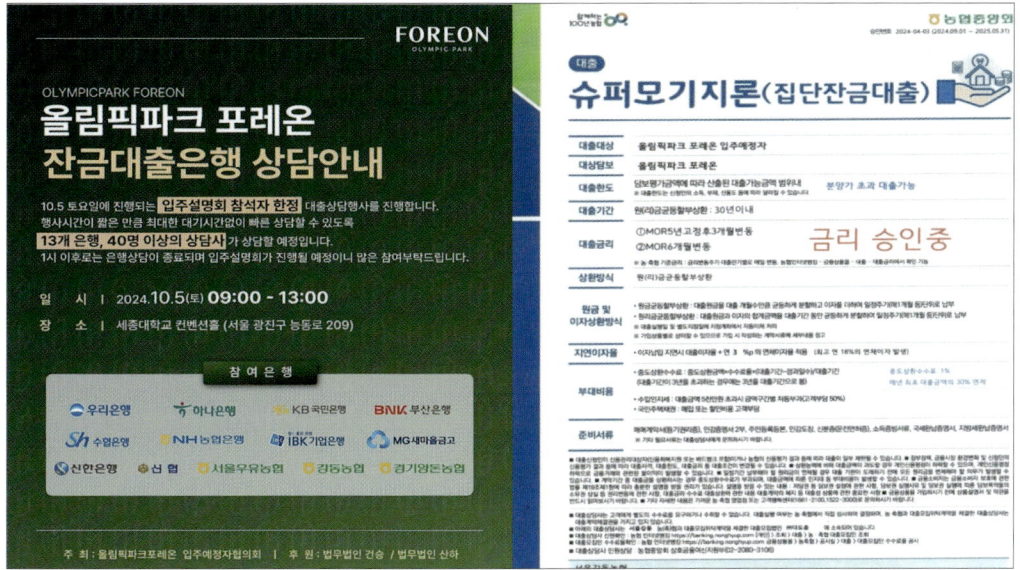

잔금대출

입주 직전에 마지막 잔금을 치르기 위해 받는 대출을 잔금대출이라고 한다. 이때는 DSR을 철저히 본다. 즉 소득이 부족하면 잔금대출이 나오지 않을 수도 있다. 그래서 입주 전에 미리미리 잔금 계획을 세워야 한다. 잔금대출도 중도금대출과 마찬가지로 시행사 협약은행에서만 가능하다. 이때 중도금대출 은행은 잔금대출 은행과 같을 수도 있고 다를 수도 있으니, 잔금대출을 어느 은행에서 시행하는지 사전 점검 때 꼭 확인해야 한다. 신축 아파트는 등기가 아직 나오지 않은 미등기 신축 아파트다. 일반 은행은 보존등기*가 나오기 전

> **알아두세요**
> **보존등기** 미등기 부동산에 처음으로 행해지는 등기로, 소유권 보존을 목적으로 한다.

▼ 잔금대출 조건표 – 1금융권

[올림픽파크 포레온] 잔금대출 협약은행 대출 조건표_1금융권 (11/20)

구분		하나은행	NH농협은행	KB국민은행	신한은행	우리은행	SH수협은행	IBK기업은행
취급지점		돈촌역지점, 고덕역지점, 송파충앙지점, 잠실역지점, 가락금융센터지점, 올림픽지점, 풍납동지점, 방이동지점, 강동중앙지점, 송파지점	서울영업부	둔촌역지점, 강동금융센터, 암사역지점, 전문역지점, 골든라이프센터지점, 강동구청역지점	둔촌동 지점	둔촌역 금융센터, 둔촌동지점, 전문동지점	연희로 금융센터, 강동지점	둔촌동개인스마트, 강동지점, 전문동지점
대출가능금액 (LTV)	다주택자	60%	60%	60%	60%	60%	60%	60%
	무주택자	70%	70%	70%	70%	70%	70%	70%
	생애최초	80%	80%	80%	78%	80%	80%	80%
DSR		DSR 40~70%	DSR 40~70%	DSR 40~70%	DSR 40~70%	DSR 40~70%	DSR 40% (개인사업자 제외)	DSR 40%
대출금리 (변동형 기준)	변동	금융채 6개월 + 1.70% (우대금리 0.9% 포함)	X	X	승인요청중	승인요청중	6개월 변동 신한댈렉스 + 1.31% (우대금리반영) (12/15까지 4.4%)	승인요청중
	고정	금융채 5년 + 가산금리 1.4% (우대금리 0.9% 포함) 5년 후 6개월 변동 신규 COFIX + 2.8%	금융채 5년 + 가산금리 1.3% (5년 고정후 5년 단위 변동)	금융채 5년 + 가산금리 1.3% (5년 고정후 6개월 변동)	승인요청중	승인요청중	sMOR + 1.3% (5년 고정후 6개월 변동)	승인요청중
대출기간 (거치기간)		최장 40년 가능 (거치 1년)	최장 40년 가능 (거치 1년)	최장 40년 가능 (거치 1년)	최장 40년 가능 (거치 1년)	최장 40년 가능 (거치 1년)	최장 50년 (거치 1년) (만 34세 이하, 신혼 7년 이내) 40년 가능 (거치 1년)	최장 40년 가능 (거치 1년)
중도상환수수료		3년간 1% 슬라이딩 방식	3년간 1% 슬라이딩 방식	3년간 1% 슬라이딩 방식	3년간 1% 슬라이딩 방식	3년간 1% 슬라이딩 방식	3년간 1.4% 슬라이딩 방식	
중도상환수수료 면제		매년 최초취급액의 30% 연체	매년 최초취급액의 30% 연체	매년 최초취급액의 30% 연체	매년 최초취급액의 30% 연체	매년 최초취급액의 30% 연체	매년 최초취급액의 30% 연체	
상환방식		은행 대출상품 아임슈퍼잡자론	은행 대출상품 (다주택자 처리 가능)	은행 대출상품	부수거래 조건 없음		은행 대출금 상품	
금리우대 조건		- 급여이체 (0.4%) - 신용카드 월 70만원 사용 (0.3%) - 적금총 청약 (0.2%)		- 카드실적 30만 - 자동이체 3건 - 적금 30만원			- 신용카드 월 30만원 (0.2%) - 급여이체 50만원 (0.1%)	
영업점		승인요청중	분양가 200%이내	승인요청중	승인요청중	승인요청중	분양가 180%	승인요청중

▼ 잔금대출 조건표 – 2금융권

[올림픽파크 포레온] 잔금대출 협약은행 대출 조건표_2금융권 (11/15)

구분	은행	새마을금고 연합1	새마을금고 연합2	새마을금고 연합3	새마을금고 연합4	새마을금고 연합5	아하새마을금고	서울 강동농협
취급지점		승인 중	사중새마을금고 제자점 (금천구) 외 새마을금고	가락새마을금고 충남새마을금고 신길동새마을금고 승인새마을금고	승인			성내지점, 둔촌지점 강일지점, 신사지점 상일동역지점, 명일역지점 포레오지점, 고덕동지점 강일지점, 본점, 둔촌역지점
대출가능금액 (LTV)	다주택자	60%	60%	60%		60%	60%	X
	무주택자	70%	70%	70%		70%	70%	70%
	생애최초	80%	80%	80%		80%	80%	80%
DSR			일반 분양 DSR 50% 조합원 DSR 70~80%	일반 분양 DSR 50% 조합원 DSR 70~80%		일반 분양 DSR 50% 조합원 DSR 70~80%	일반 분양 DSR 50% 조합원 DSR 70~80%	일반 분양 DSR 100~150% 조합원 DSR 100~150% (신용도에 따라 차등적용)
금 리 (실행일 기준)	변동	승인요청중	<이율 새마을금고> 1년 고정 후 6개월변동 4.5% (코픽스 신잔) *사중새마을금고 한도 마감	3개월변동 4.4% (신용도에 따라 차등적용)	승인요청중	6개월변동 4.55%~ (MCI가입조건) (신용등급에 따라 차등)		MOR 6개월 + 1.48%
	고정	승인요청중	3년고정이후변동 4.4~4.5% (코픽스 신잔)	X	승인요청중	X		MOR 5년 + 1.17%
대출기간 (거치기간)		최장 30년 가능 (거치 없음)	최장 30년 가능 (거치 없음)	최장 30년 가능 (거치 없음)		최장 30년 가능 (거치 없음)	최장 30년 가능 (거치 없음)	최장 30년 가능 (거치 없음)
중도상환수수료		3년간 1% 슬라이딩 방식	3년간 1.5% 슬라이딩 방식	3년간 1.5% 슬라이딩 방식		3년간 1% 슬라이딩 방식	3년간 1% 슬라이딩 방식	3년간 1% 슬라이딩 방식
중도상환수수료 면제		매년 최초취급액의 10% 연체	매년 최초취급액의 10% 연체	매년 최초취급액의 10% 연체		매년 최초취급액의 10% 연체	매년 최초취급액의 10% 연체	매년 최초취급액의 30% 연체
취급상품		은행 대출 상품 처리	은행 대출 상품 처리	은행 대출 상품 처리		은행 대출 상품 처리	은행 대출 상품 처리	은행 대출 상품 처리
금리우대조건		없음	없음	없음		없음	없음	없음
대출 상담사 연락처					승인요청중			승인요청중
감정가		분양가 180%	분양가 180%	분양가 170%~180%			분양가 200%	

에는 해당 신축 아파트에 근저당권을 설정할 수 없어 위험 부담이 크다. 따라서 시행사가 보증한 특정 은행에서만 잔금대출을 해준다.

시행사 협약은행은 1금융권과 2금융권이 모두 있다. 1금융권은 2금융권보다 금리는 낮지만 DSR이 40%로 제한되어 있어 대출 금액이 한정적이다. 하지만 2금융권은 1금융권보다 금리는 조금 높아도 DSR 50%까지 대출이 가능하다. 심지어 2금융권 중에는 더 느슨한 규정을 적용해 DSR 200%까지 대출이 가능한 곳도 있다. 또한 금리도 1금융권과 비슷한 경우도 많아 요즘 잔금대출 시장에서는 2금융권이 인기가 좋다.

잔금대출 한도의 기준

잔금대출을 받을 때 감정가가 높으면 대출 한도도 커진다. 보통 잔금대출은 분양가가 아닌 주변 시세 대비 감정가 기준으로 대출이 나오기 때문이다. 특히 입지가 좋은 곳은 준공 후 감정가가 분양가보다 높게 나오는 경우가 많아 분양가 기준으로 잔금대출을 받을 때보다 훨씬 많은 대출이 나온다.

부부 합산 연소득 1억 원에 부채가 없는 생애최초 무주택 세대주가 지방의 분양가 5억 원 아파트에 당첨되었다고 가정해보자. 사전 점검 때 은행을 방문해보니 주변 신축 시세 대비 감정가가 9억 원은 나올 것 같다고 한다. 만약 분양가 기준으로 생애최초 80%, 30년 원리금 상환 4%로 대출을 받으면 4억 원이 최대 대출 금액이다. 그럼 잔금대출을 최대로 받아도 여전히 5,000만 원이 모자란다. 하지만 시행사 협약은행에서 감정가를 9억 원으로 맞춰준다면 80%인 7억 2,000만 원에서 생애최초 최대 가능 금액인 6억 원까지 대출이 나오니, 오히려 잔금을 치르고도 돈이 남는 구조(플피 구조)가 된다.

하지만 이제 서울 수도권 청약에 당첨되거나 분양권 투자를 한 경우 잔금대출에 규제가 생겼다. 2025년 6월 27일에 발표된 대출 규제에 따르면, 서울 수도권의 분양 아파트 중도금대출은 금액 제한 없이 가능하더라도, 잔금대출 때는 6억 원까지만 대출을 받을 수 있다(2025년 6월 27일 이전에 입주자모집공고가 시행된 경우에는 차주의 DSR 범위 내에서 6억 원 이상도 잔금대출 가능).

전세보증금으로 잔금 치르는 법

1주택자가 기존주택 처분 조건으로 잔금대출을 실행할 때는 소유권이전등기일을 기준으로 6개월 이내에 기존주택을 처분해야 한다.

만약 실거주가 아닌 입주장에 전세를 놓으면 어떻게 될까? 잔금대출과 함께 세입자에게 보증금을 받아 잔금을 치르는 방법도 있다. 일명 '풀세팅 레버리지 전략'이다. 이 전략은 오직 지방에서만 가능하다. 서울 수도권에서는 임대인이 주택담보대출을 받으면 6개월 이내에 전입해야 하므로 월세를 놓을 수 없기 때문이다.

지방에서는 특히 DSR 등에 막혀 잔금대출이 나오지 않을 때는 세입자의 전세보증금을 활용해 잔금을 치러야 한다. 감정가가 높은 신축 아파트는 전세금이 분양가에 가깝기에 세입자 보증금만으로도 잔금이 해결된다. 단, 입주 초기에는 물량이 쏟아져 세입자를 구하기 어려울 수도 있으니 유의해 잔금을 치러야 한다.

하지만 서울 수도권에서는 전액을 현금으로 지불하는 세입자가 아니라면 전세보증금으로 잔금을 치르지 못한다. 이 경우 세입자가 받는 전세자금대출은 조건부 전세자금대출에 해당되어 대출이 불가하기 때문이다. 즉 서울 수도권에서는 임대인도, 임차인도 대출이 없어야 한다. 임대인이 주택담보대출을 받으면 6개월 이내에 전입해야 하므로 전세를 놓을 수 없고, 만약 전세를 놓을 수 있는 곳이라 하더라도 전액 현금으로 거래 가능한 세입자만 신축에 거주할 수 있다.

사례를 하나 소개하도록 하겠다. 2021년, 연봉 1억 원의 대기업 직장인 A씨가 분양가 5억 1,100만 원의 경기도 상급지 아파트에 분양권 투자를 했다. 분양 당시 실거래가는 이미 9억 원을 넘어서고 있었으니 투자 가치가 꽤 컸다. 그는 초기 투자금으로 계약금 5,000만 원과 웃돈(프리미엄) 1억 5,000만 원을 합쳐 총 2억 원이 필요해 마이너스 통장 1억 2,000만 원과 회사 복지 차원의 사내대출 1억 원으로 이를 해결했다.

중도금대출은 DSR을 보지 않기에 무리 없이 받았고, 2023년 잔금대출 때는 '특례보금자리론'으로 해결했다. 이미 받은 신용대출이 많아 DSR이 너무 높아져 은행에서 원하는 만큼 잔금대출이 불가했기 때문이다. 운 좋게도 그해에만 시행된 '특례보금자리론 일반형'은 9억 원 이하 아파트에 대해 DSR 대신 DTI만 계산해 대출을 실행해주었기에, 신용대출이 많은 차주도 대출이 가능했다. 단, 감정가 기준이 아닌 분양가 기준으로만 잔금대출을 해주어 5억 1,100만 원의 70%인 3억 5,700만 원까지만 가능했다.

그런데 문제가 하나 더 있었다. 특례보금자리론까지 받았는데도 잔금을 다 치르려면 약 1억 원이 더 필요했다. 그래서 그는 세입자를 받아 이 부분을 해결하기로 했다. 월세를 시세보다 저렴하게 받는 대신 보증금을 1억 5,000만 원으로 설정했다. 이렇게 하니 오히려 5,000만 원이 남아 플피 구조가 되었고, 이 돈은 나중에 원리금 상환용으로 활용했다.

여기서 포인트는 철저히 준비해 세입자를 세팅한 것이다. 선순위 주택담보대출의 채권최고액과 보증금의 합이 아파트 감정가의 80%를 넘지 않도록 설정했다. 보통 선순위 주택담보대출의 채권최고액과 보증금의 합이 시세의 80~90% 이내로 들어오면 주택담보대출과 세입자가 받는 전세자금대출이 모두 실행되기 때문에 문제가 없다.

당시 이 아파트의 감정가는 7억 원이었기에 5억 6,000만 원까지는 주택담보대출과 월세보증금을 함께 세팅할 수 있었다. 3억 5,700만 원의 110%인 3억 9,270만 원을 채권최고액으로 설정하면 월세보증금을 1억 6,000만 원까지 받을 수 있어 월세보증금을 1억 5,000만 원으로 설정한 것이다. 다만 대출이 월세보증금보다 먼저 잡혀 있었기에 세입자가 충분히 납득할 만한 월세로 책정하고, 에어컨 설치나 세입자 전세자금대출 협조 등 세입자가 원하는 조건을 적극적으로 맞춰주었다.

잔금대출과 월세보증금을 함께 활용한 철저한 계획과 선제적 협상으로 0원으로 내 집을 마련한 성공적인 케이스다.

▼ 잔금대출 처리 절차

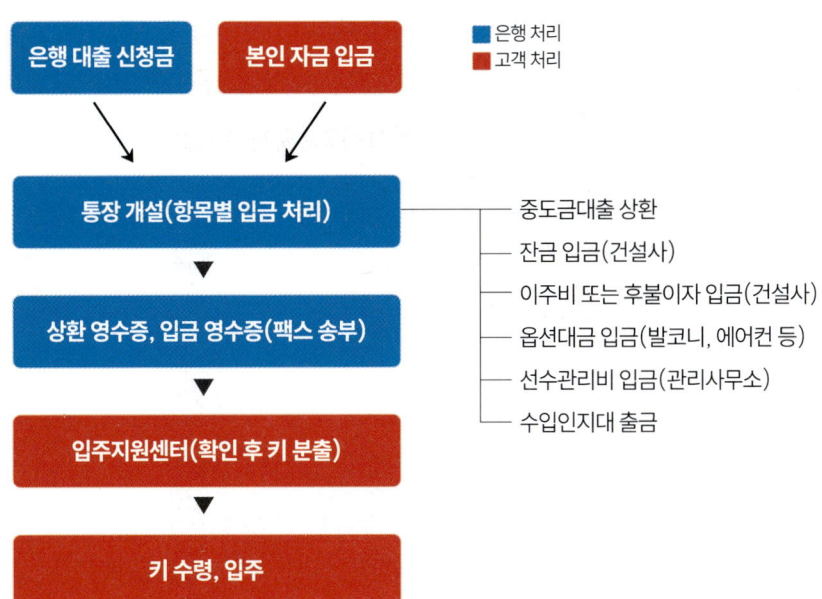

부동산 투자 무작정 따라하기

026	부동산 세금을 알면 내 집 마련이 쉬워지는 이유
027	계속해서 변하는 세금에 대응하는 법
028	내 집 마련 시 꼭 챙겨야 하는 부동산 세금
029	계약서 작성 시 놓치면 안 되는 세 가지 절세 포인트
030	부동산 투자 단계별 절세 포인트 체크하기
031	집값이 올랐다면 양도소득세를 고민하라
032	세금 한 푼 안 내는 양도소득세 비과세
033	비과세 혜택에서 세대분리를 주의해야 하는 이유
034	상급지로 가기 위한 세 가지 절세법

세금: 세후 수익률을 끌어올리는 현명한 절세법

— 계약서 작성부터 양도소득세 비과세까지

026

부동산 세금을 알면
내 집 마련이 쉬워지는 이유

"세금은 나중에 팔 때 생각하면 되지 않나요?"

세금 강의를 할 때 가장 많이 듣는 말 중 하나다. 세금 중에서 가장 큰 비중을 차지하는 건 양도소득세이고, 이는 매각할 때 부담해야 하기 때문일 것이다. 하지만 세금에 대해 미리 알아두면 이를 줄이는 것은 물론이고, 내 집 마련을 함에 있어서도 유리하다. 왜 그럴까?

내 집을 마련하는 세 가지 방법

내 집을 마련하는 방법에는 크게 세 가지가 있다. 첫 번째는 이미 지어져 있는 구축을 구입하는 것이고, 두 번째는 청약, 마지막 세 번째는 재개발·재건축과 같은 조합원 입주권을 취득하는 것이다.

그렇다면 구축, 청약, 입주권 중에서 어떤 방법을 선택해야 유리할까? 먼저 청약은 추첨도 있긴 하지만 '가점제'이기 때문에 무주택 기간, 부양 가족 수 등 여러 요건을 갖춰야 한다. 특히 서울 인기 지역의 경우에는 만점에 가까운 점수로도 탈락을 한다고 하니 청약으로 내 집을 마련하려면 상당한 준비와 사전 전략이 필요하다.

다음으로 조합원 입주권을 보자. 재개발·재건축이 가능한 주택을 먼저 취득하면 '원조합원'으로, 정비사업 단계 중 관리처분계획인가 이후에 입주권을 취득하면 '승계조합원'으로 구분한다. 관리처분계획인가 이전에 입주권을 취득하면 가격은 저렴할지 몰라도 사업 진행 리스크가 상당하다. 최악의 경우 사업이 진행되지 않을 수도 있다. 이걸 피하기 위해 관리처분계획인가 이후에 입주권을 취득하기도 하는데, 이때는 정비사업이 상당 부분 진행되었기에(대략 80% 내외) 사업 진행 속도도 빠르고 기다리는 시간도 줄어들지만 그만큼 상당한 가격을 지불해야 한다.

사실 처음에는 청약 혹은 입주권 취득보다는 이미 지어진 구축 중에서 원하는 집을 매수할 확률이 더 크다. 그렇다면 이 경우 내가 원하는 그 집은 누가 제공할까? 정부? 시행사? 그렇지 않다. 나와 같은 평범한 사람, 구체적으로는 주택 하나 정도는 팔 수 있는 다주택자일 가능성이 높다.

세금을 알아야 기회를 잡을 수 있다

다주택자들은 부동산 세금에 상당히 민감하다. 보유세가 오르면 장기 보유가 힘들어지므로 가지고 있는 주택을 매각하거나 다른 가족 등에게 증여를 한다. 취득세가 부담되면 굳이 여러 채를 보유하지 않고 하나 혹은 두 채 정도로 마무리한다. 아무리 가격이 올라도 양도소득세 때문에 그 수익을 빼앗기면 안 되기에 매도 전략을 세울 때 촉각을 곤두세운다. 즉 내가 원하는 집을 보유하고 있는 자들이 다주택자라면 그들이 가장 관심을 보이는 부동산 세금에 대해서도 공부를 해둘 필요가 있다.

가령 보유세 부담이 커진다면 보유세 과세기준일인 6월 1일 이전에 다주택자가 보유 중인 주택 중 일부가 매물로 나올 수 있다. 따라서 현장에서 '5월 말 잔금' 조건인 물건을 찾아볼 필요가 있다. 양도소득세 중과가 시행되면 부담이 상당히 커진다. 따라서 양도소득세 중과 유예가 언제까지 이어지는지, 해당 지역이 조정대상지역은 아닌지 등을 종합적으로 고려해야 한다. 부동산 세금에 대해 알아둔다면 그들의 물건이 언제, 어디에서 나올지 어느 정도 예측할 수 있다.

그 결과 내 집 마련이 상대적으로 수월해질 수 있다. 그러니 내 집 마련을 앞두고 있다면, 부동산 세금 공부도 게을리해서는 안 된다.

027
계속해서 변하는 세금에 대응하는 법

세금은 살아 있는 생물이라고 한다. 그만큼 경제 환경은 물론, 다른 여러 요인에 의해 계속해서 변하기 때문이다. 가령 경기가 너무 활황이면 세금을 더 많이 거둬 시중의 유동성을 흡수하기도 하고, 그 반대의 상황이라면 세금을 면제하거나 덜 거둬 시장에 흐르는 자금을 더 늘리기도 한다.

특히 부동산에 있어 세금 정책은 '수요 억제'는 물론, '수요 촉진'의 효과가 있다. 예를 들어 투기 수요 억제를 위해 다주택자 취득세 중과, 다주택자 양도소득세 중과 등의 정책을 펼 수 있다. 반대로 집값이 하락하고 거래가 활성화되지 않을 경우 비과세 혹은 감면 혜택 등으로 이를 활성화시키기도 한다. 물론 정부 정책대로 집값이 움직이는 것은 아니다. 과거 문재인 정부 때는 30차례에 가까운 부동산 규제책을 내놓았지만 결과는 모두가 아는 대로다. 현재는 어떠한가? 지방 부동산 활성화를 위해 주택 수 제외 등 여러 혜택을 내놓고 있지만 시장의 반응은 그리 좋지 않다.

문제는 이렇게 세금이 자주 변하기에 그 내용을 모두 따라가기가 무척 힘들다는 것이다. 그렇다면 어떻게 하는 것이 좋을까? 최소한 다음 내용은 체크하도록 하자.

세금의 기본적인 틀을 먼저 잡아라

세법은 양이 방대하다. 그중에서도 주택을 중심으로 하는 부동산 세금은 범위는 작을지 몰라도 너무 자주 바뀌어 어렵다. 이 책은 내 집을 마련하는 데 있어 가장 기본적인 내용을 최대한 쉽게 작성하려고 노력했다. 따라서 세금 파트 부분을 여러 번 반복해 읽고 기본적인 틀을 잡아두길 바란다. 취득, 보유, 양도 단계에 어떤 세금이 적용되는지 이해하고, 매수하기 전 그리고 매도하기 전에 체크해야 할 사항을 미리 알아두면 실수를 방지할 수 있다.

매년 7월에 나오는 세법 개정안을 확인하라

정부는 보통 7월 말에 세법 개정안을 내놓는다. 1년에 최소 한 번은 세금이 바뀐다는 것인데, 일단 너무 놀라지는 말자. 앞서 강조한 기본적인 틀을 잡아두었다면 여기에 살만 붙이면 되니까.

다만 주의해야 할 것이 있는데, 정부가 발표한 세법 개정안이 시행되려면 관련 법을 개정해야 하므로 국회 동의가 필수다. 즉 7월에 세법 개정안이 나왔다고 해서 무조건 그 내용으로 개정되는 것은 아니므로 최종 개정 여부를 확인하고, 실제로 언제 시행되는지를 체크해야 한다.

또한 연초에는 시행령 개정안이 나오는데, 우리 법은 법, 시행령, 시행 규칙 등으로 구분할 수 있다. 이는 모든 내용을 법에 담아둘 수 없기에 보다 구체적이고 실무적인 내용은 하위 항목인 시행령, 시행 규칙 등에 위임한 것이다. 그런데 법 개정은 국회 동의가 필요한 반면, 시행령 개정은 국회 동의 없이 정부가 진행할 수 있다. 따라서 연초에 나오는 시행령 개정안은 특별한 이슈가 없는 한, 정부가 발표한 대로 진행될 가능성이 높다. 물론 최종 확인은 해야 한다.

시장 변화에 따라 바뀌는 추가 정책을 수시로 확인하라

이 부분이 우리를 가장 힘들게 하는데, 기껏 부동산 세금 체계를 잡고 이후 개정 사항을 힘들게 업데이트했는데 중간에 수시로 대책 등이 나온다면 그야말로 관련 법은 '누더기'가 된다. 실제로 과거 문재인 정부 때는 지나치게 잦은 개정으로 일반 국민은 물론, 세무사 등 전문가들조차 혀를 내두를 정도로 세법이 복잡하게 바뀌었다. 게다가 해당 내용 역시 시행령 개정 사항인지, 관련 법을 개정하고 국회 동의를 받아야 하는 사항인지 모두 체크해야 한다. 따라서 이런 경우에는 전문가의 도움을 받는 것이 효율적이다.

이 책에 나오는 세법은 2025년 7월 기준으로 작성했다. 이후 관련 내용이 개정되면 지속적으로 업데이트할 예정이다.

정리하면, 먼저 세법의 큰 틀을 잡고 이후 정기 세법 개정안을 참고하되, 수시로 발생할 수 있는 대책 등을 틈나는 대로 찾아보아야 한다. 하지만 말이 쉽지, 행동으로 옮기기란 결코 쉽지 않다. 따라서 우리는 이렇게 하는 것이 좋겠다. 일단 이 책에 나와 있는 내용을 최대한 반복해 읽어 숙달하도록 한다. 일종의 '뼈대 잡기' 과정이다.

해당 내용을 잘 알고 있다면 최대한 두 가지 면에서 이득이 된다. 첫째, 적어도 큰 실수는 하지 않게 된다. 큰 그림을 알고 있기에 '아, 여기에서는 이런 것을 조심해야 하지'라고 생각할 것이다. 둘째, 추후 세무사와 상담을 하거나 신고 대행을 맡길 때 일을 더 수월하게 처리할 수 있다. '아는 만큼 보인다'라는 말이 있다. 전문가와 상담하고 일을 맡길 때 관련 지식을 알고 있다면 그 효과는 배가 될 것이다. 계약서를 쓰기 전에는 이 책과 다음에 소개할 세테크 사이트를 통해 내용을 한 번 더 확인하자.

지금까지의 내용만 잘 기억해도 큰 사고를 방지할 수 있다. 나는 이 내용을 잘 몰라 거액의 세금을 납부하는 사람을 너무나도 많이 봐왔다. 잊지 말자. 계약서를 작성하는 순간 세금의 99%가 결정된다.

잠깐만요 알아두면 유용한 세테크 사이트

부동산 절세의 세계에 들어온 이상 공부하고 이것저것 찾아보는 노력을 게을리해서는 안 된다. 유용한 세테크 사이트를 소개하니 자주 들러 활용하도록 하자.

1. 홈택스(hometax.go.kr)

세금 신고부터 각종 자료 등 가장 기본이 되는 곳이다. 간단한 양도소득세 신고는 물론이고, 세금 모의 계산, 인터넷 상담에서 자주 묻는 사례까지 유용한 정보가 가득하다.

2. 국세청(nts.go.kr)

향후 바뀔 정책 등은 국세청 보도자료 메뉴를 참고하는 것이 좋다. 특히 '알림·소식' 메뉴의 '국세청 동영상' 그리고 '국민소통' 메뉴의 '국세청 100배 활용하기 가이드맵'을 통해 원하는 자료를 찾아 활용하면 매우 유용하다.

3. 국세법령정보시스템(taxlaw.nts.go.kr)

어느 정도 세법에 익숙해졌다면 이제는 조금 더 난이도를 높여 과세당국의 유권 해석과 판례 등을 찾아보자. 국세법령정보시스템은 관련 법령에서부터 사전 답변, 질의 회신 그리고 조세심판원 판례까지 모든 것을 망라하고 있다. 검색창에 원하는 주제를 입력하면 법령, 사전 답변, 질의 회신, 판례 등이 나오는데, 이 중 사전 답변은 구속력이 있기에 꽤 신뢰도가 높다.

4. 위택스(wetax.go.kr)

취득세, 재산세와 같은 지방세는 위택스를 살펴보면 유용하다. 계산 과정은 물론이고, 관련 자료가 가득하다. 서울에 있는 물건이라면 위택스를 활용하자.

5. 한국납세자연맹(koreatax.org)

납세자의 권익 보호를 위해 설립된 단체로, '연말정산 환급 많이 받는 방법' 등 무료 온라인 영상도 제공한다. 납세자에게 유용한 정보는 물론이고, 세법의 원리 및 놓치기 쉬운 정보를 제공해 무척이나 편리하다.

028
내 집 마련 시 꼭 챙겨야 하는 부동산 세금

"아니, 세금이 이렇게나 많이 나온다고요? 이럴 줄 알았으면 안 샀죠."
부동산 거래를 할 때 이렇게 말하는 사람이 생각보다 많다. 부동산을 매입할 때, 보유할 때, 매도할 때 각각 어떤 세금을 얼마나 내야 하는지 알아보자.

부동산을 살 때, 보유할 때 내는 세금

예를 들어 10억 원 상당의 아파트를 매입하는 데 들어가는 비용은 10억 원이 아니고 그보다 훨씬 많다. 이 중 가장 큰 비중을 차지하는 것은 취득세로, 이 경우 3,300만 원이 필요하다(매매가액의 3.3%, 전용 85㎡ 이하 가정). 여기에 부동산중개수수료, 소유권이전비용 등을 고려하면 10억 원 주택 매입 시 부대비용으로 최소 5,000만 원 이상은 추가로 필요하다.
여기에서 그치지 않는다. 주택을 보유하고 있다면 1년에 한 번씩 '보유세'라는 것을 부담해야 한다. 보유세는 재산세와 종합부동산세로 구분하는데, 매년 6월 1일 기준 부동산을 보유한 소유자를 그 대상으로 한다. 7월에는 건물분 재산세를, 9월에는 토지분 재산세를 부담해야 한다. 여기에 종합부동산세 과세 대상자에 해당한다면 이를 12월에 추가로 납부해야 한다.
참고로 시세 10억 원 상당의 공동주택을 보유하고 있다면 정부가 매년 정하는 공시가격이 7억 원 정도인데(이는 매년 4월에 확정되며 시세 반영 비율이 달라질 수 있다), 이 경우 재산세는 약 100만 원을 부담해야 하고(앞서 설명한 것처럼 7월과 9월에 나누어 낸다), 종합부동산세는 공시가격이 12억 원 이하이므로 과세 대상에 해당하지 않는다. 만약 주택 가격이 계속해서 상승하거나 다주택자 상태가 되어 종합부동산세 대상자에 해당한다면 12월에 이를 납부해야 한다.

세부담이 가장 큰 양도소득세

그렇다면 부동산 세금은 이걸로 끝나는 것일까? 그렇지 않다. 마지막으로 양도소득세가 있다. 이는 부동산 세금 중 가장 세부담이 크고 중요한 세금이라 할 수 있다.

양도소득세는 해당 주택에서 발생한 양도 차익에 대해 부담하는 세금이다. '소득이 있는 곳에 과세한다'라는 취지와 명확히 들어맞는 세금이라 할 수 있는데, 문제는 그 세부담이 상당하다는 것이다.

▼ 양도 차익에 따른 양도소득세 부담액(단독명의)

양도 차익	양도소득세
1억 원	20,553,500원
3억 원	102,421,000원
5억 원	190,366,000원
10억 원	421,311,000원
20억 원	916,228,500원

예를 들어 10억 원에 취득한 주택이 11억 원으로 올라 양도 차익이 1억 원이 되었다면, 이에 대해 발생하는 양도소득세는 약 2,000만 원이다. 물론 단독명의이고, 필요경비(취득 시 발생한 경비 중 세법에서 인정받는 경비라면 양도 차익을 줄여 양도소득세 절감 효과가 있다), 장기보유특별공제(3년 이상 보유하는 경우 연 2%, 최대 30%까지 양도 차익을 줄여주어 절세 효과가 있다)는 없다고 가정한 계산 결과다.

▼ 부동산 세금

구분	적용 세금	내용
취득 시	취득세	부동산을 취득하여 명의를 이전할 때 발생하는 세금으로, 명의를 이전할 때마다 세금이 발생한다.
보유 시	재산세, 종합부동산세	주택을 한 채만 보유해도 재산세가 부과되며, 종합부동산세는 일정 수준을 초과해야 부담하는 일종의 '부유세'다.
운영 시	소득세(혹은 법인세)	주택을 임대하고 그에 대한 소득이 발생하면 소득세(사업소득)가 발생한다. 이때 과세 대상 요건은 부부 합산 주택 수에 따라 모두 다르다. 명의를 법인으로 했다면 법인세가 발생한다.
양도 시	양도소득세(혹은 법인세)	주택 처분에 따른 양도 차익 발생 시 부과되는 세금이다. 비과세, 감면 같은 특례도 있지만 반대로 중과가 되기도 한다. 명의를 법인으로 했다면 법인세와 토지 등 양도 차익에 따른 추가 법인세도 붙는다.
상속 및 증여 시	상속세, 증여세	양도가 대가를 받고 명의를 넘기는 '유상 이전'이라면 상속 및 증여는 대가를 받지 않는 '무상 이전'이다. 살아생전에 하면 증여세, 사후에 하면 상속세가 발생하며 과세 대상, 과세 요건에 해당해야 한다.

부동산 투자 전 세금을 꼭 계산하라

집값이 계속해서 오른다면 기분은 좋아지겠지만 그에 따라 부담해야 하는 양도소득세도 함께 올라가기 때문에 이에 대한 자금 계획은 필수다. 예를 들어 10억 원 상당의 아파트를 세를 끼고 매수, 즉 갭투자를 했는데 보유하면서 발생한 임대료 증가분을 모두 올려 받아 추후 매각 시 양도가액과 전세보증금이 비슷하다고 가정해보자. 구체적으로, 집값이 5억 원 올라 양도가액은 15억 원, 전세가액은 13억 원으로 계속해서 올려 받았다면 이 경우 세금을 부담하고 나면 현금 흐름은 오히려 마이너스(-)가 될 수도 있다. 취득할 때 취득세, 보유할 때 보유세, 양도할 때 양도소득세를 부담하고, 마지막으로 전세보증금을 차감하면 오히려 남는 것이 없을 수도 있다는 이야기다.

이렇듯 부동산 세금을 준비하지 않고 내 집을 마련하거나 투자를 하면 뜻하지 않게 자금 계획이 틀어져 상당히 곤란한 상황에 처할 수 있다. 취득할 때 자금이 부족할 수도 있고, 과도한 투자로 보유세의 늪에서 허덕일 수도 있다. 마지막으로 해당 자산을 처분할 때 돌려줄 자금마저 없다면 얼마나 난감하겠는가.

하지만 너무 걱정할 필요는 없다. 미리 알고 대비한다면 이런 상황을 충분히 막을 수 있다.

뒤에서 자세히 살펴보겠지만 취득세는 '취득 순서'가 핵심이다. 어떤 물건을 어떤 순서로 매수하는지가 관건이다. 보유세 역시 매수할 때 한 번, 매도할 때 한 번 아끼는 방법이 있고, 명의 선정을 잘 해두면 이 역시 감당 가능한 수준으로 낮출 수 있다.

마지막 양도소득세가 가장 중요한데, 세금을 한 푼도 내지 않을 수 있는 '비과세' 전략이 가능하다. 비과세 혜택을 받으면 양도소득세를 하나도 내지 않거나 내더라도 소액만 부담하면 된다. 세금 자체를 줄이는 것도 중요하지만, 이를 통해 더 좋은 상급지로 이동할 수 있는 발판을 마련할 수 있으니 무조건 관심을 가져야 한다. 참고로 비과세 전략은 부동산 중에서도 주택이 유일하다.

잠깐만요 부동산 절세의 시작은 서류와 영수증 챙기기

우리나라의 전산화는 세계적으로도 높은 수준이지만 여전히 종이 서류, 영수증이 사용된다. 부동산 절세를 위해서는 이러한 자료를 꼭 챙겨두는 것이 좋다.

우선 주택을 거래할 때 부동산중개수수료를 현금으로 내는 경우가 있는데, 계좌이체 내역을 출력해 보관하자. 이때 종이만 보관하는 것보다는 스캔을 받아 파일로 보관하는 것이 좋다. 인테리어를 했다면 상세 견적서 역시 잘 보관하자. 추후 양도소득세 파트에서 설명하겠지만 자본적 지출(배관 공사, 확장 등 해당 주택의 내용연수를 연장시키거나 당해 자산의 가치를 증가시키기 위해 지출한 수선비 등)에 해당하는 항목은 양도소득세 필요경비로 인정받을 수 있다. 사업을 하고 있다면 종이로 발급된 세금계산서 역시 잘 보관해야 한다. 종이 원본은 물론이고, 최근에 많이 사용하는 클라우드 서비스 등에 파일을 업로드해두면 언제, 어디서든 편리하게 열람하고 자료를 보낼 수 있어 개인적으로는 이 방법을 선호한다.

029
계약서 작성 시 놓치면 안 되는 세 가지 절세 포인트

지금부터는 구체적인 계약 사례를 살펴보자. 사례가 워낙 다양하지만, 첫 계약 또는 내 집 마련에 집중해 살펴보도록 하겠다. 처음에는 어렵기도 하고 실수도 많이 하니 좀 더 신중히 살펴볼 필요가 있다. 이 책에서는 내 집 마련 시 부동산 세금과 관련해 꼭 체크해야 하는 세 가지를 제시하고자 한다.

> 1. 가급적이면 부부공동명의로 할 것
> 2. 소유권이전비용 견적서를 꼼꼼하게 체크할 것
> 3. 인테리어 영수증 챙기고 양도소득세를 미리 아낄 것

하나씩 살펴보자.

가급적이면 부부공동명의로 할 것

내 집 마련은 언제 가장 많이 고민할까? 모두 그런 것은 아니지만 일반적으로는 결혼을 하거나 자녀가 태어날 때다. 나 역시 자녀가 태어날 때 내 집을 마련했다. 요즘에는 결혼을 하면서 신혼집을 마련하거나 추후 거주할 집을 미리 사두는 사람 또는 재테크용으로 투자하는 사람이 많아졌다.
필요에 의한 투자이지만 고민이 늘 따라다닌다. 혼인 신고를 하면 동일 세대가 되고, 그러

다 보면 주택 수가 더해져 상대적으로 불리한 것이 아니냐고 묻는 사람들이 있다. 세법에서도 단순히 혼인일, 동거일이 아닌 '혼인신고일'을 기준으로 각자 보유한 주택을 합산하는데, 우리는 첫 번째 주택을 마련하는 경우를 가정하고 있으니 이런 이슈는 없다고 보고 살펴보도록 하자(입지, 대출까지 다루는 더 구체적인 내용은 앞에서 이미 상세히 알아보았다).

이런 경우라면 부부공동명의로 주택을 취득하는 것을 추천한다. 무엇보다 보유세, 양도소득세 측면에서 유리하다. 다만 취득세는 절세 효과가 없다. 하나씩 살펴보자.

먼저 취득세는 총액은 동일하고 각자 지분대로 나눠 내기에 절세 효과가 없다. 예를 들어 10억 원 상당의 주택을 취득하면 취득세율은 3.3%(전용면적 85㎡ 이하 가정)가 되어 3,300만 원을 부담해야 하는데, 부부공동명의 50:50 지분으로 하면 각각 1,650만 원을 부담하지만 총액은 변함이 없다.

하지만 보유세는 부부공동명의가 유리하다. 앞서 살펴본 것처럼 보유세는 재산세와 종합부동산세, 이렇게 두 가지가 있는데 재산세는 대략 100만 원을 부담해야 한다. 취득세처럼 각각 50만 원을 부담하지만 총액은 변함이 없다. 그렇지만 종합부동산세는 1주택자라면 부부공동명의가 절대적으로 유리하다. 더 유리한 방향으로 선택이 가능하기 때문이다.

구체적으로 살펴보면 다음과 같다. 종합부동산세의 경우 1세대 1주택 단독명의라면 해당 주택의 공시가격에서 기준시가 12억 원을 공제하고 공정시장가액비율을 적용한 후 다시 추가세액공제를 받을 수 있다. 추가세액공제란, 5년 이상 보유하거나(장기 보유) 60세 이상인 경우(고령자)를 의미하며, 부담해야 하는 종합부동산세의 80%까지 공제가 가능하다. 즉 부담해야 하는 종합부동산세가 1,000만 원인데 해당 요건을 모두 갖추면 1주택 단독명의인 경우 800만 원까지 종합부동산세가 차감되어 남은 200만 원만 부담하면 된다는 의미다.

그렇다면 부부공동명의는 어떻게 될까? 이때는 일단 1인당 기준시가 9억 원까지 공제가 되어 부부 합산 총 18억 원(시세로는 대략 25억 원 내외)을 공제받을 수 있다. 하지만 앞서 살펴본 것처럼 단독명의일 때 받을 수 있는 추가세액공제는 받을 수 없는데, 재미있는 것은 부부공동명의인 경우 매년 9월에 이러한 추가세액공제를 '특례'로 신청할 수 있다는 점이다. 즉 2025년에는 18억 원 공제가 유리하면 그대로 두면 되고, 시간이 흘러 가령 2030년에 단독명의처럼 12억 원 공제 및 최대 80%가 가능한 추가세액공제가 더 유리하다면 그

때 특례 신청을 하면 된다.

물론 자세한 내용은 보유자의 연령, 보유 기간, 해당 물건의 공시가격 등에 따라 모두 다르기에 사전 확인이 필요하다. 다만 국세청 보도자료에 의하면 1주택을 부부가 50:50으로 소유할 경우 추가세액공제를 받지 못한다면 부부 각각 납부, 즉 18억 원 공제가 유리하며 (아래 그림에서 하얀색 부분), 그 외의 경우라면 특례를 적용해 공제 금액 12억 원에 추가로 최대 80%의 세액공제를 받는 것이 세부담이 더 적다.

▼ 1주택을 부부가 50:50으로 공동 소유하는 경우 표준 세부담 비교표

공시가격 \ 세액공제율	0%	20%	30%	40%	50%	60%	70%	80%
12억~20억 5,000만 원								
20억 6,000만~25억 원								
25억 1,000만~32억 5,000만 원								
32억 6,000만~44억 1,000만 원								
44억 2,000만~61억 4,000만 원								
61억 5,000만~239억 7,000만 원								
239억 8,000만~447억 1,000만 원								
447억 2,000만 원~								

부부 각각 납부가 유리 (특례 미적용)

공동명의 1주택자 특례 적용이 유리

물론 이는 1주택이고 부부공동명의일 때만 가능하다. 반대로 단독명의라면 이러한 선택을 할 수 없고, 무조건 12억 원 공제 및 추가세액공제만 해당한다. 그러니 이왕이면 선택이 가능한 부부공동명의가 보유세에서는 유리하다.

부부공동명의가 유리한 또 하나의 이유는 양도소득세에 있다. 다음 표는 양도소득세의 공동명의 절세 효과를 따져본 것이다. 단, 필요경비와 장기보유특별공제는 없고 비과세가 아니라고 가정해 계산을 단순화했다. 표를 보면 알 수 있듯, 양도 차익이 1억 원이라고 가정하면 단독명의 대비 공동명의는 약 765만 원의 절세 효과가 있다(구체적인 양도소득세 계산법은 뒤에서 살펴보자).

이런 식으로 살펴보면 양도 차익이 3억 원인 경우에는 공동명의 절세 효과가 2,000만 원을 넘어서고, 10억 원이라면 약 4,000만 원 등으로 매우 커지게 된다. 따라서 부부라면 그리고 1주택이라면 가급적 부부공동명의를 통해 가장 큰 양도소득세를 줄이고, 추후 발생할 수 있는 세금 문제에서도 유리한 고지를 선점하는 것이 좋다.

▼ 양도소득세에 있어 공동명의 절세 효과(필요경비 및 장기보유특별공제 없다고 가정)

양도 차익	양도소득세		차액
	단독명의	공동명의	
1억 원	2,055만 3,500원	645만 1,500원 × 2인 = 1,290만 3,000원	약 765만 원
3억 원	1억 242만 1,000원	3,980만 3,500원 × 2인 = 7,960만 7,000원	약 2,281만 원
5억 원	1억 9,036만 6,000원	8,152만 1,000원 × 2인 = 1억 6,304만 2,000원	약 2,732만 원
10억 원	4억 2,131만 1,000원	1억 9,036만 6,000원 × 2인 = 3억 8,073만 2,000원	약 4,058만 원
20억 원	9억 1,622만 8,500원	4억 2,131만 1,000원 × 2인 = 8억 4,262만 2,000원	약 7,361만 원

잠깐만요 단독명의 주택을 공동명의로 바꾸면 절세 효과가 있을까?

그렇다면 단독명의로 취득한 주택을 지금이라도 부부공동명의로 바꿀 수 있을까? 결론부터 말하면, 할 수는 있지만 실익이 없다. 증여취득세가 발생하고 10년 이내 매각 시 오히려 손해가 발생하기 때문이다.

먼저, 자신이 보유한 지분 중 절반을 배우자에게 증여하는 것이므로 증여취득세 4%가 발생한다. 시세가 10억 원이라면 절반인 5억 원에 대해 4%인 2,000만 원을 부담해야 하는 것이다. 물론 "2,000만 원을 부담하더라도 절세 효과가 크면 공동명의로 바꾸는 것이 좋지 않나요?"라고 되물을 수 있다. 하지만 그게 다가 아니다. 우리 세법에서는 '이월과세'라고 해서 부동산을 배우자 등 특수관계자에게 증여하고 10년 이내에 매각하면 증여받았을 당시의 가액이 아닌 증여자가 취득했을 당시의 가액으로 양도소득세를 계산한다.

예를 들어 10억 원에 취득한 주택이 1년 뒤에 12억 원이 되었다고 가정하자. 이때 절반의 지분을 배우자에게 증여한다면 해당 지분의 취득가액은 6억 원이 된다. 다시 10년 이내인 5년 정도 후에 해당 주택을 16억 원에 매각한다면 증여를 받은 배우자의 양도소득세는 증여 취득가액인 6억 원이 아니라, 당초 취득가액인 5억 원(10억 원의 절반 지분)으로 계산하므로 절세 효과가 사라지게 된다. 즉 불필요한 거래비용만 늘어나게 되는 것이다.

따라서 절세 전략은 계약서 작성 전에 미리미리 세워둬야 한다. 사전 절세 전략이 중요한 이유다.

소유권이전비용 견적서를 꼼꼼하게 체크할 것

흔히 '법무사비용'이라고 일컫는 소유권이전비용도 잘 체크해야 한다. 처음 주택을 구매하게 되면 모든 것이 낯설어 놓치는 것이 많다.

그중 하나가 소유권이전비용이다. 이는 주택을 취득하면서 해당 주택의 등기사항전부증명서에 본인 이름으로 명의를 변경하는 절차에 필요한 비용을 의미한다. 최근에는 '셀프 등기'라고 해서 직접 하는 경우도 늘었는데, 처음이라 서툴기도 하고 들이는 시간 대비 효용 등을 생각한다면 법무사에게 의뢰하는 것이 좋다. 다만 이 과정에서 불필요하거나 과다한 금액을 청구받는 경우가 있다. 이를 잘 구분해야 비용을 아낄 수 있다.

소유권이전비용은 크게 공과금과 보수액으로 구분된다. 물론 양식은 모두 다르지만 큰 틀은 다음과 같다.

▼ 소유권이전비용 견적서 예시 1

	사건 명세	소유권이전	근저당설정	말소	합계	세금은 1.1%	
기준시가	335,000,000	대출금	-		잔금일		
매매대금	455,000,000	채권최고액	-		제출일		
공과금	취득세(등록면허세)	4,550,000	-		4,550,000	채권3%로 계산되었습니다.	
	지방교육세	455,000	-		455,000		
		-			-		
	농어촌특별세						
	소계	5,005,000	-	-	5,005,000		
	인지대	150,000			150,000		
	등기신청수수료	15,000			15,000		
	송달료	-			-		
	예납금						
	주택채권액	211,200			211,200		
	각종증명대	10,000			10,000		
	공증료		-		-	분양가	455,000,000
	원인증서작성	-			-	계약금	45,500,000
	부동산거래신고					대출금	-
	소계	386,200			386,200	신용	-
	합계	5,391,200		-	5,391,200	지원금	-
보수액	보수액	70,000			70,000	잔금	-
	누진액	90,000	-		90,000	합계	-
	일당	-			-		
	교통비	60,000					
		-					
					-		
	부가세	22,000					
	합계	242,000	-		242,000	계	-
총 계		5,633,200			5,633,200	총합계	5,633,200
				5,633,200	공과금+보수액		

이 중 공과금은 취득세, 지방교육세, 인지세 등 주로 부담해야 하는 세금 내역이 대부분이다. 보수액은 말 그대로 해당 업무를 진행해주는 대신 받는 일종의 수수료라고 생각하면 되는데, 예시 1에서는 보수액 7만 원, 교통비 6만 원이 전부라고 보면 된다. 물론 2017년 사례이긴 하지만, 불필요한 항목이 별로 없고 항목별로 과다 청구된 느낌은 없다.

▼ 소유권이전비용 견적서 예시 2

영수증

물건 소재지:
○○○귀하

사건명	소유권 이전		매매가	250,000,000	
보수액			공과금		
적요	금액	비용	적요	금액	비용
수수료	395,000		취득세	2,500,000	
			교육세	250,000	
누진료	0		농어촌특별세		
			인지/증지	173,000	
			채권및대행	137,500	
			원인증서 작성	40,000	
			취득세신고대행	35,000	
			제증명	35,000	
			열람및사후등본		
			부동산거래신고		
			교통비/일비	45,000	
부가가치세	39,500				
			공과금 합계	3,215,500	
등기비 합계		3,650,000			

그렇다면 예시 2는 어떨까? 매매가가 2억 5,000만 원이므로 취득세율은 1.1%인데 공과금에 채권 및 대행료 13만 7,500원, 원인증서 작성 4만 원, 취득세 신고 대행 3만 5,000원이 있고, '교통비/일비'라고 해서 4만 5,000원이 또 있다. 즉 보수액 성격에 가까운 항목이 공과금에 있는데, 그것도 모자라 왼쪽 보수액에 '수수료'라는 명목으로 39만 5,000원이 기재되어 있다.

개인적으로 중복 항목이 많고 항목 자체에 대한 금액도 적지 않다고 판단된다. 물론 이는 정답이 없고, 개별 사례마다 사연이 존재해 그에 따라 요금이 청구될 수도 있을 것이다. 다만 중복 항목은 없는지(명칭이 다르더라도 실질이 같은 경우), 중복 항목이 없더라도 특정 항목에 과다하게 청구된 것은 없는지 등을 잘 체크해야 한다.

물론 '과다'하다는 기준은 상황마다 다르고, 시간이 지나 물가 상승 및 인건비 상승 등을 고려할 때 일률적으로 말하기는 힘들다. 따라서 이를 비교하려면 동일 물건에 대해 '복수 견적'을 받는 것을 추천한다. 즉 소유권 이전을 하려는 물건에 대해 최소 2곳 이상에서 견적을 받고 비교해보면 적정치를 확인할 수 있을 것이다.

인테리어 영수증 챙기고 양도소득세를 미리 아낄 것

마지막으로 챙겨야 하는 항목은 바로 인테리어 영수증이다. 주택을 취득하고 실거주를 할 때 인테리어를 하는 경우가 많은데, 그 비용이 상당하다. 그런데 인테리어비용만 잘 챙겨도 추후 발생할 양도소득세를 줄일 수 있다면 꽤 괜찮은 절세법이 아닐까?

양도소득세 계산 과정을 통해 알 수 있듯, 양도소득세는 양도가액에서 취득가액을 차감하고 여기에서 다시 필요경비를 차감해 양도 차익을 도출하는데, 이때 필요경비에 인테리어 비용이 포함된다. 당연한 말이지만 공제 금액이 커질수록 양도 차익이 줄어들고, 그 결과 양도소득세 부담이 줄어든다. 따라서 필요경비 금액을 최대한 많이 받는 것이 양도소득세 절세를 위한 지름길이라 할 수 있다.

▼ 양도소득세 계산 과정

양도가액 (-)취득가액 (-)필요경비	양도가액에서 취득가액 및 기타 필요경비를 공제해 양도 차익을 계산한다.
=양도 차익 (-)장기보유공제	양도 차익에서 장기보유특별공제액을 공제해 양도소득액을 계산한다.
=양도소득공제 (-)기본공제	양도소득액에서 양도소득 기본공제를 해 양도소득 과세표준을 계산한다.
=과세표준 ×세율	양도소득 과세표준에 양도소득세율을 적용해 산출세액을 계산한다.
=산출세액	

이때 필요경비에는 크게 세 가지 정도가 있는데, ① 취득세, ② 법무사, 세무사, 공인중개사 등 각종 수수료, ③ 인테리어 자본적 지출액이 바로 그것이다.

① 취득세는 취득원가를 구성함으로써 양도 차익을 줄여준다. 가령 매매가 10억 원의 주택을 취득할 때 3%의 취득세, 즉 3,000만 원을 부담했다면 취득가액은 10억 3,000만 원이 되어 추후 양도가 15억 원에 매각 시 양도 차익은 4억 7,000만 원이 된다. 반면 취득세 중과에 해당해 12%의 취득세, 즉 1억 2,000만 원을 부담했다면 취득원가는 11억 2,000만 원이 되고, 역시 15억 원에 양도를 하더라도 양도 차익은 3억 8,000만 원으로 줄어든다. 그렇다고 해서 추가로 부담한 취득세를 모두 돌려받는 것은 아니므로 취득세 중과는 꼭 필요한 경우가 아니라면 피하는 것이 좋다.

② 각종 수수료는 현금영수증 발행 등을 통해 증빙을 갖춰두면 된다. 특히 중개수수료의 경우 취득과 양도 시 중개 건에 대해서만 인정이 되며, 도중에 전세나 월세로 임대를 주면서 부담하는 중개수수료는 양도소득세 필요경비로 인정받을 수 없으니 유의하자.

③ 인테리어 자본적 지출은 모두 인정되는 것은 아니고 새시 설치, 발코니 확장, 보일러 교체, 배관 공사, 시스템에어컨 설치 등 해당 자산의 가치를 올리고 내용연수를 늘리는 항목만 인정된다. 즉 도배, 장판, 페인트칠, 씽크대 교체, 욕실 공사 등은 수익적 지출이라고 하여 양도소득세 필요경비로 인정받지 않으니 유의해야 한다. 따라서 인테리어 비용은 카드결제 혹은 현금영수증 등으로 적격증빙을 갖춰놓고, 추후 해당 주택을 양도할 때 관련 필요경비로 첨부하도록 한다.

▼ 양도소득세 필요경비 인정·불인정 항목들

인정	불인정
• 취득세 등 • 각종 수수료(법무사, 세무사, 공인중개사 등) • 새시 설치비 • 발코니 개조비(확장비 포함) • 난방시설(보일러) 교체비(수리 ×) • 상하수도 배관 공사비 • 자산을 양도하는 데 있어 직접 지출한 계약서 작성비, 소개비, 양도소득세 신고서 작성비 • 자산 취득 과정에서 발생한 소송비	• 도배, 장판 교체비 • 보일러 수리비 • 싱크대, 주방기구 구입비 • 페인트, 방수공사비 • 대출금 지급이자 • 경매 취득 시 명도비 • 매매 계약 해약으로 인한 위약금 • 기타 각종 소모성 경비

지금까지 집을 매수할 때 꼭 챙겨야 할 세 가지 절세 포인트를 살펴보았다. 관련 항목들은 계약서를 작성하기 전부터 잘 챙겨야 한다. 나중에 해당 주택을 매각하면서 '양도소득세를 줄여야 하니 공동명의로 해볼까?'라고 생각하면 늦는다. 이래서 사전 절세 전략이 매우 중요한 것이다.

030

부동산 투자 단계별 절세 포인트 체크하기

부동산을 매수하기 전부터 부동산 세금에 대해 잘 알아두어야 한다는 사실을 깨달았을 것이다. 지금부터는 한 걸음 더 나아가 단계별 절세 포인트를 알아보자.

▼ 단계별 절세 포인트

취득 단계	보유 단계	양도 단계
• 소유권이전비용 • 취득 순서에 따른 취득세 중과 피하기 • 명의 선정 • 자금 출처 대비	• 과세기준일 6월 1일 활용(매수/매도 시) • 종합부동산세 대비	• 매도 순서에 따른 양도소득세 절세 • 비과세 전략 • 성공적인 갈아타기

취득 단계에서의 절세 포인트

취득 단계에서는 앞서 살펴본 것처럼 소유권이전비용, 취득 순서에 따른 취득세 중과 피하기, 명의 선정 그리고 자금 출처에 대비해야 한다. 소유권이전비용과 명의 선정은 앞에서 살펴보았고, 남은 2개를 살펴보자.

먼저 '취득 순서에 따른 취득세 중과 피하기'인데, 결론부터 말하면, '가급적이면 좋은 물건을 먼저 구매하고 1채 정도만 더 구매한다'가 답이다.

▼ 현행 취득세율

주택	구분	취득가액		취득세율	농어촌특별세 (전용면적 85m² 초과만)	지방교육세
1주택	6억 원 이하			1%	0.2%	0.1%
	6억 원 초과~9억 원 이하			(취득가액×2/3억 원-3)×1/100		취득세의 1/10
	9억 원 초과			3%		0.3%
2주택	조정대상지역			8%	0.6%	0.4%
	조정대상지역 외	6억 원 이하		1%	0.2%	0.1%
		6억 원 초과~9억 원 이하		(취득가액×2/3억 원-3)×1/100		취득세의 1/10
		9억 원 초과		3%		0.3%
3주택	조정대상지역			12%	1%	0.4%
	조정대상지역 외			8%	0.6%	0.4%
4주택 이상	조정대상지역			12%	1%	0.4%
	조정대상지역 외			12%	0.6%	0.4%

표를 통해 알 수 있듯, 개인명의로 주택 취득 시 1주택은 규제지역 여부와 무관하게 1~3% 기본세율이 적용된다(농어촌특별세, 지방교육세가 추가되지만 편의상 생략. 이하 동일).

그런데 2주택자가 되면 규제지역인 조정대상지역 주택을 취득하는 경우 8%의 취득세율이 적용되기에 이에 대한 유불리를 잘 따져야 한다. 물론 종전주택을 3년 이내에 처분하면 두 번째로 취득한 조정대상지역 주택 역시 1~3% 기본세율 적용이 가능하다. 하지만 이보다 더 좋은 방법은 1번 주택을 조정대상지역에서 취득하고, 이후 2번 주택을 비조정대상지역에서 취득하는 것이다. 이렇게 하면 두 채 모두 취득세 기본세율 적용이 가능하다.

하지만 대부분의 사람은 이렇게 하는 것보다 '그냥 좋은 것 하나로 끝내자'라고 생각한다. 취득세율도 1~3%로 낮고, 관리도 편하고, 추후 발생할 수 있는 세금 규제에서도 상대적으로 유리하기 때문이다. 이렇게 보면 취득세 중과가 현재 주택시장 양극화의 원인 중 하나라고 볼 수도 있다.

다음은 '자금 출처 대비'인데, 현재 비규제지역은 6억 원 이상인 경우, 규제지역은 금액 상관없이 주택취득자금 조달 및 입주계획서(이하 '자금조달계획서')를 제출해야 한다. 자금조달계획서는 '자기자금'과 '차입금 등'으로 구분되며, 가령 10억 원 주택 취득 시 자기자금

▼ 주택취득자금 조달 및 입주계획서

■ 부동산 거래신고 등에 관한 법률 시행규칙 [별지 제1호의3서식] <개정 2022. 2. 28.> 부동산거래관리시스템(rtms.molit.go.kr)에서도 신청할 수 있습니다.

주택취득자금 조달 및 입주계획서

※ 색상이 어두운 난은 신청인이 적지 않으며, [ ]에는 해당되는 곳에 √표시를 합니다. (앞쪽)

접수번호		접수일시		처리기간	
제출인 (매수인)	성명(법인명)		주민등록번호(법인 · 외국인등록번호)		
	주소(법인소재지)		(휴대)전화번호		

① 자금조달계획	자기자금	② 금융기관 예금액	원	③ 주식 · 채권 매각대금	원
		④ 증여 · 상속	원	⑤ 현금 등 그 밖의 자금	원
		[ ] 부부 [ ] 직계존비속(관계:) [ ] 그 밖의 관계( )		[ ] 보유 현금 [ ] 그 밖의 자산(종류:)	
		⑥ 부동산 처분대금 등	원	⑦ 소계	원
	차입금 등	⑧ 금융기관 대출액 합계	주택담보대출		원
			신용대출		원
			그 밖의 대출		원
			원	(대출 종류:)	
		기존 주택 보유 여부 (주택담보대출이 있는 경우만 기재) [ ] 미보유 [ ] 보유 (건)			
		⑨ 임대보증금	원	⑩ 회사지원금 · 사채	원
		⑪ 그 밖의 차입금	원	⑫ 소계	
		[ ] 부부 [ ] 직계존비속(관계:) [ ] 그 밖의 관계( )			원
⑬ 합계					원

⑭ 조달자금 지급방식	총 거래금액	원
	⑮ 계좌이체 금액	원
	보증금 · 대출 승계 금액	원
	$" 현금 및 그 밖의 지급방식 금액	원
	지급 사유 ( )	
%" 입주 계획	[ ] 본인입주 [ ] 본인 외 가족입주 (입주 예정 시기: 년 월)	[ ] 임대 (전 · 월세)	[ ] 그 밖의 경우 (재건축 등)

「부동산 거래신고 등에 관한 법률 시행령」 별표 1 제2호나목, 같은 표 제3호가목 전단, 같은 호 나목 및 같은 법 시행규칙 제2조제6항·제7항·제9항·제10항에 따라 위와 같이 주택취득자금 조달 및 입주계획서를 제출합니다.

년 월 일

제출인 (서명 또는 인)

시장 · 군수 · 구청장 귀하

유의사항

1. 제출하신 주택취득자금 조달 및 입주계획서는 국세청 등 관계기관에 통보되어, 신고내역 조사 및 관련 세법에 따른 조사 시 참고 자료로 활용됩니다.
2. 주택취득자금 조달 및 입주계획서(첨부서류 제출대상인 경우 첨부서류를 포함합니다)를 계약체결일부터 30일 이내에 제출하지 않거나 거짓으로 작성하는 경우 「부동산 거래신고 등에 관한 법률」 제28조제2항 또는 제3항에 따라 과태료가 부과되오니 유의하시기 바랍니다.
3. 이 서식은 부동산거래계약 신고서 접수 전에는 제출이 불가하오니 별도 제출하는 경우에는 미리 부동산거래계약 신고서의 제출여부를 신고서 제출자 또는 신고관청에 확인하시기 바랍니다.

210mm×297mm[백상지(80g/㎡) 또는 중질지(80g/㎡)]

이 4억 원, 차입금 등이 6억 원이라면 각 항목에 맞춰 이를 작성해야 한다. 자기자금 4억 원을 ② 금융기관 예금액 3억 원, ④ 증여·상속 1억 원(부모로부터 증여받은 경우 '직계존비속' 체크)과 같이 기재하고, 차입금 6억 원을 ⑧ 금융기관 대출액 합계에 주택담보대출 5억 원, 신용대출 1억 원과 같이 기재한 후 총합을 맞추면 된다.

참고로 규제지역의 경우 관련 증빙 자료를 첨부해야 할 수 있으니 유의해야 하며, 자금 출처를 소명할 때는 증여 혹은 상속 신고를 하거나 금융기관 대출을 적절하게 활용하는 것이 더 유리하다.

보유 단계에서의 절세 포인트

이제 보유 단계에서 주의해야 할 사항을 살펴보자. 보유세는 재산세와 종합부동산세로 나뉘는데, 과세기준일이 매년 6월 1일이기에 이를 활용하면 매수할 때 한 번, 매도할 때 한 번 절세가 가능하다.

▼ 보유세 과세기준일 활용법

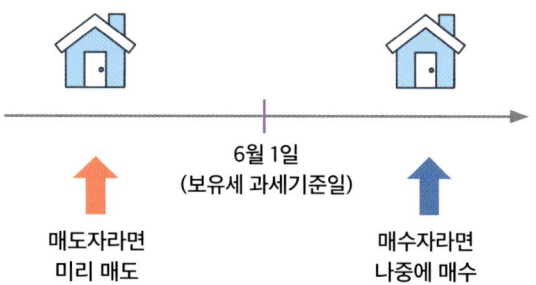

예를 들어 매도자라면 6월 1일이 되기 전에 매도 잔금을 치르면 당해 보유세를 피할 수 있다. 참고로 주택의 취득과 매도기준일은 계약일이 아닌 잔금일이다. 반대로 매수자라면 6월 1일을 넘겨서 매수 잔금을 치르는 것이 보유세를 아끼는 길이다. 이후 매도할 때는 반대로 한다.

다만 거래를 하다 보면 보유세가 중요하지 않은 경우도 종종 발생한다. 가령 매수자가 없어 오랫 동안 거래가 되지 않은 상태에서 매수자가 나타났다면 이걸 따지고 있을 겨를이 없다. 그러니 이에 대해서는 상황에 맞게 유연하게 대처하되, 활용할 수 있다면 일종의 보너스라고 생각하자.

양도 단계에서의 절세 포인트

이제 마지막 양도 단계를 살펴보자. 보유하고 있는 부동산 가격이 올라가면 양도 차익이 발생하고, 이에 대해서는 양도소득세를 부담해야 한다. 앞서 설명했듯, 양도소득세는 양도 차익에 따라 계속해서 커지는데, 현행 세법은 '초과누진세율'이라 차익이 커질수록 더 커지는 구조다.

참고로 주택양도소득세율은 1년 미만 보유하는 경우에는 70%를, 1년 이상~2년 미만 보유하는 경우에는 60%를, 2년 이상 보유하는 경우에는 기본세율 6~45%를 적용한다. 따라서 최소 2년 이상은 보유한 상태에서 매각하는 것이 양도소득세 절세 측면에서 유리하다.

▼ 양도소득세 기본세율(2년 이상 보유하는 경우)

과세표준	세율	속산표
1,400만 원 이하	6%	과세표준×6%
1,400만 원 초과~5,000만 원 이하	15%	과세표준×15%−126만 원
5,000만 원 초과~8,800만 원 이하	24%	과세표준×24%−576만 원
8,800만 원 초과~1억 5,000만 원 이하	35%	과세표준×35%−1,544만 원
1억 5,000만 원 초과~3억 원 이하	38%	과세표준×38%−1,994만 원
3억 원 초과~5억 원 이하	40%	과세표준×40%−2,594만 원
5억 원 초과~10억 원 이하	42%	과세표준×42%−3,594만 원
10억 원 초과	45%	과세표준×45%−6,540만 원

양도소득세를 구하기 위해서는 양도 차익에서 장기보유특별공제(3년 이상 보유하는 경우 연 2% 적용, 최대 30%)와 기본공제 250만 원을 차감하면 양도소득세 '과세표준'이 도출되는데, 여기에 해당 세율을 적용하면 세금이 나온다. 그렇다면 양도소득세 과세표준이 3,000만 원이라고 가정한다면 적용되는 세율이 15%이므로 최종 부담해야 하는 양도소득세는 450만 원(과세표준 3,000만 원×15%)이 되는 걸까? 그렇지 않다. 다시 여기에서 126만 원을 차감하면 324만 원이라는 숫자가 나오는데 이게 바로 제대로 된 양도소득세이고, 이는 앞의 속산표를 참고하면 된다. 이제 왜 이렇게 계산해야 하는지 이해해보도록 하자.

▼ 초과누진세율에 대한 이해

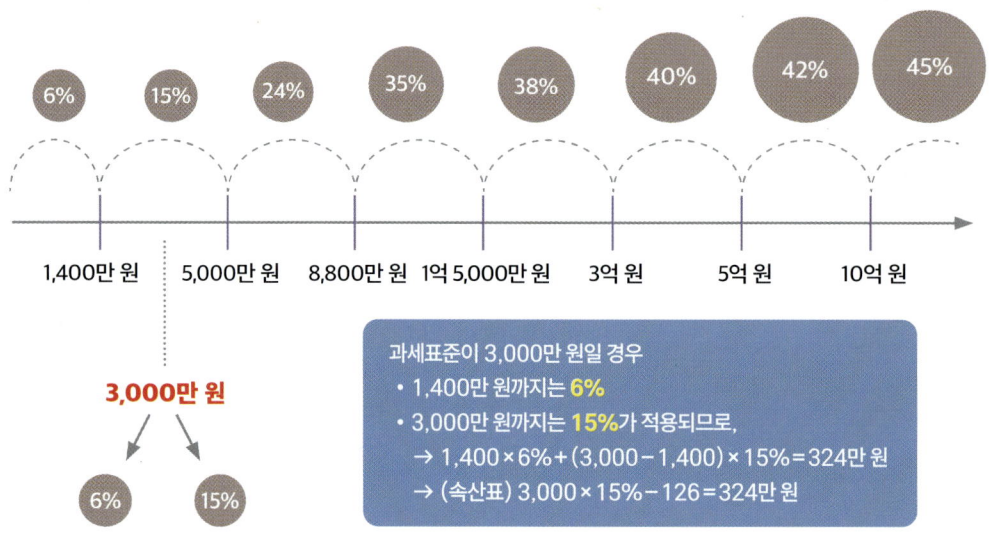

위 그림은 양도소득세 기본세율을 도표로 나타낸 것이라고 보면 된다. 즉 과세표준이 3,000만 원이라면 1,400만 원까지는 6%의 세율이 적용되고, 1,400만 원 초과분부터 3,000만 원까지는 15% 세율이 적용된다. 따라서 산식으로 표현하면 1,400×6%+(3,000-1,400)×15%=324만 원이 된다. 그런데 이걸 매번 나눠서 계산하기가 불편하므로 속산표를 만들어 3,000×15%-126=324만 원, 이렇게 한 번에 계산할 수 있도록 한 것이다.

이렇게 본다면 양도소득세 과세표준이 1억 원이면 1,956만 원, 3억 원이면 9,406만 원,

5억 원이면 1억 7,406만 원, 10억 원이면 3억 8,406만 원으로 세부담이 크게 늘어난다. 이쯤 되면, '세금이 너무 많이 나오는데? 이걸 팔고 더 좋은 곳으로 갈아탈 수 있을까?' 하는 생각이 들 것이다. 하지만 이런 걱정을 말끔히 없앨 수 있는 아주 좋은 방법이 있다. 바로 '양도소득세 비과세'다. 즉 양도소득세 비과세 혜택을 받으면 내야 하는 양도소득세를 한 푼도 내지 않을 수 있다(양도가액 12억 원 초과인 고가주택 비과세는 일부 발생). 이에 대해서는 뒤에서 자세히 설명할 것이다.

031

집값이 올랐다면 양도소득세를 고민하라

지금까지 부동산 단계별 세금에 대해 살펴보았다. 처음 취득하면 취득세를, 보유하면 1년에 한 번씩 보유세를, 최종적으로 매각하면 양도 차익에 대해 양도소득세를 부담해야 한다. 이 중 부담이 가장 큰 양도소득세에 대해 좀 더 자세히 알아보고, 이를 줄일 수 있는 방법을 살펴보자.

실전! 양도소득세 줄이기

양도소득세를 한 푼도 내지 않는 비과세 방법은 아주 예외적인 경우에만 해당하므로 이에 대해서는 다음에 자세히 다루기로 하고, 여기에서는 일반적인 경우 양도소득세 세부담을 살펴보자.

먼저 집값이 오르면 그에 대한 세금은 얼마를 내야 할까? 양도 차익이 1억 원이라면 2,000만 원, 3억 원이라면 1억 원, 5억 원이라면 1억 6,000만 원, 10억 원이라면 3억 원 정도라고 외워두자. 물론 이건 아주 대략적으로 계산한 것이고, 이 결과는 다른 여러 요소에 의해 변할 수 있다. 그 요소란 크게 세 가지, ① 공동명의, ② 장기보유특별공제, ③ 필요경비다. 양도소득세 계산 과정을 보면서 하나씩 살펴보자.

▼ 단독명의와 공동명의 양도소득세 차이

구분	일반과세(단독명의)	일반과세(공동명의)
양도가액	8억 3,000만 원	
(-)취득가액	3억 3,000만 원	
(-)필요경비	없다고 가정	
양도 차익	5억 원	
(-)장기보유특별공제	18%(9년 보유)	
양도소득액	4억 1,000만 원	4억 1,000만 원×0.5=2억 500만 원
(-)기본공제	250만 원	250만 원
=과세표준	4억 750만 원	2억 250만 원
세율	40%	38%
누진공제	2,594만 원	1,994만 원
산출세액	1억 3,706만 원	5,701만 원
총부담세액(지방소득세 포함)	1억 5,076만 6,000원	6,271만 1,000원

양도소득세는 표의 맨 좌측 양도가액부터 최종 순으로 계산할 수 있다. 즉 양도가액에서 취득가액과 필요경비를 차감하면 양도 차익이 나오고, 여기에서 장기보유특별공제를 차감하면 양도소득액이 나오며, 마지막으로 기본공제 250만 원을 차감하면 양도소득세 과세표준이 된다. 이후 세율을 적용하는데, 여기서부터는 기계적인 계산만 하면 되니 그 앞 단계가 중요하다.

위 표를 보면 단독명의인데 양도가액은 8억 3,000만 원, 취득가액은 3억 3,000만 원(편의상 인테리어비용 같은 필요경비는 없다고 가정한다. 원래대로라면 최소 취득세 정도는 넣어줘야 한다)이다. 그 결과 양도 차익은 5억 원이 나오는데, 이제 장기보유특별공제 18%를 적용해보자. 참고로 장기보유특별공제는 3년 이상 보유한 경우에 적용 가능하며 1년에 2%씩, 최대 30%가 가능하다. 즉 15년 이상 보유하면 최대 30% 장기보유특별공제를 받을 수 있다.

장기보유특별공제 18%는 양도 차익을 기준으로 한다. 즉 양도 차익 5억 원에 대한 18%이므로 이는 곧 9,000만 원이 되고, 양도 차익에서 장기보유특별공제 9,000만 원을 차감하면 양도소득액은 4억 1,000만 원이 된다. 이제 여기에서 기본공제 250만 원을 차감하면 최종적으로 과세표준 4억 750만 원이 도출된다. 참고로 기본공제 250만 원은 특별한 조건 없이 매년 제공되는 값이다.

이제 과세표준이 도출되었으니 세율을 적용해보자. 세율과 이에 대한 적용법은 이미 앞에서 살펴보았다. 과세표준이 4억 750만 원인 경우에는 40% 세율이 적용되고 누진 공제 금액은 2,594만 원이 되므로, 그 결과 1억 3,706만 원이 나온다. 이게 양도소득세이고, 여기에 지방소득세 10%를 더하면 총부담세액은 1억 5,076만 6,000원이 나오게 되는 것이다. 앞서 양도 차익이 5억 원 정도라면 이에 대한 양도소득세는 대략 1억 6,000만 원이 나온다고 했다. 이는 필요경비, 장기보유특별공제 정도에 따라 다른데, 이 사례에서도 비슷하게 나왔다.

그렇다면 공동명의라면 양도소득세가 어떻게 달라질까? 공동명의인 경우 각자 보유한 지분별로 따로 계산해 세금을 신고·납부하면 되는데, 50:50이라고 가정한다면 한 명에 대해 계산하면 될 것이다. 따라서 양도소득액에서 지분별로 나눈 다음 기본공제를 적용하면 해당 과세표준은 2억 250만 원이 도출된다.

이제 여기에 해당하는 세율을 찾으면 되는데, 표를 보면 알 수 있듯 세율이 38%로 낮아진다. 계속해서 계산해보면 양도소득세는 5,701만 원이 나오고, 지방소득세까지 포함하면 6,271만 1,000원이 나온다. 이건 한 사람의 몫이고, 두 사람의 총합을 구해보면 2배인 1억 2,542만 2,000원이 나온다. 이는 단독명의 1억 5,076만 6,000원보다 2,534만 4,000원 저렴한 결과다.

이렇듯 공동명의를 하면 양도소득세를 꽤 크게 줄일 수 있고, 양도 차익이 커질수록 절세 효과 역시 커진다.

필요경비와 장기보유특별공제 역시 그 정도에 따라 양도소득세값이 줄어들 수 있다. 따라서 매수할 때부터 필요경비 증빙 서류를 잘 갖추고, 특별한 경우가 아니라면 오래 보유함으로써 장기보유특별공제를 활용한 절세 전략을 가져가는 것이 양도소득세 절세의 지름길이다.

무작정 따라하기

단독명의 vs. 공동명의에 따른 양도소득세 계산 예시

양도소득세는 상황에 따라 계산하는 방법이 다르다. 우선 명의가 단독명의인지 혹은 공동명의인지에 따라 다르고, 공동명의라 하더라도 지분이 어느 정도 되는지에 따라 다르다. 여기에 필요경비, 장기보유특별공제 등에 따라서도 다르니 다음 예시를 통해 어느 정도 절세 효과가 있는지 살펴보자.

▼ 필요경비에 따른 양도소득세 차이

구분	사례 1	사례 2	사례 3
양도가액	20억 원	20억 원	20억 원
(-)취득가액	10억 원	10억 원	10억 원
(-)필요경비	5,000만 원	1억 원	2억 원
양도 차익	9억 5,000만 원	9억 원	8억 원
(-)장기보유특별공제	없다고 가정	없다고 가정	없다고 가정
양도소득액	9억 5,000만 원	9억 원	8억 원
(-)기본공제	250만 원	250만 원	250만 원
=과세표준	9억 4,750만 원	8억 9,750만 원	7억 9,750만 원
세율	42%	42%	42%
누진공제	(-)3,594만 원	(-)3,594만 원	(-)3,594만 원
양도소득세	3억 6,201만 원	3억 4,010만 원	2억 9,901만 원
총부담세액(지방소득세 포함)	3억 9,821만 1,000원	3억 7,511만 1,000원	3억 2,891만 1,000원

취득가액은 10억 원, 양도가액은 20억 원 그리고 장기보유특별공제는 없다고 가정한다. 이때 필요경비는 사례 1부터 3까지 각각 5,000만 원, 1억 원, 2억 원으로 다르게 책정했다. 그 결과 총부담세액(지방소득세 포함)은 사례 1은 3억 9,821만 1,000원, 사례 2는 3억 7,511만 1,000원, 사례 3은 3억 2,891만 1,000원으로, 필요경비가 많을수록 양도소득세 부담액이 줄어든다.

이는 양도 차익을 차감하고 그 결과 양도소득세 과세표준이 낮아지기 때문이다. 여기에서 재미있는 건 양도소득세 '차액'이다. 예를 들어 사례 2의 총부담세액은 3억 7,511만 1,000원, 사례 3의 총부담세액은 3억 2,891만

1,000원인데, 이 둘의 차액은 4,620만 원이다. 그렇다면 이 숫자는 어디에서 나온 것일까? 바로 둘 간의 필요경비 차액 1억 원과 여기에 적용되는 세율 42% 그리고 지방소득세를 더한 46.2%를 적용한 금액이다.

즉 필요경비가 많아지면 양도소득세가 줄어드는데, 사례 3은 사례 2보다 필요경비가 1억 원이 더 많기에 과세표준도 그만큼 줄어든다. 하지만 1억 원 전체가 양도소득세 절세액이 되는 것은 아니고, 이때 적용되는 세율 42%, 즉 1억 원×42%=4,200만 원만큼 절세가 되는 것이다. 여기에 지방소득세 10%를 가산하면 총차액은 4,620만 원이 도출된다.

▼ 장기보유특별공제에 따른 양도소득세 차이

구분	사례 1	사례 2	사례 3
양도가액	20억 원	20억 원	20억 원
(-)취득가액	10억 원	10억 원	10억 원
(-)필요경비	1억 원	1억 원	1억 원
양도 차익	9억 원	9억 원	9억 원
(-)장기보유특별공제	6%(3년 보유)	20%(10년 보유)	30%(15년 보유)
양도소득액	8억 4,600만 원	7억 2,000만 원	6억 3,000만 원
(-)기본공제	250만 원	250만 원	250만 원
=과세표준	8억 4,350만 원	7억 1,750만 원	6억 2,750만 원
세율	42%	42%	42%
누진공제	(-)3,594만 원	(-)3,594만 원	(-)3,594만 원
양도소득세	3억 1,830만 원	2억 6,541만 원	2억 2,2761만 원
총부담세액(지방소득세 포함)	3억 5,016만 3,000원	2억 9,195만 1,000원	2억 5,037만 1,000원

이번에는 장기보유특별공제에 따른 양도소득세 절세액 차이를 살펴보자. 취득가액은 10억 원, 양도가액은 20억 원, 필요경비는 1억 원으로 동일하다. 이때 사례 1은 3년 보유이므로 6%, 사례 2는 10년 보유이므로 20%, 사례 3은 15년 보유이므로 최대 30%로 가정했다.

그 결과 총부담세액(지방소득세 포함)은 사례 1은 3억 5,016만 3,000원, 사례 2는 2억 9,195만 1,000원, 사례 3은 2억 5,037만 1,000원으로, 장기보유특별공제가 많을수록 양도소득세 부담액이 줄어든다. 다만 사례 1은 3년 보유인데 양도가액이 20억 원이고, 사례 3은 12년을 더 기다려 15년을 보유했음에도 양도가액이 동일하게 20억 원이며, 그로 인한 양도소득세 절세액은 약 1억 원이다. 이런 경우에는 차라리 조기 매각 후 다른 주택으로 갈아타는 것도 방법이다.

032

세금 한 푼 안 내는 양도소득세 비과세

집값이 오르면 당연히 좋다. 하지만 매도 시 양도 차익에 대한 양도소득세를 부담해야 하는데, 이는 두 가지 문제를 초래할 수 있다. 첫 번째는 양도소득세 그 자체가 큰 부담이고, 두 번째는 막상 세금을 내고 나면 다른 집으로 갈아타기가 힘들 수 있다는 점이다.

예를 들어 5억 원에 취득한 집을 5년 정도 보유하다 8억 원에 매각하고 10억 원 하는 집으로 이사를 간다고 가정해보자. 2억 원만 더 보태면 된다고 생각하겠지만 그렇지 않을 수도 있다. 즉 양도 차익 3억 원에 대해 양도소득세 1억 원을 부담하고 나면 7억 원이 남고, 10억 원 하는 집을 취득하려 한다면 2억 원이 아닌 3억 원이 필요할 수 있다는 말이다.

이에 대해 우리 세법은 '비과세'라는 아주 특별한 혜택을 제공함으로써 원활한 거주 이전의 자유를 지원한다. 즉 일정 요건을 갖추면 집값이 얼마가 오르더라도 세금을 내지 않아도 되는 아주 큰 혜택을 주는 것이다.

비과세 혜택의 조건과 효과

비과세는 말 그대로 '과세하지 아니한다'라는 뜻으로, 과세당국이 과세할 수 있는 권리를 포기하는 아주 이례적인 경우다. 따라서 발생하는 세금도 없고, 세금을 신고하지 않아도 된다. 다만 양도가액이 12억 원을 초과하는 경우에는 '고가주택 비과세'라고 하여 12억 원 초과분에 대해 세금이 발생하는데, 그럼에도 불구하고 비과세 혜택을 받으면 세부담이 크게 줄어드니 꼭 챙기도록 하자.

그렇다면 비과세는 어떻게 활용해야 할까? 기본적으로 세대 기준 1주택자만 가능하다. 투기 수요까지 혜택을 줄 필요는 없기 때문이다. 하지만 아주 예외적인 경우라면 2주택이라도 비과세가 가능하다. 이는 부득이하게 주택을 취득했다고 보고, 이를 예외로 허용한 것이다. 가령 상속으로 어쩔 수 없이 취득한 주택이라면 예외를 둬야 하지 않을까?

하지만 주의해야 할 점도 있다. 이러한 비과세 혜택은 매우 이례적이고 다른 납세자와의 형평성을 고려할 때 아주 큰 혜택이 될 수 있으므로 '엄격해석'을 기본으로 한다. 즉 해당 요건을 모두 준수해야 하는 것은 물론이고, 과세당국의 재량 등으로 요건을 완화하는 등의 조치는 불가하다. 따라서 비과세 혜택을 받으려면 관련 요건을 충분히 숙지하고, 이를 모두 준수하는 것이 매우 중요하다.

그렇다면 가장 기본이 되는 '1세대 1주택 비과세'에 대해 살펴보자. 1세대 1주택 비과세 혜택을 받기 위해서는 다음 요건을 모두 준수해야 한다.

- 국내 거주자가
- 세대 기준 1주택을 보유한 상태에서
- 보유 기간이 2년 이상인 경우에 가능하다.

이렇게만 보면 굉장히 단순해 보이는데 몇 가지 유의 사항이 있다. 먼저, 취득 당시 조정대상지역인 경우라면 총 보유 기간 중에서 2년 이상 거주해야 한다. 해당 지역이 조정대상지역에서 해제되더라도 2년 거주 요건은 여전히 유효하다.

또한 양도가액이 12억 원을 초과하는 고가주택이라면 비록 비과세라 하더라도 12억 원 초과분에 대해 세금이 발생한다. 이에 대해 간혹 "그럼 저는 12억 원을 초과해서 취득했으니 비과세가 되더라도 효과가 없겠네요"라고 말하는 사람이 있는데, 그렇지 않다. 12억 원 초과분에 대해 일반적인 양도소득세 기본과세와 달리 별도의 '과세 대상 양도 차익'을 도출해 과세하기 때문에 세부담이 상당히 낮아진다.

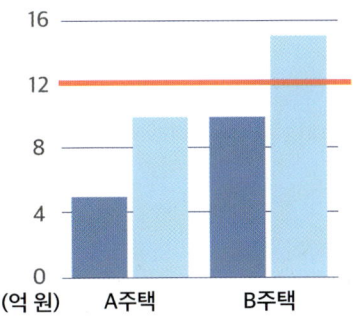
▼ 양도 차익 5억 원 사례

예를 들어 A주택은 취득가액 5억 원, 양도가액 10억 원으로 양도 차익이 5억 원이다. 이때 비과세 혜택을 받는다면 양도가액이 12억 원 이하이므로 양도소득세가 0원이다. 반면 B주택은 취득가액 10억 원, 양도가액 15억 원으로 양도 차익 5억 원이 같지만, 양도가액이 12억 원을 초과하므로 고가주택 비과세에 해당한다. 이때 초과되는 3억 원(15억 원-12억 원)에 대해서는 일반과세라면 양도소득세가 대략 1억 원이 나오지만, 비과세에 해당하므로 약 2,000만 원으로 세부담이 크게 줄어든다.

이후에 자세히 살펴보겠지만, 고가주택 비과세에 대한 계산법은 다음과 같다. 먼저 양도 차익이 3억 원(15억 원-12억 원)이라면 보통은 비과세가 아니라고 가정해 1억 원 정도의 양도소득세가 나온다. 하지만 비과세라면 이에 대해 '과세 대상 양도 차익'을 구해야 하는데, 이는 '전체 매매가액에서 고가주택 기준이 되는 12억 원 초과분'을 의미한다. 따라서 이에 대한 비율은 (15억 원-12억 원)/15억 원=20%가 되고, 양도 차익이 5억 원이므로(12억 원 초과분은 3억 원이지만, 전체 양도 차익에 대해 해당 비율을 적용해야 하므로 5억 원에 대해 12억 원이 초과되는 비율을 적용한다) 과세 대상 양도 차익은 '5억 원×20%=1억 원'이 되는 것이다. 그리고 다시 1억 원에 대해 양도소득세를 도출하면 대략 2,000만 원이 나온다. 물론 이는 필요경비, 보유 기간, 거주 기간에 따라 모두 다르다(단독명의, 필요경비 없음, 3년 보유, 1년 미만 거주 가정).

> **잠깐만요** 비과세를 활용한 갈아타기 사례

평범한 직장인인 A씨는 1주택자로, 2년 이상 보유 등 비과세 요건을 잘 갖춰 비과세 혜택을 받았다. 가령 취득가액 7억 원, 양도가액 10억 원인 경우 필요경비와 장기보유특별공제는 큰 상관없이 모두 비과세가 가능하다. 양도가액이 12억 원 이하이기 때문이다. 그렇게 비과세 혜택을 받고 잠깐 임차로 지낸다고 가정하면 단순 계산해도 1억 원가량의 세금을 아낄 수 있다. 양도 차익 3억 원, 단독명의인 경우 양도소득세는 1억 원 정도 부과되기 때문이다.

이후 임차로 지내던 A씨는 자신의 보증금과 기존주택을 매각한 자금에 그동안 저축한 돈 그리고 대출금을 합쳐 13억 원에 주택을 취득했다. 이후 15억 원에 매각하면 역시 비과세가 가능하고, 이 경우에는 비록 취득가액이 12억 원을 초과한다 하더라도 비과세가 된다면 세금은 약 440만 원으로 상당히 줄어든다(단독명의, 필요경비 없음, 3년 보유, 1년 미만 거주 가정).

033

비과세 혜택에서 세대분리를 주의해야 하는 이유

비과세는 조건이 된다면 절대 놓쳐서는 안 된다. 세부담 자체를 줄일 수도 있지만, 이를 통해 더 좋은 자산으로 갈아탈 수 있는 기반을 마련할 수 있기 때문이다. 하지만 '세상에 공짜는 없다'라는 말도 있듯, 비과세 혜택을 받는 것은 생각보다 쉽지 않다. 이때 사람들이 가장 많이 저지르는 실수를 알아보자.

세대분리를 했다고 안심하면 안 되는 이유

앞서 '1세대 1주택 비과세'의 경우 세대 기준으로 1주택을 보유하고 2년 이상만 보유(취득 당시 조정대상지역이었다면 2년 거주)하면 가능하다고 설명했다. 이것만 놓고 보면 '별거 없네'라고 생각할 수 있는데, 실제로는 그렇지 않다. 다음 기사를 보자.

▼ 비과세 관련 기사

 연합뉴스
https://www.yna.co.kr › 최신뉴스

다주택 자녀와 함께 살다 양도세 '폭탄'...법원 "과세 정당"
2023. 1. 13. — 서류상 세대분리를 해놓고도 자녀와 한집에서 살던 시민이 보유 주택 합산으로 거액의 부동산 양도소득세를 물게 되자 소송을 냈으나 패했다. 15일 법조계 ...

주민등록표상으로는 세대분리가 되어 있지만 주택을 보유한 자녀와 생계를 함께함으로써 주택 수가 포함되어 비과세 혜택을 받지 못했다는 내용이다. 구체적으로, 납세자는 본인이 비과세라고 생각해 1억 9,000만 원을 신고·납부했다. 이는 앞서 살펴본 양도가액이 12억 원을 초과하는 고가주택 비과세에 해당한다.

하지만 과세당국은 그렇게 판단하지 않았다. 비록 주민등록표상으로는 세대분리가 되어 있다 해도 주택을 보유하고 있는 자녀와 함께 거주하고 있으니 '세대 기준 주택 수'를 기준으로 할 때 3주택이 되어 비과세가 아니라는 것이다. 게다가 매각한 주택이 위치한 곳은 서울시 서초구로 조정대상지역에 해당하며, 해당 주택 매각 당시였던 2019년 3월에는 다주택자 양도소득세 중과가 적용되었다. 그 결과 과세당국은 당초 1억 9,000만 원이 아닌 8억 원이 제대로 된 양도소득세라고 판단했다.

이후 납세자는 이에 불복하여 소송을 진행했지만 재판부는 '과세가 정당하다'라고 판결을 내렸다. 재판부는 "아파트를 양도할 당시 자녀와 생계를 같이하며 하나의 세대를 구성하고 있었다. 또한 해당 주택은 단층 구조로 출입구, 거실, 주방 등을 공유할 수밖에 없는 구조다"라며 독립적인 주거 공간이라는 납세자의 의견을 받아주지 않았다.

기사에는 없는 내용인데, 관련 판결을 찾아보니 과세당국은 실제 자녀가 보유 중인 오피스텔의 임차인을 만나 임대차계약서는 물론이고, 자녀가 사용한 각종 카드 사용 내역까지 확인했다.

이는 '1세대 1주택'이라는 요건을 매우 엄격하게 확인한 사례다. 즉 납세자인 부친이 1주택 그리고 함께 살고 있는 자녀가 2주택이므로 1세대 3주택이 되어 비과세 혜택을 받지 못한 경우다. 물론 이런 일을 매번 일일이 확인할 수는 없다. 하지만 최근에는 이에 대한 조사가 늘어나는 추세이고, 특히 과세당국의 정보 수집 능력이 계속해서 진화하고 있으므로 주의해야 한다.

▼ 가장 매매 사례(2025년 2월 기준)

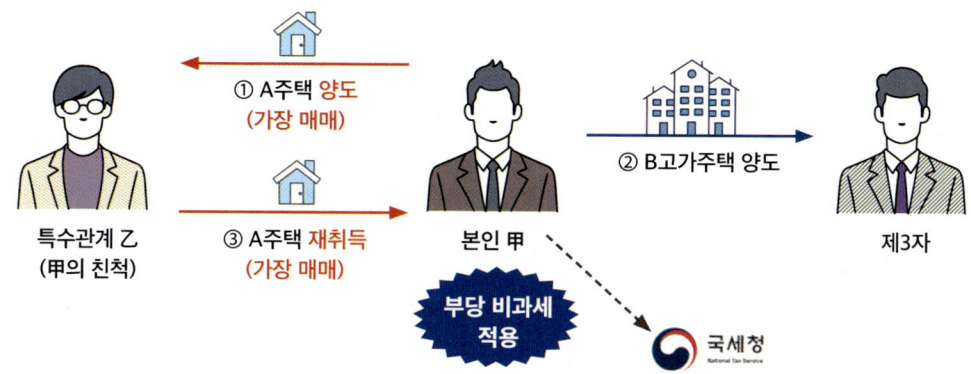

상황이 이렇다 보니 보유 중인 주택의 명의를 특수관계자(세대분리된 친척 등)에게 넘긴 뒤 다른 주택에 대한 비과세 혜택을 받고 명의를 넘긴 주택을 재취득하는 일이 발생하고 있다. 비과세 판단은 '양도 당시'로 한다는 점을 악용하는 것인데, 과세당국은 이런 건들까지 세무 조사를 진행한다. 따라서 비과세는 반드시 요건에 맞춰 꼼꼼하게 준비하도록 하자.

034

상급지로 가기 위한 세 가지 절세법

1세대 1주택 비과세에 있어서는 세대 기준 주택 수 그리고 세대분리가 중요하다는 것을 배웠다. 그렇다면 이러한 비과세를 활용해 상급지로 이동하려면 어떻게 해야 할까? 크게 세 가지 방법을 생각할 수 있다.

1. 주택+주택
2. 주택+주택 분양권
3. 주택+조합원 입주권

1. 주택+주택: 일시적 2주택 비과세

첫 번째 방법은 기존주택이 있는 상태에서 신규주택을 취득하는 것이다. 이른바 '국민 절세법'이라 불리는 '일시적 2주택 비과세'다.

▼ 일시적 2주택 비과세

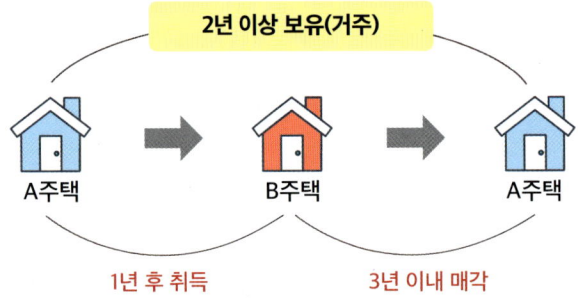

먼저 종전주택 A가 있는 상태에서 1년 후에 신규주택 B를 취득한다. 그로부터 3년 이내에 종전주택 A를 매각하면 비록 2주택이라 하더라도 잠깐 2주택인 상태, 즉 '일시적 2주택'으로 보아 종전주택 A를 비과세로 매각할 수 있다. 물론 매각하는 A주택은 1세대 1주택 비과세 요건, 즉 2년 이상 보유(취득 당시 조정대상지역이었다면 2년 거주) 등 관련 요건을 준수해야 한다.

이를 외우기 용이하도록 '1후/2보/3매'라고 명하자.

- 종전주택을 취득하고 1년 후에 신규주택을 취득하면 → 1후
- 종전주택은 최소 2년 이상 보유(또는 거주)해야 하며 → 2보(또는 2거)
- 신규주택을 취득하고 나서 3년 이내에 종전주택을 매각해야 한다. → 3매

물론 부동산 시장의 상황에 따라 규제가 심한 경우에는 종전주택 처분 기한이 3년에서 2년, 1년으로 줄어들기도 한다. 신규주택에 곧바로 전입해야 할 수도 있으니 매각 전에 규정이 바뀌지는 않았는지 반드시 한 번 더 확인할 필요가 있다.

이런 식으로 연속해서 비과세가 가능하고, 종전주택 매각대금을 세금 없이 온전히 활용하면 더 좋은 상급지로 이동하기가 훨씬 더 수월해진다. 이때 일시적 2주택 비과세는 횟수 제한이 없다. 그러니 활용할 수 있는 만큼 최대한 활용하자.

2. 주택+주택 분양권

두 번째 방법은 주택이 있는 상태에서 주택 분양권(이하 '분양권')을 취득하는 것이다. 이 방법의 장점은 종전주택을 매각하면서 신규주택을 신축으로 가져갈 수 있다는 점이다. 이 경우 꽤 빠른 자산 증식을 이룰 수 있다. '일시적 2주택'의 경우 종전주택을 3년 이내에 처분해야 하는데, 이 방법은 3년이 경과하더라도 종전주택 비과세가 가능하다. 물론 합당한 요건을 준수해야 하지만 잘만 활용하면 종전주택 양도 차익도 크게 가져갈 수 있고, 두 채 모두 비과세가 가능하니 꽤 유용하게 활용할 수 있다.

그럼 주택과 분양권을 취득할 때 어떻게 해야 비과세 혜택을 받을 수 있을까? 두 가지 방법이 있다. 편의상 2-1, 2-2라고 하겠다. 먼저 2-1 방법은 종전주택 A가 있는 상태에서 1년이 지나 분양권 B를 취득하고 이날로부터 3년 이내에 종전주택 A를 매각하는 것이다.

▼ 주택+주택 분양권 2-1 방법

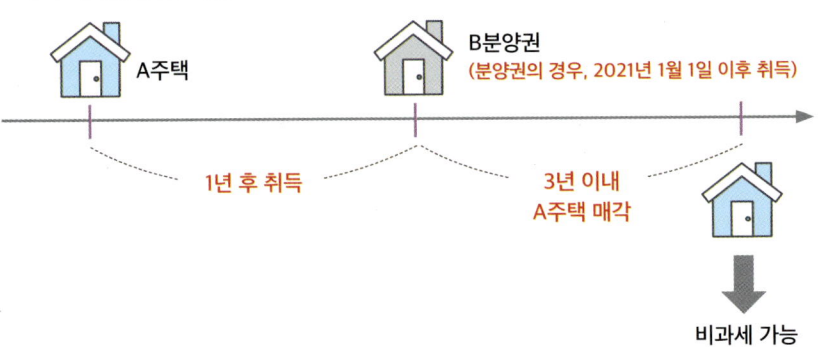

위 그림처럼 종전주택 A가 있는 상태에서 분양권 B를 취득한다. 단, 분양권은 2021년 1월 1일 이후에 취득한 것이어야 하며, 이날로부터 3년 이내에 종전주택 A를 매각하면 A는 양도소득세 비과세가 가능하다. 주의할 점은 분양권 B가 주택으로 완공되고 나서 3년이 아니라는 점이다. 이럴 경우, 처분 기한인 3년을 넘김으로써 종전주택 A 비과세가 물거품이 될 수도 있다.

▼ 주택+주택 분양권 2-2 방법

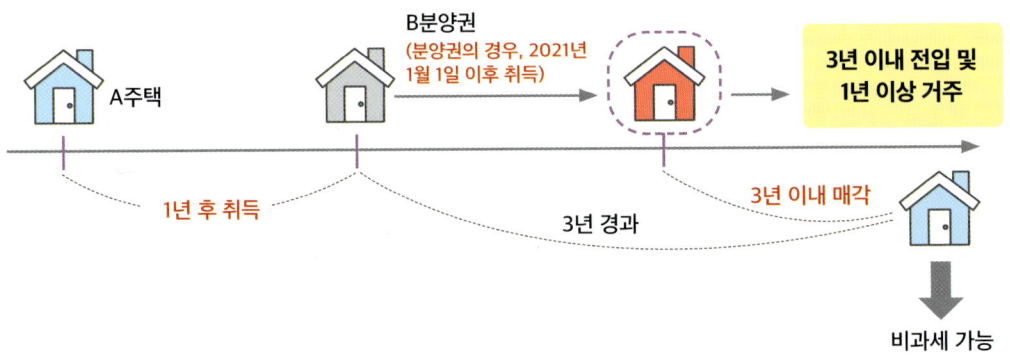

만약 분양권을 취득한 지 3년이 경과한 시점에서 종전주택 비과세 혜택을 받으려면 위 방법처럼 하면 된다. 역시 종전주택 A가 있는 상태에서 1년이 지난 시점에 분양권 B를 취득

한다. 이후 해당 분양권이 주택으로 준공되고 나면 그날로부터 3년 이내에 종전주택 A를 매각하는 것이다.

분양권부터 주택 완공까지 3~4년 정도가 걸리고, 여기에서 3년이라는 시간이 더 주어졌으니 종전주택 A를 최대한 길게 보유할 수 있다는 장점이 있다. 하지만 분양권 B가 신축으로 완공되면 3년 이내에 전입하고 1년 이상 계속해서 거주해야 한다. 비록 해당 지역이 비조정대상지역이라도 전입해야 하며, 1년 이상 계속해서 거주해야 하므로 1년이 되기 전에 전출하면 종전주택 A는 비과세가 불가하다. 거주 기간이 합산되지 않는다는 점을 유의하자.

두 방법 모두 종전주택 A가 비과세가 되는 것은 동일하지만, A주택을 조금 더 오래 가져갈 수 있는 방법은 2-2 방법이다. 하지만 앞서 설명한 것처럼 비과세 요건이 더 추가되므로(신규주택 전입 등) 본인 상황에 맞게 활용하는 것이 중요하다. 가령 종전주택 A는 부산에 있고 그곳에서 실거주 중인데 보유하고 있는 B분양권이 서울이라면 그리고 서울 실거주가 힘들다면 2-2 방법보다는 2-1 방법을 활용하는 것이 더 유리할 수 있다.

3. 주택+조합원 입주권

세 번째 방법은 주택이 있는 상태에서 조합원 입주권(이하 '입주권')을 취득하는 것이다. 이는 앞서 살펴본 주택이 있는 상태에서 분양권을 취득하는 경우와 거의 유사하다. 원래 있었던 입주권 비과세 특례(「소득세법시행령」 156조의 2)를 분양권(「소득세법시행령」 156조의 3)에서도 거의 그대로 적용했기 때문이다. 역시 두 가지 방법이 있는데, 편의상 3-1, 3-2라고 하겠다.

▼ 주택+조합원 입주권 3-1 방법

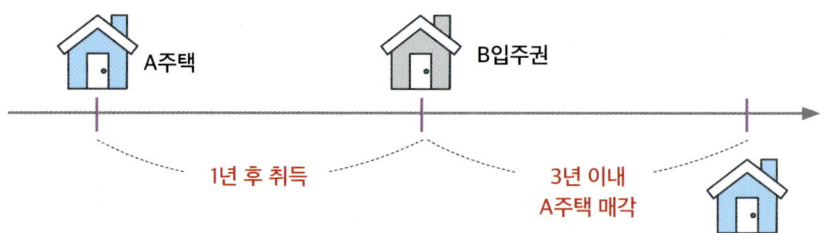

3-1 방법은 앞서 살펴본 2-1 방법과 거의 동일하다. 즉 종전주택 A가 있는 상태에서 1년이 지난 후에 입주권 B를 취득하고 그로부터 3년 이내에 종전주택 A를 매각하는 것이다. 이때 입주권이 주택으로 준공된 날이 아닌, 해당 입주권을 취득한 날로부터 3년이다.
마찬가지로 3년 이내가 아닌 '3년 경과'인 경우에도 종전주택 A가 비과세가 될 수 있는데, 다음과 같다.

▼ 주택+조합원 입주권 3-2 방법

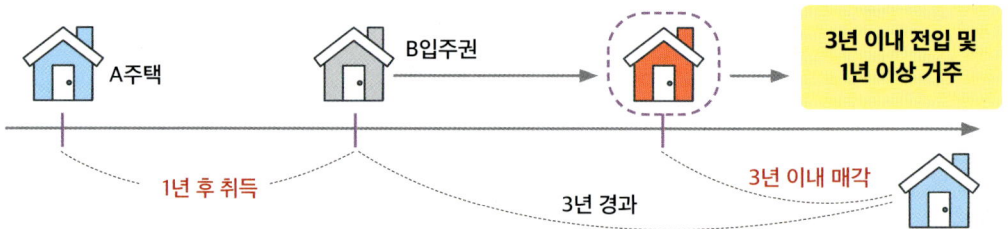

종전주택 A가 있는 상태에서 1년 후에 입주권 B를 취득하고 해당 입주권이 신축으로 완공되면 그로부터 3년 이내에 전입 및 1년 이상 거주를 하고, 역시 3년 이내에 종전주택 A를 매각함으로써 A주택의 비과세가 가능한 방식이다. 앞에서 살펴본 2-2 방법과 동일하게 종전주택 A를 더 오랫동안 끌고갈 수 있는 방법이지만, 마찬가지로 신축이 된 B주택에 전입해야 하고 1년 이상 계속해서 거주해야 한다.

이렇듯 종전주택이 있는 상태에서 상급지 이동을 위한 일시적 2주택 방법은 ① 신규주택을 취득하는 방법, ② 주택 분양권을 취득하는 두 가지 방법, ③ 조합원 입주권을 취득하는 두 가지 방법이 있다.

①번 방법이 가장 무난하고 상대적으로 쉽다. 그리고 횟수 제한도 없다. 하지만 상급지 이동에 있어서는 다소 아쉬울 수 있다. 매각하는 종전주택보다 가고자 하는 신규주택의 가격이 더 올라갈 가능성이 높기 때문이다. 반면 ②번과 ③번 방법은 ①번 방법 대비 조금 더 상급지 이동에 유리할 수 있으나 그만큼 리스크가 존재한다. 먼저 ②번 방법은 주택 분양권을 취득해야 하는데, 청약 당첨의 경우 유주택은 사실상 힘들고 전매 방식으로 해야 하기 때문이다. ③번 방법은 재개발·재건축과 같은 정비사업을 공부해야 하는데, 사업 지연이라든지 분담금 등 또 다른 리스크도 고려해야 좋은 결과를 얻을 수 있다.

아무쪼록 본인에게 맞는 방법을 활용하되, 너무 조급해하지는 말자. 처음에는 자산이 많이 불지 않는 것처럼 보여도 몇 번의 갈아타기를 통해 원하는 상급지로 충분히 이동할 수 있다.

> **잠깐만요** 비과세 혜택을 제대로 활용한 실전 사례
>
> A씨는 종전주택이 있는 상태에서 이사하고자 하는 신규주택을 취득하고 3년 이내에 종전주택을 처분함으로써 비과세 혜택도 받고 더 좋은 주택도 매수했다. 이러한 방식은 얼핏 보면 쉬워 보이지만 실전에서는 상당히 어렵다. 매수하고자 하는 주택 가격은 보통 더 많이 상승하는 경향이 있으며, 이를 취득하고자 할 때 자금이 넉넉하지 않을 수도 있기 때문이다. 따라서 상급지 이동을 위해서는 '주택+주택'보다는 '주택+주택 분양권' 또는 '주택+조합원 입주권' 전략이 더 적합하다.
>
> B씨는 실거주 집 한 채가 있는 상태에서 주택 분양권을 취득했다. 주변에서는 부동산 가격이 더 하락할 수 있고, 해당 분양가가 너무 높다며 만류했지만, B씨는 신축에서 살고 싶고 추후 잔금대출은 종전주택 매각대금 및 저축액으로 감당 가능하다고 판단했다. 즉 해당 분양권이 추후 얼마까지 오를지는 모르겠지만 분양가 기준으로 대출을 받는다 하더라도 감당 가능하다고 판단한 것이다. 이때 종전주택 처분 기한은 분양권을 취득하고 3년 이내이지만, 만약 해당 분양권이 신축이 되고 전입이 가능하다면(즉 실거주라면) 3년이 경과해도 상관없다. 이렇게 해서 B씨는 종전주택을 처분하면서 비과세 혜택을 받고 신축에 전입해 잘 지내고 있다. 종전주택은 약 8억 원, 신규주택은 분양가 13억 원, 현재는 20억 원 후반대로 가격이 형성되어 있다. 그곳은 바로 한때 '둔촌주공'이라 불렸던 올림픽파크포레온이다.

부동산 투자 무작정 따라하기

- **035** 첫 집, 생애최초의 혜택을 누려라
- **036** 지방에서 상경한 1인 가구의 내 집 마련
- **037** 결혼을 앞둔 예비부부의 신혼집 마련
- **038** 아이가 있는 부부를 위한 내 집 마련

사례로 배우는
생애주기별 첫 집 마련 전략

035
첫 집, 생애최초의 혜택을 누려라

'생애최초'란 말 그대로 살면서 주택을 처음 사는 경우를 의미한다. 본인과 배우자, 세대 구성원 모두 주택을 소유한 이력이 없어야 하며, 일정한 소득 요건을 충족해야 하는 경우도 있다. 정부는 생애최초 구입자에게 다양한 세제 혜택과 금융 우대 제도를 제공하고 있으며, 평생 딱 한 번 주어지는 이 기회를 놓치면 되돌릴 수 있는 방법이 없다. 따라서 첫 집을 구할 때는 생애최초 혜택을 극대화할 수 있는 방법을 깊이 고민해야 한다.

2024년 3월 25일부터 '결혼 패널티'라 불렸던 혼인에 따른 청약 불이익도 개선되었다. 따라서 배우자가 결혼 전에 청약에 당첨된 적이 있거나 주택을 소유한 이력이 있더라도 청약 대상자 본인은 생애최초 특별공급 청약이 가능하며, 배우자 통장 가입 기간 합산도 50%까지 가능해졌다. 즉 생애최초 혜택을 받기 위해서는 타이밍, 소득, 자산, 세대 구성을 모두 세심히 체크해야 한다.

2025년 기준, 생애최초 구입자에게 주어지는 대표적인 혜택은 다음과 같다.

▼ 생애최초 주택 구입 혜택

구분	내용
취득세 감면	최대 220만 원(지방교육세 포함, 요건 충족 시)
생애최초 LTV 우대	수도권 LTV 70%, 지방 LTV 80%
보금자리론 우대	고정금리 대출 가능
디딤돌대출	연 2.15~3.0% 저금리 대출
청약 특별공급	공공 및 민간분양에서 별도 경쟁(요건 충족 시)

입지: 생애최초라면 어디에 집을 사야 할까?

생애최초 구입자는 '살고 싶은 집'을 위한 첫 발판을 마련하는 것이 중요하다. 따라서 첫 집의 위치를 선정할 때는 다음 다섯 가지 기준을 고려하는 것이 좋다.

첫째, 자본이 적다면 청약에 도전하라. 현재 부동산 시장에서 자본 대비 가장 좋은 집을 사는 방법은 단연코 청약이다. 청약은 90%의 레버리지를 활용해 3년 전 시장 가격으로 좋은 집을 살 수 있는 방법이다. 다양한 청약 단지 중에서 내가 현재 가진 자본금에 앞으로 3년간의 저축액과 잔금대출 6억 원을 더한 금액으로 구입할 수 있는 곳을 선택하면 된다.

둘째, 거주의 질을 해치지 않는 선에서 '작은 평형'도 과감히 선택하라. 전용 59㎡ 이하 소형 평형도 실거주와 동시에 재테크 효과를 노릴 수 있다. 단, 초소형 평형의 수요가 있는 지역을 선택해야 한다. 예를 들어 서울 뉴타운, 광명 뉴타운, 구성남 신축, 안양 신축이라면 작은 평형이라도 충분히 매력이 있다.

셋째, 생애최초대출 구조에 맞는 자금 계획표를 반드시 준비하라. LTV 70~80%까지 대출이 가능하지만, 중도금, 취득세, 기타비용 등을 감안해 최소 30% 이상의 자금이 준비되어야 한다. 특히 수도권의 경우에는 전입 요건을 고려하여 자금 계획을 철저히 세워야 한다.

넷째, 청약이 어렵다면, 기존 아파트를 적극 공략하라. 전세가율이 높은 신축, 역세권 기축 단지의 갭투자를 활용하여 주거와 투자를 분리하라. 2호선 역세권 소형 아파트, 수도권 전세가율 60% 이상 아파트 등을 고려해볼 수 있다.

생애최초 주택 구입자를 위한 실전 체크리스트
- 무주택 요건 및 세대 구성원 주택 소유 이력 확인
- 소득 및 DSR, LTV 조건 확인
- 보금자리론/디딤돌대출 자격 여부 확인
- 청약, 매매 등 취득 방법 선택
- 일반 매매 시 입지 고려
- 취득세 감면 신청 자격 검토

> **잠깐만요** 생애최초 내 집 마련 자금 계획표 샘플

일생에 한 번뿐인 생애최초 혜택을 제대로 활용하려면 자신의 상황에 맞는 자금 계획표를 작성해보는 것이 좋다. 다음 조건에 따른 자금 계획표 샘플을 소개하니 참고하기 바란다.

생애최초 내 집 마련 조건
- 수도권 외곽 신축 아파트 분양 또는 준신축 구축 매입
- 전용 59m² 기준, 매매가 4억 5,000만 원
- 생애최초 요건 충족 시 LTV 최대 70% 적용
- 실거주 조건 충족(전입 요건 포함)

▼ 자금 계획표

항목	금액	설명
매매가	4억 5,000만 원	기준 물건 가격
LTV 대출(70%)	3억 1,500만 원	생애최초 요건 충족 시 가능
자기자본(30%)	1억 3,500만 원	대출 제외 자기자본
취득세(1.1%)	약 495만 원	생애최초 감면 적용
등기·법무비용	약 200만 원	인지세, 법무사 수수료 등
예비비	약 300만 원	입주비, 이사비, 인테리어비 등
총필요 자기자본	약 1억 4,500만 원	최소 준비 자금

생애최초대출을 활용하더라도 실질적으로 매매가의 30~32% 수준의 자기자본이 필요하다. 자금 계획표는 반드시 계약금, 취득세, 등기비, 입주비 등 부대비용을 포함한 총투입 자금을 기준으로 작성해야 한다는 사실을 기억하자.

대출: 생애최초의 지역별 대출 전략

한때 생애최초 주택 구입자에게 주어진 대출 혜택은 자금 여력이 부족한 무주택자에게 내 집 마련의 실질적인 사다리 역할을 해주었다. 그러나 6·27 대출 규제 이후로 서울 수도권의 생애최초대출 조건이 달라지면서, 이제는 단순히 생애최초 무주택자라는 이유만으로

큰 혜택을 누리기가 어려워졌다.

가장 큰 변화는 지역에 따른 차등 적용이다. 6·27 대출 규제 이전에는 전국 어디서든 동일한 조건으로 생애최초 혜택을 받을 수 있었지만, 이제는 수도권과 지방이 명확히 구분된다. 서울 수도권에서 생애최초대출을 받기 위해서는 6개월 이내 전입 요건을 반드시 충족해야 하며, 이를 위반할 경우 대출이 회수되고 3년간 주택 관련 대출을 받을 수 없다.

정리하면, 이제는 서울 수도권에서 은행권 생애최초대출을 활용하려는 사람은 LTV 70%까지 대출이 가능하고, 대출 한도는 6억 원까지 열려 있다. 예를 들어 8억 원짜리 아파트를 구입하는 경우, 연소득이 9,000만 원 정도라면 70%에 해당하는 5억 6,000만 원까지 대출을 받을 수 있다. 그리고 구입 후 6개월 이내에 전입을 완료해야 한다.

반면 지방에서는 전입 요건이 수도권만큼 엄격하지 않아 전세를 놓으면서 후순위 주택담보대출도 받을 수 있기에 투자적으로 활용할 수 있다. 예컨대 10억 원짜리 지방 아파트를 5억 원의 전세를 끼고 구입할 경우, LTV 80% 적용으로 전세보증금을 받은 뒤로도 3억 원까지 대출이 가능하며, 연소득 5,000만 원 이상이면 DSR 조건도 무리 없이 충족된다. 지방 부동산 시장의 특성과 상대적으로 저렴한 지방 주택 가격을 고려하면, 생애최초대출은 여전히 유효한 투자 도구라 할 수 있다.

생애최초대출은 이제 단순한 혜택이 아니라 전략이 필요한 조건부 기회로 바뀌었다. 즉 수도권에서는 실거주 목적에 집중하고, 지방에서는 대출을 활용해 새로운 투자 기회를 찾아야 한다.

> **체크 포인트**
> - **서울 수도권**: 6개월 이내 전입 요건, LTV 최대 70%, 최대 한도 6억 원
> - **지방**: LTV 80%까지, DSR 범위 내에서 최대 한도 6억 원

세금: 생애최초의 취득세 감면 혜택

생애최초 주택이라면 세금 측면에서도 혜택이 있다. 주택을 취득하면 납부해야 하는 취득세를 감면해준다. 감면 금액은 지방교육세 포함 220만 원으로, 혜택을 받기 위한 소득 기준은 없으며, 주택가액은 12억 원 이하까지 가능하다.

이때 몇 가지 요건을 반드시 충족해야 하는데, 먼저 본인 및 배우자가 주택을 보유한 사실이 없어야 한다. 다만 2023년 개정을 통해 주택을 보유한 적이 있는 사람도 무주택으로 인정받은 사례가 있다. 다음 경우에는 무주택자로서 생애최초 취득세 감면 혜택을 받을 수 있다.

생애최초 취득세 감면 혜택을 받을 수 있는 경우
- 85m² 이하 단독주택
- 사용 승인 후 20년 이상 지난 단독주택
- 상속받은 주택
- 상속을 통해 주택 공유 지분을 소유하고 있다가 처분한 경우 등

그 외 생애최초 주택 구입자의 취득세 감면 혜택을 위한 조건들이 있다. 부동산 취득 후 90일 이내에 전입 신고를 하고 상시 거주해야 한다. 또한 취득세 감면 후 90일 이내에 다른 주택을 취득할 수 없고, 부동산 취득 후 3년 이내에 해당 부동산의 임대, 증여, 매도 역시 불가하다.

참고로, 생애최초 취득세 감면을 위한 조건은 생애최초대출 조건과 다르다. 따라서 요건에 충족하는지 각각 확인해야 한다.

036
지방에서 상경한 1인 가구의 내 집 마련

> **▶ 종잣돈 3,000만 원 가진 1인 가구의 사례**
>
> 30대 중반 1인 가구입니다. 고향은 지방인데 대학에 진학하면서 서울살이를 시작했습니다. 이제 직장생활도 안정되었고 힘겨운 서울살이에도 적응했지만, 내 집이 없는 설움이 큽니다. 월세도 많이 오르고 생활비도 꽤 들어가 돈을 모으기가 쉽지 않아요. 집값이 점점 올라 마음은 급한데, 3,000만 원으로 서울에 내 집을 마련할 수 있을까요?

20~30대, 사회초년생, 프리랜서 등 많은 사람이 이와 비슷한 고민을 하고 있을 것이다. 지방에 거주하는 경우 생애최초 주택담보대출 등을 통해 적은 자본으로 내 집 마련이 가능하다. 그러나 수도권에 거주하는 경우 신용대출이나 증여 등 자본을 융통할 수 있는 경로가 없다면, 3,000만 원으로 당장 집을 마련하는 것보다는 저축을 하며 부동산 투자를 공부할 것을 추천한다.

자본금을 어느 정도 모았다면, 소득이 상대적으로 낮은 사회초년생 및 신혼부부가 활용할 수 있는 보금자리론, 디딤돌대출, 신생아특례대출 등 정책자금대출을 통한 내 집 마련 전략을 세워야 한다. 중요한 건 처음부터 '완벽한 집'을 사려 하지 말고 '거점'에서 시작해야 한다는 것이다. 조금 부족하더라도 내 이름으로 된 첫 자산을 확보하면 이후에 다음 단계로 갈아타는 것이 보다 수월해진다.

원하는 곳에 내 집을 마련하는 것이 어렵다면 입지의 외연을 넓히는 전략도 필요하다. 첫 술에 배부를 수는 없다. 때로는 거주와 투자를 분리하는 이원화 전략도 현실적인 대안이 될 수 있다. 예를 들어 실거주는 출퇴근이 편리하고 주거비용이 저렴한 오피스텔에서 하고, 투자용 집은 전세를 끼고 마련하는 것이다. 다만 현재 주택담보대출을 받고 집을 마련하는 경우 6개월 이내 전입 조건이 적용되므로, 이는 수도권에서는 어렵고 지방에서만 유효한 전략이다.

> **잠깐만요** 내 집 마련을 위한 최소 종잣돈은 얼마일까?
>
> 내 집을 마련하기 위해서는 어느 정도의 종잣돈을 모으는 것이 좋을까? 상황에 따라 다르겠지만, 초보 부동산 투자자라면 다음 금액을 목표로 삼을 것을 권한다.
>
> **청약을 노린다면? 계약금 10%가 기준!**
>
> - 목표 주택: 분양가 5억 원짜리 아파트
> - 대출 구조: 중도금 대출(60%) + 입주 전까지 저축과 잔금대출로 자금 마련
> - 필요 종잣돈: 계약금 5,000만 원(분양가의 10%)
>
> 생애최초나 신혼부부 특별공급 등은 분양가 4억~5억 원대 아파트를 기준으로 계약금 5,000만 원 정도를 모으면 본격적으로 청약 도전 및 3년 후 입주 플랜 설계가 가능하다.
>
> **기존 아파트를 사려면? 최소 1억 3,000만 원은 필요!**
>
> - 목표 주택: 수도권 기축 또는 준신축 4억 원짜리 아파트
> - 대출 구조: 생애최초 LTV 70% 대출(2억 8,000만 원)
> - 필요 종잣돈: 잔금(1억 2,000만 원) + 취득세·기타비용 = 약 1억 3,000만 원
>
> 청약은 계약금만으로 시작할 수 있지만, 기존 아파트는 취득세 등 실지출이 많기 때문에 더 많은 종잣돈이 필요하다. 따라서 실거주 목적이라면 청약을 먼저 도전하고 기존주택 매입을 알아보는 순서로 접근하는 것이 현실적이다. 최소 5,000만 원의 종잣돈을 모으는 것을 목표로 삼자.
>
> 즉 내 집 마련의 시작은 청약 계약금 10%부터다. 그리고 종잣돈 5,000만 원을 모으는 순간, 아파트 한 채의 주인이 될 수 있는 첫 발걸음을 뗀 것이라 볼 수 있다.

> **잠깐만요** 종잣돈 3,000만 원으로 소액 경매에 도전해도 될까?

요즘 유튜브에 '3,000만 원으로 경매 투자 성공!'과 같은 콘텐츠가 많다 보니, 종잣돈이 적어도 지금 당장 투자를 시작해야 할 것 같은 불안감이 들기도 한다.

실제로 1,000만~3,000만 원 정도의 소액으로 낙찰 가능한 소형 빌라, 오피스텔, 지방 다세대 경매 물건들이 존재한다. 하지만 소액 경매는 진입장벽이 낮은 투자인 동시에 위험 관리 능력이 필요한 실전 투자 영역이다.

소액 경매 투자에 관심이 있다면 다음 항목을 먼저 체크해보자.

- **공실 리스크**: 임차인을 구하기 어려운 지역은 장기간 보유 부담이 생길 수 있다.
- **권리분석 필수**: 선순위 임차인, 유치권, 체납 등 복잡한 권리 구조를 이해해야 한다.
- **숨은 비용 존재**: 수리비, 관리비 체납, 명도비용 등이 추가로 발생할 수 있다.
- **유동성 부족**: 실거주용이나 전세 재투자보다 자금 회전이 느릴 수 있다.

종잣돈 3,000만 원으로 투자를 시작하고 싶다면 그리고 투자 경험과 노하우가 있다면 소액 경매 투자도 좋은 선택지가 될 수 있다. 다만 첫 집을 마련하는 부동산 초보 투자자라면 저축을 통해 종잣돈 5,000만 원을 만드는 것이 더 안전한 방법이다. 5,000만 원을 모은 후에 청약, 생애최초 주택 구입, 신축·구축 갭투자 등 훨씬 간단하고 예측 가능한 방법으로 내 집을 마련하는 것이 더욱 안정적이다.

소액 경매는 투자금이 적기 때문에 누구나 쉽게 시작할 수 있지만, 매도까지 무사히 한 사이클을 돌리고 결과를 내기가 결코 쉽지 않다. 부동산 시장에 대한 이해가 부족하다면, 투자 공부, 몸값 올리기, 저축 등에 집중하는 것이 더 나은 방법이 될 수 있다.

입지: 1인 가구를 위한 6억 원 이하 아파트

'내가 지금 가지고 있는 돈으로도 부동산 투자를 할 수 있을까?'

많은 사람이 이와 같은 고민을 한다. 서울 아파트 평균 매매가가 14억 원을 넘긴 지금, 6억 원 이하의 예산으로 아파트를 매수한다는 것은 현실성이 없어 보일 수도 있다. 하지만 가능한 곳이 여전히 존재하며, 그 안에서도 오를 곳은 따로 있다. 핵심은 단순히 저렴한 가격이 아니라, 그 가격대 안에서 '가능성'이 보이는 입지를 찾는 것이다. 미래에 더 나은 입지로 갈아타기 위한 첫 번째 디딤돌이 되어줄 수 있는 입지, 그것이 바로 6억 원 이하 예산에서 우리가 찾아야 할 아파트다.

이 구간에는 일반적으로 수도권 외곽 지역, 구축 아파트, 개발 초기 단계의 신도시 단지 등이 해당된다. 이들은 언뜻 보면 낡았거나, 멀거나, 아직 준비되지 않은 지역처럼 보일 수 있다. 하지만 도시의 확장성과 인프라의 성장 가능성, 개발 호재 등을 고려하면 그 안에서 '다음 레벨로 올라설 수 있는 스프링보드'를 충분히 찾을 수 있다. 지금부터 가능성 있는 지역을 어떻게 발굴할 수 있는지 그리고 실제 어떤 지역이 주목받고 있는지 구체적으로 살펴보자.

우선 6억 원 이하 아파트를 찾을 때 가장 먼저 고려해야 할 것은 입지의 '변화 가능성'이다. 입지는 시간이 지날수록 끊임없이 변한다. 특히 수도권의 경우, 광역철도와 지하철 연장, 고속도로 신설, 산업단지 조성, 3기 신도시 개발 등으로 새로운 중심지가 계속해서 생성되고 있다. 과거에는 서울에서 30분 이상 걸리는 지역은 '외곽'이라 불렸지만, 이제는 GTX와 신분당선 등의 광역 교통망 확대로 수도권 외곽의 개념이 바뀌고 있다. 물리적 거리는 물론이고, 심리적 거리 또한 중요해지고 있다.

예컨대 인천 검단은 3기 신도시로 지정된 이후 대규모 택지개발과 함께 인프라 구축이 진행되고 있다. 아직은 상권이나 교통망이 완성되지 않았지만, 인천 1호선 개통, 수도권 5호선 연장, 공공기관 이전 등 다양한 개발 호재가 현실화될 경우, 현재의 가격은 오히려 '저점'으로 기록될 가능성이 높다. 김포 고촌, 풍무, 걸포북변, 김포신도시 일대는 GTX-D 민자사업 추진과 인천 2호선 연장 등의 기대감이 반영되고 있으며, 의왕·군포 지역은 GTX-C와 월곶판교선 수혜 지역 및 재개발로 주목받고 있다.

다음으로 고려해야 할 것은 단지의 연식과 브랜드 그리고 주변 환경이다. 비록 구축 단지라 하더라도 입지가 우수하거나, 리모델링 또는 재건축 가능성이 있는 곳이라면 미래 가치가 크다. 예를 들어 안양 평촌의 구축 단지들은 이미 생활 인프라가 잘 갖춰져 있고, 일부는 재건축 또는 리모델링 사업이 추진 중이다. 이러한 지역은 실거주 수요가 탄탄할 뿐만 아니라, 향후 단지 리모델링 등을 통해 새로운 가치 상승을 기대할 수 있다.

6억 원 이하 구간에서는 전세가율도 중요한 지표다. 전세가율이 높다는 것은 세입자 수요가 풍부하다는 의미이며, 이는 곧 안정적인 월세 수익이나 갭투자 구조를 만들 수 있는 기반이 된다. 예를 들어 일부 단지는 전세가율이 80%가 넘는 경우가 많아 자금 여력이 부족한 실수요자나 투자자에게 매우 유리한 구조를 제공한다. 물론 전세가율이 높다고 무조건 좋은 집인 것은 아니다. 살고는 싶어도 사고는 싶지 않은 집이라는 의미일 수도 있으니 유의하자.

이처럼 6억 원 이하라는 제약 속에서도 충분히 전략적으로 접근할 수 있는 지역이 존재한다. 문제는 어떻게 찾느냐다. 먼저 네이버페이 부동산, 호갱노노, 아실 등의 프롭테크 앱을 활용해 지역별 실거래가와 전세가를 비교해보자. 전세가가 높은 단지는 보유 부담이 적고, 가격이 오르기 쉬운 구조를 지닌다. 그다음에는 지자체 홈페이지, 국토부 자료, 언론 보도 등을 통해 해당 지역의 개발계획과 교통 인프라 확장 계획을 조사해 보자. 마지막으로 실거주자의 리뷰나 커뮤니티 글을 통해 해당 지역의 주거 만족도와 환경을 체크해보는 것도 중요하다.

수도권 내에 가치 상승이 기대되는 곳이 많다. 신도시 개발이 진행되고 있는 인천의 검단, 교통 호재가 기대되는 김포, 2021년 상승장 이후 정체되어 있는 의정부와 시흥, 신분당선을 끼고 있는 소형 평형 밀집 지역인 용인 수지, 안양 평촌 및 수원 준신축 단지 등을 주목할 필요가 있다. 손품과 발품을 팔아 자본 규모에 맞는 집을 알아보고, 개발 단지 비교를 통해 매매 이동선이 우위에 있는 단지를 선택하면 된다.

정리하면, 6억 원 이하 구간에서는 단순히 '저렴한 매물'을 찾는 것이 아니라, 미래 가치가 상승할 가능성이 있는 곳을 전략적으로 선점해야 한다. 수도권 외곽이지만 교통망이 개선될 예정이거나, 구축이지만 리모델링 가능성이 있거나, 실거주 수요가 꾸준히 이어지는 지역이 바로 그 대상이다. 이런 곳을 선별하고, 보유 전략을 수립해 다음 단계로 나아갈 갈아타기 전략을 염두에 둔다면 6억 원 이하로도 투자 목적의 내 집 마련이 가능하다. 자산이 많지 않아도 입지를 잘 선정하고 금융 전략을 잘 활용하면 서울 또는 수도권의 미래 가치가 있는 입지에 깃발을 꽂을 수 있다.

> **잠깐만요** 강남권 직장인을 위한 추천 입지

강남으로 출퇴근하는 직장인이 6억 원 이하로 집을 마련할 수 있을까? 1인 가구를 위한 현실적인 입지 두 군데를 추천한다.

교통 효율성이 좋은 김포 고촌!

김포 고촌은 강남 접근성과 가격 경쟁력을 모두 갖춘 실속 있는 입지다. 김포골드라인과 9호선 환승만 익숙해지면, 높은 밀집도에도 불구하고 가격 대비 주거 만족도가 충분히 높은 지역이다. 서울과의 실제 거리보다 중요한 건 교통 효율성이며, 고촌은 그 조건을 합리적인 가격에 갖춘 몇 안 되는 곳이다.

실거주 목적이라면 안양 평촌!

평촌은 강남 접근성과 가격 경쟁력을 모두 갖춘 곳으로, 1인 가구가 만족할 만한 소형 평형 구축 아파트를 6억 원 이하 가격으로 충분히 얻을 수 있다. 4호선과의 직결성, 쾌적한 생활 환경, 다양한 상권 덕분에 집값 대비 체감 입지 만족도가 높은 지역이다. 교통 효율성과 생활의 질, 이 두 가지를 합리적인 가격에 모두 누릴 수 있는 대표적인 완성형 입지라고 할 수 있다. 다만 대부분 구축 단지이므로 자산 가치 상승보다는 실거주 목적으로 접근하는 것이 바람직하다. 강남 출퇴근이 가능한 안정적인 내 집이 필요하다면 평촌을 주의 깊게 살펴보기 바란다.

대출: 연봉 5,000만 원 이하 직장인의 대출 전략

연소득이 5,000만 원 미만인 경우, 일반 은행의 주택담보대출보다 정부가 운영하는 정책자금대출을 먼저 검토해보는 것이 유리하다. 시중은행의 대출은 대출자의 소득 수준을 기반으로 한 DSR을 기준으로 삼기 때문에 연봉이 적거나 기존 부채가 많으면 대출 가능 금액이 제한된다. 반면 정책자금대출은 DTI 위주로 심사하기 때문에 상대적으로 여유 있게 대출이 가능하다. DTI는 주로 이자 상환 능력을 기준으로 삼기 때문에 신용대출이 일부 있는 경우에도 주택담보대출을 함께 활용할 수 있는 여지가 있다.

이러한 특성 덕분에 연소득이 낮은 차주에게는 디딤돌대출, 신생아특례대출, 보금자리론과 같은 정책대출이 매우 효과적인 내 집 마련 수단이 될 수 있다. 이 중에서도 보금자리론은 가장 넉넉한 대출 한도를 제공하므로 더욱 주목할 필요가 있다. 또한 금리도 일반적인 은행 대출보다 저렴하다. 신생아특례대출은 1~2%대, 디딤돌대출은 2~3%대 금리로 대출이 가능하다.

예를 들어 살펴보자. 디딤돌대출은 30세 이상의 미혼 단독 세대주 기준으로 2억 원까지 대출이 가능하다. 그러나 보금자리론은 주택 가격이 6억 원 이하인 경우 일반적으로 3억 6,000만 원까지 대출이 가능하며, 생애최초 구입자의 경우 4억 2,000만 원까지 대출이 가능하다. 따라서 대출 한도가 더 필요한 저소득층에게는 보금자리론이 가장 실질적인 대출 수단이다.

실제로 연소득이 3,000만 원인 차주가 다른 대출이 없다는 전제하에 40년 만기 상품을 연금리 3.65%로 설정할 경우, 3억 3,000만 원 이상까지도 대출이 가능하다. 일반 은행 대출로는 DSR 때문에 대출이 2억 원도 안 나오는데, 보금자리론은 저소득층의 실질적인 주거안정을 위해 설계된 정책대출이므로 대출 한도가 더 넉넉하다.

따라서 연봉 5,000만 원 미만의 무주택 실수요자는 시중은행 대출보다 정책자금대출을 먼저 검토하고, 주택 유형과 소득 조건에 맞춰 디딤돌대출, 보금자리론, 특례 상품 등을 비교하는 것이 내 집 마련의 첫걸음이 될 수 있다. 특히 지금은 보금자리론의 혜택을 놓치지 말자.

> **체크 포인트**
> - 연소득이 낮다면 저금리의 정책자금대출이 유리
> - 보금자리론의 대출 한도가 가장 넉넉함

세금: 1인 가구의 첫 집, 세금은?

첫 집이고 실거주라면 앞서 살펴본 생애최초 취득세 감면을 활용해야 한다. 이때 취득세율은 주택 가격에 따라 1~3%인데, 이 중에서 지방교육세 포함 220만 원을 감면받을 수 있다. 단, 해당 주택을 취득하고 임대를 준다면 혜택을 받을 수 없다.

그런데 이보다 더 중요한 것이 있다. 그것은 바로 '공동명의'로 주택을 취득하는 것이다.

'1인 가구인데 공동명의를 한다고?' 하는 의문이 들 수 있다. 1인 가구라고 해서 공동명의를 할 수 없는 것은 아니다. 세대가 분리된 다른 가족 혹은 지인과도 할 수 있다. 다만 각자가 지분만큼 자금을 조달해야 하고, 추후 매각 시 서로 합의가 되어야 한다. 그렇게만 한다면 1인 가구 역시 공동명의가 가능하다.

그렇다면 공동명의의 장점은 무엇일까? 공동명의로 주택을 취득할 경우 보유세 중 하나인 종합부동산세와 양도소득세를 줄일 수 있다. 먼저 종합부동산세의 경우 각각 기준시가 9억 원 공제가 가능하여 총 18억 원 공제가 가능하다. 이를 시세로 환산하면 23억~24억 원에 육박하므로 재산세만 부담하면 된다. 또한 공동명의로 하더라도 단독명의자가 받을 수 있는 종합부동산세 세액공제(최대 80%) 특례 신청을 할 수 있다. 즉 공동명의자는 단독과 공동 중 더 유리한 것을 매년 9월에 선택할 수 있지만, 단독명의자는 그럴 수 없다.

다음으로 양도소득세는 소득 금액을 분산시키고 각자 기본공제 250만 원이 가능하기에 역시 공동명의가 유리하다. 이에 대한 구체적인 절세 금액은 앞에서 살펴보았으니 참고하기 바란다.

다만 공동명의의 경우 증여 항목을 조심해야 한다. 예를 들어 10억 원 상당의 주택을 취득하는데 50:50으로 부부공동명의를 할 경우 원칙상 각자 지분에 해당하는 금액, 즉 5억 원씩을 조달해야 한다. 그러지 않고 어느 한쪽이 이를 모두 조달한다면 5억 원을 증여한 것과 마찬가지이므로 증여세가 발생할 수 있다. 물론 부부간 증여재산공제 6억 원이 있긴 하지만, 이는 10년간 증여재산을 모두 더하기에 해당 금액을 초과할 경우 증여세를 부담해야 한다. 설령 6억 원 이하로 증여세가 나오지 않더라도 가급적이면 증여세를 신고하는 것을 권한다. 최근 자금 조달 관련 소명 요청이 늘어나는 추세이기 때문이다.

만약 대출을 받는다면 어떨까? 집이 10억 원 상당이고, 5억 원을 대출받고 나머지 필요자금이 5억 원이라면 각자 2억 5,000만 원씩 부담하고 50:50으로 공동명의를 해도 무방하다. 단, 해당 대출 상환은 함께하는 것이 좋다.

037

결혼을 앞둔 예비부부의 신혼집 마련

> **실거주와 투자 사이에서 고민하는 예비부부의 사례**
>
> 결혼을 앞둔 예비부부입니다. 맞벌이로, 남편 연봉은 세전 7,000만 원, 아내 연봉은 세전 5,000만 원입니다. 현재는 무주택 상태인데, 서울 지역에 신혼집을 마련하는 것이 목표입니다. 회사 근처에 실거주할 집을 구할지, 입지 좋은 곳에 투자용 집을 살지 고민이에요.

신혼부부가 가진 가장 강력한 무기는 무주택과 소득이다. 두 사람의 연소득 합계는 약 1억 2,000만 원으로, 서울 기준으로도 꽤 안정적인 소득 세대에 해당한다. 이 경우 활용 가능한 대표적인 내 집 마련 방법은 생애최초를 활용한 아파트 청약과 정책자금대출, 최대 6억 원의 대출을 활용한 실거주 전략이다. 신혼부부는 합산 소득을 활용한 주택담보대출 가능 범위가 넓고, 신혼부부 주택 구입 시 취득세 일부 감면 등 다양한 정책적 혜택을 누릴 수 있다. 다음 표를 보고 각자 자신의 상황에서 실거주를 우선적으로 생각해야 하는지, 투자형 매수를 우선적으로 생각해야 하는지 판단해보기 바란다.

▼ 신혼부부의 내 집 마련 맞춤 전략

유형	장점	단점	추천 유형
실거주 우선	안정감	매수 가격대 낮아짐	출퇴근 중요, 자녀 계획
투자형 매수(갭투자)	시세 상승	거주비용 추가	투자금 최소화

입지: 신혼집 마련을 위한 입지 노하우

사례의 예비부부에게 적합한 6억~9억 원대는 수도권 아파트 시장에서 가장 치열한 가격대다. 실수요자와 투자자 모두가 주목하는 구간이며, 특히 '직장과의 거리'가 중요한 판단 기준이 된다. 6억 원 이하가 가능성 있는 입지를 찾는 게임이었다면, 6억~9억 원은 일자리 접근성과 입지 완성도라는 두 가지 축을 동시에 고려해야 하는 구간이다. 실거주로 무난한 안정성과 추후 시세 상승을 기대할 수 있는 성장성을 동시에 갖춘 지역을 찾아야 한다.

먼저 이 가격대에서 주목해야 할 키워드는 '일자리 접근성'이다. 이 가격대는 경기도부터 서울의 구도심 지역, 서울 중저가 지역 신축 일부를 포함한다. 수도권의 많은 단지들은 여전히 9억 원 이하로 매수가 가능하다.

중요한 또 다른 요소는 입지의 '완성도'다. 6억 원 이하 아파트가 미래의 변화를 기대하는 입지라면, 6억~9억 원대는 생활 인프라, 학군, 상권, 교통망 등이 일정 수준 이상 갖춰진 곳들이 많다. 예를 들어 서울 구도심의 신축, 광명 뉴타운, 화성 동탄, 고양 덕양구 등은 과거 도심 재개발 혹은 신규 택지를 개발한 곳으로 이미 생활 기반이 확보된 지역들이다. 특히 실수요층에게 선호도가 높으며, 실거주와 안정된 자산 상승을 동시에 기대할 수 있다.

단지의 브랜드, 평형, 세대수 등도 중요한 판단 기준이 된다. 예컨대 동일 지역 내에서도 구축 소형 단지와 중대형 브랜드 대단지의 시세 차이는 매우 크며, 추후 시세 회복력이나 상승 속도에서도 차이를 보인다. 실거주 목적이라면 반드시 단지의 관리 상태, 커뮤니티 시설, 학군 등을 종합적으로 고려해야 한다.

실제로 살펴보면, 은평구는 녹번역과 수색역 인근의 대단지 아파트 중심으로 가격 안정성과 시세 회복력이 돋보인다. 광명시 일대는 뉴타운 개발과 함께 정비사업이 활발히 진행 중이며, 서울 접근성도 매우 우수하다. 안양 평촌은 평촌학원가와 평촌중앙공원 인접 단지를 중심으로 브랜드 구축과 생활 인프라가 잘 형성되어 있으며, 성남 중원구는 8호선 인근이 '재개발 붐'이라고 할 만큼 천지개벽하고 있으며, 위례 및 판교와 연계된 미래 개발 가능성이 높다. 또한 서울 노원구 일대는 동북선, 광운대역세권 개발, 창동·상계 신경제 중심지 수혜 지역으로 향후 투자 가치가 높게 평가되고 있다. 이외에도 6억~9억 원대의 아파트는 6·27 부동산 대책 이후 실수요자들에게 큰 관심을 받게 되었다.

전세가율 측면에서도 이 가격대는 안정성이 높다. 대체로 50~60%의 전세가율을 유지하며, 수요층이 넓어 환금성도 좋다.

6억~9억 원대의 아파트는 실거주와 투자가 만나는 지점이다. 자산 가치 상승이 가능하고, 현재의 삶의 질도 어느 정도 보장되는 구간이다. 이 구간의 핵심은 일자리 접근성과 생활 완성도이며, 여기에 추가로 개발 가능성이 있는 지역을 선별하는 안목이 중요하다. 무작정 저평가 입지만을 찾기보다는, 입지의 본질과 미래 변화의 방향성을 함께 고려해야 한다.

이 가격대는 서울 입성을 꿈꾸는 이들에게는 '교두보'가, 수도권에서 상급지로의 이동을 계획하는 이들에게는 '전환점'이 된다. 실거주 목적이든 투자 목적이든, 이 구간의 선택이 향후 부동산 자산의 방향을 결정짓는 핵심 단계가 될 것이다.

> **체크 포인트**
> - 실거주와 투자 관점 모두에서 접근해야 함
> - 일자리 접근성, 인프라 확인 필요

대출: 부부 합산 연봉을 활용한 주택담보대출

사례와 같이 실거주와 투자 사이에서 고민하는 예비부부가 많다. 만약 서울 지역 진입이 1차 목표라면 갭투자도 진지하게 고려해야 한다.

그러나 서울 수도권에서의 갭투자 전략은 2025년 6월 27일에 시행된 대출 규제로 일단 보류해야 하는 상황이다. 개정된 규제에 따르면, 서울 수도권에서 주택담보대출로 6억 원 이상을 대출받는 경우, 해당 차주 가구는 대출 실행일로부터 6개월 이내에 전입해야 한다. 이를 지키지 않으면 대출 회수와 동시에 불이익이 발생한다. 사실상 서울 수도권에서 갭투자는 원천적으로 봉쇄된 것이다.

이런 환경에서 신혼부부가 취할 수 있는 가장 합리적인 전략은 실거주 요건을 전제로 하되, 가능한 한 상급지에 입성하는 것이다. 대출 규제를 역으로 활용해 거주 의무를 기회로 삼는 접근이 필요하다. 사례 속 부부는 합산 연봉이 1억 2,000만 원에 달하기 때문에, 소득 기준으로 보면 주택담보대출과 신용대출을 적절히 조합할 여력이 있다(부부 합산 연봉을 적용하려면 사전에 혼인 신고를 해야 한다는 사실을 잊지 말자).

우선 아내의 소득이 남편의 소득보다 적으므로 아내 명의로 주택담보대출을 최대치인 6억 원까지 실행하는 것이 유리하다. 이후 남편은 자신의 연봉 범위 내에서, 즉 7,000만 원 한도로 신용대출을 활용할 수 있다. 이렇게 하면 총 6억 7,000만 원까지 은행 자금을 레버리지로 활용할 수 있게 된다. 실제 모아둔 자본금 등에 따라 매입가 기준의 범위가 커져 그만큼 선택의 폭이 넓어진다.

이처럼 맞벌이 신혼부부라면, 각각의 소득을 분산 활용하여 주택담보대출과 신용대출의 조합을 극대화하는 전략이 필요하다. 즉 소득이 낮은 차주에게 부부 합산 연봉을 적용하여 주택담보대출을 최대치로 받고, 연봉이 높은 다른 배우자가 신용대출을 연소득 범위 내로 활용하는 전략은 여전히 유효하다.

체크 포인트
- 부부 합산 연봉을 적용하여 주택담보대출 최대로 받기
- 연봉이 높은 배우자가 신용대출 활용하기

세금: 혼인 신고 여부에 따른 세금 전략

신혼부부들이 가장 많이 하는 고민은 뭘까? 그건 바로 '혼인 신고를 해야 하느냐, 말아야 하느냐'일 것이다. 우리 세법에서는 '혼인 신고일'을 세대 합가 기준으로 보기 때문이다. 즉 실제 결혼을 하고 가정을 이루었다 하더라도 혼인 신고를 하지 않으면 각자 별도 세대로 보아 주택 수를 분리할 수 있다. 이는 다른 제도, 즉 대출, 청약 등에서도 비슷해 일부러 혼인 신고를 늦추는 신혼부부가 많다.

우리 세법에서는 이러한 단점을 보완하기 위해 '혼인 합가 비과세'라는 제도를 두었다. 즉 남자 1주택, 여자 1주택을 보유한 상태에서 혼인 신고를 한다면, 그로부터 10년 이내에 어느 한쪽 주택을 매각할 때 1주택으로 보아 비과세 혜택을 받을 수 있다. 물론 매각하는 주택은 2년 이상 보유(취득 당시 조정대상지역이었다면 2년 거주) 등 1주택 비과세 요건을 준수해야 한다.

그런데 현실적으로 생각해보자. 이미 각각 1주택을 보유하고 혼인 신고를 언제 할지 고민하는 신혼부부가 얼마나 될까? 물론 있긴 하겠지만, 그 수는 그렇게 많지 않을 것이다. 그보다는 어느 한쪽만 주택을 보유하고 있거나 이제 막 내 집 마련을 하는 경우가 훨씬 많을 것이다. 그렇다면 이 경우에는 어떻게 해야 할까?

예를 들어 남편이 1주택, 아내가 무주택인데 결혼은 했지만 아직 혼인 신고를 하지 않은 경우를 살펴보자. 이때 많은 사람이 '혼인 신고를 늦추고 아내 명의로 1주택을 더 마련해 둘 다 비과세 혜택을 받아야 한다'라고 생각할 것이다. 물론 그 방법도 유용할 수 있지만, 자산 관리 측면에서는 썩 좋은 방법이 아니다.

남편이 보유한 주택이 7억~8억 원대이고, 아내 명의로 취득하려는 주택이 6억 원대라고 가정해보자. 혼인 신고를 하지 않은 상태에서 각각 1주택 비과세 혜택을 받아 두 주택 모두 양도소득세를 줄일 수 있다. 혹은 아내가 주택을 취득한 후에 혼인 신고를 하고, 10년 이내에 어느 한쪽을 매각하고 이후 다른 주택도 매각하여 앞서 살펴본 혼인 합가 비과세 방식으로 두 주택 모두 비과세 혜택을 받을 수도 있다.

하지만 이런 방법도 있다. 먼저, 적당한 시기에 남편이 보유한 7억~8억 원대의 주택을 매각해 비과세 혜택을 받는다. 이후 혼인 신고를 하고 아내가 보유한 자금을 더하여 15억 원 혹은 그 이상 금액의 주택 하나를 취득한다. 그리고 1주택을 보유한 상태로 추후 비과세 혜택을 받아 더 높은 상급지 주택으로 갈아탄다. 이 방법이 유리한 이유를 살펴보자.

첫째, 부부 소득을 합산하기에 대출 여력이 더 커진다. 그에 따라 더 높은 상급지의 주택을 취득할 수 있다.

둘째, 상급지 주택의 가격 상승이 더 크다. 남편의 7억~8억 원대 주택, 아내의 6억 원대 주택을 단순히 더해 13억~14억 원대 주택 하나를 나눠 갖는 것과 비슷하다고 생각해서는 안 된다. 같은 기간을 놓고 비교해보면, 7억~8억 원대 주택, 6억 원대 주택의 가격이 오르는 것보다 15억 원대 주택의 가격 상승이 더 크기 때문이다. 특히 현행 부동산 세금 정책에서는 더더욱 그럴 가능성이 크다.

셋째, 관리의 편의성이다. 각자 1주택씩 관리하는 것보다 좋은 주택 하나를 보유하고 관리하는 것이 훨씬 더 편리하다.

넷째, 부동산 세금 정책 측면에서도 1주택이 더 유리하다. 2주택인 경우 불필요한 다주택자 양도소득세 중과를 신경 써야 할 수도 있다. 혼인 신고를 늦추는 방법도 있지만 영원히 늦출 수는 없다.

이러한 이유로, 신혼부부라면 가급적 둘의 소득을 합산해 좋은 주택 하나를 사고, 명의는 부부공동명의로 하는 방식을 추천한다.

038

아이가 있는 부부를 위한 내 집 마련

> **학군을 고려해 9억~12억 원대 아파트를 찾는 부부의 사례**
>
> 전세로 신혼생활을 시작했습니다. 아이를 낳기 전에는 전셋집을 탈출하려고 했는데, 종잣돈도 부족하고 육아로 정신이 없어 미루다 보니 어느덧 아이의 돌이 다가오네요. 아내의 육아휴직이 끝나면 어린이집도 보내야 하는데, 아이를 안정적으로 키울 수 있고 학군도 좋은 지역에 내 집을 마련하려면 어떻게 해야 할까요?

아이가 있는 부부에게 필요한 집은 실거주 완성도가 높고, 갈아타기의 발판이 되는 곳이다. 예산 내에서 실거주 만족도와 투자 가치가 높은 최선의 집을 고르는 방법을 알아보자.

입지: 학군을 고려한 입지 전략

9억~12억 원대 구간은 서울에서 전세살이를 접고 실거주 목적의 아파트를 매수하려는 사람들에게 현실적인 구간이다. 부동산 시장이 상승기이든 조정기이든, 이 가격대의 아파트는 변함없이 수요가 많다. 이유는 간단하다. 교통과 학군, 직주근접이라는 실거주 조건 그리고 재개발·재건축 등 개발 가능성까지 동시에 갖춘 입지이기 때문이다. 다시 말해, '이미 좋은 곳'이면서 '더 좋아질 여지가 있는 곳'이 이 구간에 속한다.

먼저, 이 가격대에서는 서울 주요 생활권 내에서 입지가 검증된 지역들이 등장한다. 이들 지역은 이미 교통과 교육, 생활 인프라가 일정 수준 이상 갖춰져 있으며, 인근 고가 아파트와 비교할 때 가격 메리트를 가진다. 특히 대단지 위주의 브랜드 아파트나 신축 혹은 재건축 진행 단지들은 향후 시세 상승 가능성도 크다.

예컨대 15억 원대 구간을 초과하는 신축 아파트 단지 근처의 기축 대단지는 상대적으로 저렴하게 입성할 수 있는 대안이 된다. 예를 들어 이문휘경, 장위, 전농답십리, 길음, 가재울, 수색증산, 녹번, 마곡, 상도 등의 59㎡ 평형에 접근할 수 있다.

직장이 서울에 있고, 자녀 교육이나 생활 편의를 중요하게 여긴다면 9억~12억 원대 아파트는 매력적인 선택이다. 특히 '고정 수요'가 형성되어 있는 지역은 가격의 상승·하락 사이클에 영향을 덜 받는다. 이런 지역들은 조정기에 가격이 무너져도 빠르게 다시 회복하는 회복 탄력성이 있다.

또한 이 가격대에서는 '입지 고정 효과'를 고려해야 한다. 입지 고정 효과란, 사람들이 한번 정착하면 쉽게 이탈하지 않는 지역적 특성을 말한다. 이는 곧 수요의 안정성을 의미하며, 실거주 선호도가 높을수록 매물의 희소성과 가격 방어력이 생긴다. 특히 '자녀 교육기'에 접어든 40대 실수요자들에게는 입지와 교육 환경 모두 중요한 선택 기준이다.

단지를 선택할 때는 소형 신축과 중형 구축 대장 중 무엇이 유리할지 판단해야 한다. 예를 들어 동일한 입지 내 59㎡ 신축과 84㎡ 구축이 가격이 비슷하다면, 가족 수, 장기 거주 여부, 대출 가능 여부 등을 고려해 선택할 수 있다. 신축은 관리비, 인테리어, 단지 환경 면에서 유리하지만, 구축 대장은 향후 리모델링, 재건축 등으로 인한 가치 상승 여력이 크다.

9억~12억 원대 구간의 또 하나의 특징은 거래 속도가 빠르다는 점이다. 실거주와 투자가 모두 가능한 입지이기에, 매물이 나오면 빠르게 소진되는 경우가 많다. 따라서 이 구간을 공략하고자 한다면 각자의 상황과 조건을 미리 파악해두고, 매물이 나오는 즉시 판단할 수 있도록 해야 한다. 아파트 실거래가 알림 설정, 시세 캡처, 매물 스크랩, 임장 일정 확보 등으로 평소 관심 지역을 지속적으로 추적하면 기회를 얻을 수 있다.

마지막으로 이 구간의 입지는 매수가 가능할 때 즉시 진입해야 한다. 지금 10억 원으로 살 수 있는 입지가 13억 원, 15억 원으로 오르는 순간 '다시는 살 수 없는 지역'이 되기 때문이다. 실제로 2020년대 초반에는 9억 원 미만으로 진입이 가능했으나, 현재는 시세가 12억~15억 원을 넘어서는 단지들이 속출하고 있다.

9억~12억 원대 구간은 서울 입성의 관문이자, 상급지로 가는 진입 티켓이다. 실거주와 투자, 입지와 상품, 현재와 미래를 동시에 고려해야 하며, 좋은 입지를 싸게 사기보다는 '지금이라도 확실한 입지에 들어가는 것'이 더 중요한 구간이다. 좋은 입지는 결코 기다려주지 않는다. 기회는 움직이는 사람에게만 온다는 사실을 명심하기 바란다.

> **아이가 있는 부부를 위한 내 집 마련 체크리스트**
> - 매매가 11억~12억 원대 단지 리스트업
> - 대출 가능 금액과 한도 사전 확인(DSR 확인)
> - 전세보증금 활용 계획과 휴·복직 시점 정리
> - 초등학교 도보권, 병원, 보육시설과의 거리 확인
> - 향후 갈아타기 가능성 고려(2~4년 후 공급 물량, 호재 등 체크)

아이를 키우는 부부라면 육아가 가능한 환경, 안정적인 생활 기반, 미래의 자산 가치, 이 세 가지를 동시에 고민해야 한다. 살기 좋은 집은 아이와 가족 모두에게 기회를 준다. 가장 살기 좋은 입지와 가장 실속 있는 단지를 찾는 것이 이 전략의 핵심이다.

대출: 신생아특례대출과 다자녀 혜택

한국 사회가 저출산에 골머리를 앓고 있는 만큼 출산과 양육을 하는 가구를 위한 정책자금대출의 혜택이 해마다 다양해지고 있다. 특히 정부는 주택 마련에 어려움을 겪는 실수요 가구 중에서도 아이를 키우는 가구에 보다 폭넓은 대출 혜택을 제공하고 있으며, 이를 전략적으로 활용하면 중상급지 진입에도 유리한 조건을 만들 수 있다.

대표적인 상품이 바로 신생아특례대출이다. 2023년 1월 1일 이후 출생아가 있는 가구에 한해 제공되며, 기존의 디딤돌대출보다 소득 기준과 대출 한도, 대출금리 등이 대폭 완화된 확장형 특례 상품이다. 특히 맞벌이 가구의 경우 연소득 2억 원까지 혜택을 받을 수 있어 기존 정책자금대출에서 소외된 고소득 가구도 활용할 수 있다. 또한 신생아특례대출은 주택 가격 9억 원, 대출 한도 4억 원까지 최저 1.8% 금리로 사용할 수 있어 주택 가격이 다

소 높은 수도권 중상급지에 진입할 수 있는 기반을 마련해주는 강력한 수단이다.

정책자금대출을 잘 활용하면 아이가 있는 가구의 경우 DTI만 보기 때문에 일반적인 은행 대출보다 한도가 많이 나오고, 우대금리를 적용받아 저렴한 이자로 대출받을 수 있다. 예를 들어 보금자리론의 경우 2자녀 가구는 0.5%, 3자녀 이상 가구는 0.7%의 우대금리를 적용받는다. 또한 소득 요건이 완화되어 1자녀인 경우 8,000만 원 이하, 2자녀인 경우 9,000만 원 이하, 3자녀 이상인 경우 1억 원 이하이면 보금자리론을 이용할 수 있다. 디딤돌대출 역시 다자녀 가구에게 금리를 최대 0.7% 낮춰주고, 대출 한도도 상향 적용해준다.

세금: 양도소득세 아끼는 공동명의 활용법

3인 이상 가구라고 해서 특별히 세금이 달라지는 것은 아니다. 다만 1인 가구와 신혼부부보다는 더 긴 시간 동안 경제활동을 했을 가능성이 높고, 그 과정에서 몇 번의 매도, 매수를 경험했을 수 있으므로, 이를 가정하고 주의해야 할 절세 포인트를 살펴보자.

가령 첫 번째 집을 남편 단독명의로 5억 원에 취득하고 이후 10억 원에 매각했다고 가정해보자. 양도가액이 12억 원 이하이고 2년 이상 보유(취득 당시 조정대상지역이었다면 2년 거주)했다면 양도소득세 비과세가 가능하니 양도소득세는 한 푼도 내지 않을 수 있다. 이제 이 집을 매각하고 15억 원 상당의 집을 매수한다고 가정해보자. 이때 명의는 어떻게 해야 할까?

앞서 살펴본 것처럼 부부공동명의를 하면 부동산 절세에서 유리하다. 이때 50:50 공동명의로 한다면 각자 7억 5,000만 원씩 자금을 조달해야 한다(대출이 없다고 가정). 이 경우 남편은 종전주택 매각대금 10억 원으로 자금 출처 소명이 가능하지만, 아내는 해당 자금을 모두 조달해야 한다. 그러지 않고 남편이 자금을 모두 조달한다면 지분 50%에 대해 증여를 한 것이므로 이에 대한 증여세 신고가 필요하다. 7억 5,000만 원 중 부부간 증여재산공제 6억 원을 초과한 1억 5,000만 원에 대해 증여세를 납부해야 한다.

만약 증여세가 부담된다면 50:50 공동명의가 아닌 6억 원 이하에 해당하는 지분, 예를 들어 60:40 공동명의를 하는 것도 방법이다(6억 원=15억 원×40%).

이때 15억 원 중 5억 원을 대출받는다면 대출을 제외한 나머지 금액인 10억 원을 각자 조달하면 된다. 즉 각자 5억 원씩 조달한다면 50:50 공동명의가 가능하다. 물론 대출 금액을 두 부부가 함께 갚아나간다는 것을 전제로 한다.

잠깐만요 명문 학군을 확인하는 방법은? — 수도권 6대 학군지

학군지는 자녀가 있는 가족에게 큰 장점이 될 뿐만 아니라 부동산 투자에 있어서 입지의 중요한 기준이 된다. 학군을 평가하기 위해 확인해야 할 항목으로는 다음의 다섯 가지가 있다.

1. 중학교 학업성취도 평가 결과
2. 지역 내 학원 수
3. 초등 고학년 전학생 수 증감 추이
4. 중학교 학년별 학생 수
5. 특목고, 자사고 등 입학 비율

이러한 평가 항목을 충족하는 수도권 6대 학군지를 알아보자.

▼ 대치(서울시 강남구)

학군 특징	• 대한민국 교육의 심장부 • 초중고 전 과정 입시 준비 가능(고입·대입 정보력 집중) • 유명 강사 직강 • 최상위권 학생을 대상으로 하는 '선택과 집중' 수업 방식 • 고소득 전문직 학부모층
교육 인프라	대치역, 한티역 일대
대표 학교	대청중, 대명중, 휘문중, 휘문고, 중동고, 경기고, 진선여고, 숙명여고
대표 아파트	래미안대치팰리스, 은마, 개포우성, 도곡렉슬, 대치아이파크, 역삼래미안
아파트 특징	• 재건축(은마, 우성, 선경, 미도, 쌍용1·2차)으로 인한 지역 프리미엄 상승기대 • 고가임에도 교육 이주 수요가 꾸준함 • 자산가들이 실거주를 고수하는 지역으로 거래 절벽에도 매물 희소성이 있음

▼ 목동(서울시 양천구)

학군 특징	• 전통적인 강세 학군 • 중상위권 내신 중심 커리큘럼 우세 • 대치, 강남권 다음으로 확실한 학군 위상
교육 인프라	목동 파리공원, 신정동, 오목교역 일대
대표 학교	목운중, 월촌중, 신목중, 목일중, 강서고, 양정고, 목동고, 진명여고
대표 아파트	목동신시가지 1~14단지, 목동트라팰리스, 현대하이페리온, 목동힐스테이트
아파트 특징	• 서울 서남권 최고의 학군지 • 학군과 재건축의 이중 프리미엄 기대 • 학교, 학원, 거주지 내 유해시설 없는 우수한 정주 여건 • 마곡, 마포, 영등포 개발로 인한 목동 학원가의 성장 가능성

▼ 중계동(서울 노원구)

학군 특징	• '강북의 대치동'이라 불림 • 자사고·특목고 입학 비율 대비 합리적인 교육비 • 입시 집중 환경
교육 인프라	중계동 은행사거리 일대
대표 학교	을지중, 불암중, 상계중, 중계중, 서라벌고, 대진고, 재현고, 대진여고
대표 아파트	건영3차, 청구3차, 롯데우성, 중계5단지, 노원 롯데캐슬시그니처
아파트 특징	• 주택가격 대비 학군 만족도가 높은 편 • 꾸준한 학군 수요 • 강북권 대입 학군 선호 1순위 • 전세가율이 상대적으로 높아 투자 환경 양호

▼ 분당(성남시)

학군 특징	• '분당의 대치동'이라 불림 • 우수한 일반고 학군과 작지만 강한 학원가 형성 • 정보력 높은 중산층 학부모층
교육 인프라	서현역, 수내역, 정자역 일대
대표 학교	수내중, 내정중, 구미중, 서현중, 낙생고, 분당대진고, 분당중앙고, 서현고
대표 아파트	분당파크뷰, 시범단지, 푸른마을, 파크타운
아파트 특징	• 교육 수요, 생활 인프라, 교통 접근성을 갖춘 실거주 최적지 • 재건축·리모델링으로 인한 개발 기대

▼ 평촌(안양시)

학군 특징	• 안양뿐 아니라 인근의 과천, 의왕, 군포 지역의 학생이 모이는 지역 • 전국 2위 규모의 평촌 학원가 • 대치동 대비 합리적 교육비와 경쟁 환경
교육 인프라	평촌신도시 중심 평촌대로 일대
대표 학교	귀인중, 평촌중, 범계중, 대안중, 대안여중, 신성고, 백영고, 부흥고
대표 아파트	귀인마을, 샘마을, 꿈마을, 목련마을, 평촌센텀퍼스트
아파트 특징	• 서울 접근성 및 학군 가성비로 인한 거주 수요 밀집 지역 • 재건축·리모델링으로 인한 개발 기대 • 인덕원 개발로 인한 인구 유입 및 배후 수요 기대

▼ 일산(고양시)

학군 특징	• 고양시 전체의 교육 수요를 흡수 • 중상위권 내신/수능 특화 학원들이 집중
교육 인프라	정발산역, 백석역, 후곡마을, 백마마을 일대
대표 학교	오마중, 신일중, 정발중, 발산중, 양일중, 일산대진고, 자현고
대표 아파트	후곡마을, 문촌마을, 강선마을
아파트 특징	• 교통 편의성(지하철 3호선)과 생활 인프라 우수 • GTX-A 개통으로 인한 일자리 지역 접근성 개선 • 신규 택지지구의 확장 및 아파트 노후로 인한 시세 상승 기대 제한적

부동산 투자 무작정 따라하기

039 갈아타기, 부동산 투자의 본선
040 주택+주택 갈아타기 전략
041 주택+주택 분양권 갈아타기 전략
042 주택+조합원 입주권 갈아타기 전략

다섯째
마당

더 나은 입지로 향하는
상급지 갈아타기 전략

039

갈아타기,
부동산 투자의 본선

갈아타기의 핵심은 단순히 비싼 집으로 이동하는 것이 아니다. 나에게 맞는 상급지, 즉 입지의 레벨을 높이고, 주거 상품의 질을 높이며, 가족의 삶의 질까지 끌어올릴 수 있는 방향으로 이동하는 것이 핵심이다. 내 집 마련이 끝이 아니다. 첫 집은 말 그대로 예선전일 뿐이다. 갈아타기야말로 본선전이다. 대부분의 사람은 어렵게 첫 집을 장만한 후 안도감에 빠져 다음 스텝을 놓친다. 그러나 부동산 시장에서 부의 격차는 바로 이 갈아타기 구간에서 본격적으로 벌어지기 시작한다.

부자들의 자산은 계단식으로 증가하지 않는다. 중간중간 크게 점프하는 순간이 있다. 그런 순간은 갈아타기를 통해 만들어진다. 그리고 갈아타기 지점을 잘 선택하면 이후의 부동산 여정은 한결 수월해진다. 같은 종잣돈을 가지고 시작해도, 갈아타기를 어디서 어떻게 하느냐에 따라 10년 후 자산 수준이 완전히 달라진다.

입지: 자산 격차를 만드는 갈아타기 입지 선정

한순간의 입지 선택으로 다른 결과를 만들어낸 예를 살펴보자. A씨는 5년 전에 6억 원대의 수도권 외곽 아파트를 매수했다. 이후 시세가 9억 원까지 상승하자, 과감히 서울의 신축 아파트로 갈아탔다. 반면 B씨는 같은 시기에 비슷한 가격의 외곽 지역 아파트로 이사했다. 2년 후 A씨의 자산은 12억 원으로 증가했지만, B씨의 자산은 9억 3,000만 원에 머물러 있었다. 같은 종잣돈으로 시작했지만, 입지의 차이가 자산 격차를 만들어냈다.

크게 점프하는 시기를 잘 잡으면, 이후 부동산 투자는 훨씬 편안해진다. 그래서 첫 집을 마련한 후에는 반드시 다음 스텝을 고민해야 한다. 갈아타기의 본질은 정책, 세금, 대출이라는 삼각편대 위에 '좋은 상품'을 얹는 것이다. 이 세 가지를 제대로 이해하고 움직이는 사람만이 갈아타기에 성공할 수 있다. 그래서 부동산 투자는 타이밍도 중요하지만, 구조를 이해하고 전략을 짜는 것이 더 중요하다.

대부분의 갈아타기는 사실상 '이사'에 불과하다. 집값이 비슷한 곳으로 옮기는 수평 이동이기 때문이다. 옆 동네로, 옆 단지로, 비슷한 연식의 아파트로 옮기는 것만으로는 자산의 레벨업이 이뤄지지 않는다. 오히려 잘못된 갈아타기는 세금만 내고 대출만 늘리는 결과를 낳기도 한다.

이제는 단순한 주거지 이동에 그치지 말고, 진짜 상급지로의 도약을 고민해야 한다. 그러기 위해선 전략이 필요하다. 갈아타기는 단순한 이사가 아니다. 기술이다. 그리고 이 기술은 반드시 입지, 대출, 세금이라는 기반 위에서 작동해야 한다.

다음 항목을 중심으로 갈아타기 전략을 구체화해보자.

- 보유 자산과 대출 한도를 고려한 현실적인 목표 설정
- 실거주용인지, 투자 목적(갭투자)인지에 따른 전략 구분
- 현재 보유 주택의 시세 및 매도 타이밍 분석
- 갈아탈 집의 시세 흐름과 향후 상승 가능성 검토
- 일시적 2주택 요건, 취득세·양도소득세 등 세금 시뮬레이션

갈아타기는 단번에 부자의 길로 올라서는 '티핑 포인트'가 될 수 있다. 하지만 전략 없이 덤비면 오히려 현금 흐름을 망치고 세금 리스크에 발목을 잡힐 수 있다. 지금부터는 '좋은 입지'로 향하는 전략적 이동을 위해 공부하고, 계획하고, 실행해야 한다. 갈아타기의 기술은 준비된 사람만이 누릴 수 있는 특권이라는 사실을 절대 잊지 말자.

대출: 갈아타기를 할 때의 대출 전략

기존주택을 8억 원에 매도하고, 양도 차익 3억 원으로 10억~11억 원대 집으로 갈아타는 경우를 생각해보자. 자신의 자본금이 얼마냐에 따라 상급지 입성의 관문이 달라진다. 만약 자본금이 1억 원이고 비과세 혜택을 잘 받아 양도 차익 3억 원을 그대로 활용할 수 있다면, 부부 합산 연소득 1억 원을 기준으로 최대 6억 원의 대출을 받아 10억 원의 집으로 갈아탈 수 있을 것이다. 같은 조건에서 자본금이 3억 원 정도라면 12억 원 상당의 집으로 갈아탈 수도 있다.

결국 효과적으로 갈아타기를 하기 위해서는 자신의 상황에 맞는 대출 전략을 최대한 잘 활용하는 것도 중요하지만, 대출 전략에 플러스 알파가 되어줄 현금 마련도 필수다.

> **잠깐만요** 지금 우리에게 필요한 것은 대출력!
>
> '영끌'이라는 단어는 흔히 자산과 대출을 영혼까지 모두 끌어모아 집을 사는 행위를 의미하지만, 제대로 된 대출 전략을 통해 자산을 증식하는 대출력과는 분명히 구분되어야 하는 개념이다. 무리하게 대출을 받는 것과 대출력을 갖춘 상태로 계획적으로 자금을 운용하는 것은 전혀 다른 개념이다.
>
> 2025년 7월 기준, 금융당국의 규제로 '영끌' 자체가 구조적으로 어려워졌다. DSR 40% 규제에 따라 대출을 받고 싶어도 일정 소득 이상이 아니면 아예 대출을 받을 수 없다. 특히 신용대출을 연봉 수준까지 받아버리면 그것만으로도 이미 DSR 25% 수준을 차지해 주택담보대출은 고작 15% 정도밖에 받을 수 없다. 주택담보대출과 신용대출을 동시에 운용하기 힘든 구조로 시스템이 개편되고 있는 셈이다.
>
> 많은 사람이 대출에 관한 지식은 있어도, 실질적인 대출력은 갖추지 못한 경우가 많다. 대출력이란 단순히 얼마를 빌릴 수 있는지를 넘어 장기적으로 감당 가능한 대출 구조를 설계할 수 있는 차주가 가격이 오를 자산에 대출을 잘 활용하는 능력을 의미한다. 결국 오늘날 금융 환경에서 중요한 것은 '얼마를 빌리느냐'가 아니라, '감당 가능한 구조로 자산을 설계하여, 자산 증식에 대출을 현명하게 활용할 수 있는가'다. 대출과 대출력은 확연히 다른 개념이다.

세금: 갈아타기를 할 때 알아두어야 할 절세 포인트

상급지로 갈수록 세금의 중요성은 더욱 커진다. 왜 그럴까? 더 좋은 입지에서 내 집 마련을 한다는 건 더 고가의 주택으로 갈아탄다는 것을 의미한다. 당연히 자기자본은 물론이고 대출 금액 역시 커질 수 있다. 여기에 종전주택의 양도 차익을 더해 더 좋은 집으로 이동하는 것이다.

예를 들어 첫 집의 취득가가 5억 원이라고 가정하자. 몇 년 실거주 후 시세가 8억 원으로 상승했다면 주택을 팔고 저축한 금액과 대출을 더해 10억 원 상당의 상급지로 이동할 수 있다. 이때 양도 차익 3억 원에 해당하는 양도소득세가 약 1억 원이 나오는데, 만약 양도소득세 비과세 혜택을 받지 못하고 세금을 내야 한다면 매각 후 남은 돈이 생각보다 적어 이사가 불가할 수 있다.

만약 이 주택이 10억 원, 15억 원 등 가격이 더 비싼 고가주택이라면 어떻게 될까? 양도 차익은 더 커질 것이고, 그에 따라 세금은 더욱 늘어날 것이다. 게다가 12억 원 초과 고가주택이라면 비과세라 하더라도 세금이 발생한다. 세금을 줄일 수 있는 방법이 있긴 하지만 혹시라도 이를 놓친다면 예상치 못한 세금 지출로 계획에 큰 차질이 생길 수 있다.

가장 최악은 비과세 혜택을 받을 거라 예상하고 종전주택을 매각했는데 비과세가 아닌 경우다. 이미 주택은 팔아버렸고, 예상치 못한 거액의 세금까지 납부해야 한다. 그 결과 이동하려는 상급지 신규주택을 취득하지 못할 수도 있다. 이 상황만큼은 꼭 피해야 한다.

그렇다면 상급지 이동을 위한 비과세 전략은 어떤 것들이 있을까? 크게 세 가지 방법이 있다. 셋째마당에서 소개한 '주택+주택' 전략, '주택+주택 분양권' 전략, '주택+조합원 입주권' 전략이 바로 그것이다. 지금부터 각각의 전략을 구체적인 사례와 함께 살펴보자.

040
주택+주택 갈아타기 전략

> ◆ **수도권에서 서울로 상급지 갈아타기를 하려는 1주택자의 사례**
> 서울 근교 수도권에 구축 1주택을 보유하고 있고, 부부 합산 소득은 1억 원입니다. 보유 중인 집은 시세가 6억 원 정도이고, 대출이 3억 원 정도입니다. 서울로 이사 갈 수 있을까요?

자금 상황에 맞게 수도권에 첫 집을 마련한 뒤 서울로 갈아타기 위해 고민하는 사람이 많다. 기존주택을 보유한 채 추가로 집을 매수하는 방법도 있고, 기존주택을 매도한 뒤 상급지로 갈아타는 방법도 있다. 각각의 내용을 살펴보자.

입지: 상급지 갈아타기를 위한 두 가지 전략

기존주택을 보유한 채 추가로 집을 매수하는 전략

많은 사람이 갈아타기를 생각할 때 흔히 떠올리는 전략이 있다. 바로 일시적 2주택 비과세를 활용해 두 채의 주택을 일정 기간 병행 보유하면서 갈아타는 방법이다. 이상적으로 들리지만, 실제로 이 전략을 쓰기 위해서는 충족해야 할 조건도 많고, 그만큼 리스크도 크다. 일시적 2주택 전략은 지금 살고 있는 A주택을 계속 보유하면서, 여유자금이나 전세를 활용해 B주택을 추가로 매수하는 것이다. 흔히 '갭투자' 방식으로, 전세를 끼고 매수하는 구조다. 이 전략이 가능한 조건은 다음과 같다.

첫째, 추가로 대출을 받지 않고도 매수가 가능한 현금 여력이 있어야 한다.

둘째, 두 채의 주택 보유 기간을 조정해 일시적 2주택 비과세 요건을 충족해야 한다.

셋째, 원칙적으로는 기존주택(A주택)을 먼저 매도하고, 신규주택(B주택)을 매도해야 비과세 요건을 지킬 수 있다.

예를 들어 일산신도시에 실거주 중인 A주택을 보유한 상태에서 서울에 전세 3억 원이 껴있는 5억 원짜리 B주택을 갭 2억 원으로 매수했다고 가정하자. 이 경우 A주택 취득 1년 후 B주택을 취득하고 일정 기간 이내에 A주택을 매도하면 일시적 2주택 비과세 혜택을 받을 수 있다. 이때 주의해야 할 점이 있다. 바로 A주택을 먼저 매도해야 한다는 것이다. 단, 시장 상황에 따라 A주택 매도가 지연되거나, 예상보다 낮은 가격에 팔리는 리스크가 존재한다. 특히 수도권은 주택담보대출 규제가 심해 신규주택(B주택)에 대한 대출이 거의 불가능하다는 현실적인 제약도 있다.

기존주택을 매도하고 상급지로 갈아타는 전략

보다 실현 가능성이 높은 방법은 기존주택(A주택)을 먼저 매도한 뒤 그 자본과 추가 자금을 합쳐 서울로 상급지 갈아타기에 도전하는 전략이다.

예를 들어 보유 중인 A주택을 6억 원에 매도한다고 가정하자. 이 경우 기존 대출을 상환하고 남은 순자산 3억 원에 추가 자금 2억 원 그리고 대출 3억~6억 원을 더해 8억~11억 원대 서울 아파트로 갈아타는 시나리오가 가능하다. 이 전략은 주택 수를 줄이면서 자연스럽게 상급지로 올라설 수 있다는 장점이 있다. 일시적 2주택 비과세를 따질 필요도 없어 세금 리스크가 줄어들고, 거래 흐름도 간단하다. 특히 매도가 순조롭게 이뤄지면, 자산 점프와 주거 수준 개선을 동시에 실현할 수 있다.

다만 이 방법도 A주택의 매도가 원활하게 이뤄질 것이라는 가정이 전제되어야 하며, 서울 내에서 내가 원하는 지역과 예산이 맞아떨어지는지 사전 조사도 필수다. 추가 대출이 가능한지, 은행의 DSR 조건에 부합하는지 등도 미리 점검해야 한다.

정리하면, 기존주택을 보유한 채로 신규주택을 매수하는 전략은 자금 여력과 세금 요건 충족 여부에 따라 실행 가능성이 갈린다. 종잣돈이 적은 경우에는 현실적으로 기존주택을 매도한 뒤 자본을 합쳐 상급지로 이동하는 방법이 더 안정적이고 확실한 전략이다.

갈아타기는 단순한 이사가 아니다. 정책, 세금, 대출, 입지라는 여러 요소를 조합한 '전략 게임'이다. 현재 상황에 맞는 최적의 경로를 설정하고, 나에게 유리한 수를 찾아 실행에 옮기는 것이 무엇보다 중요하다.

대출: 갈아타기 대출 시 유의할 점

시세가 6억 원인 집을 비과세 혜택을 받고 8억 원에 양도한다면 기존 대출 3억 원을 상환하고도 5억 원의 자금이 남는다. 그럼 부부 합산 소득 1억 원으로 최대 6억 원의 주택담보대출을 일으켜 11억 원 정도의 아파트로 갈아타기를 할 수 있다. 만약 당장 양도를 하지 않고 해당 주택을 6개월 이내에 처분하는 조건으로 가져간다면 어떻게 될까? 즉 기존주택이 팔리지 않아 처분하지 못한 채로 갈아탈 집을 먼저 매수한 경우다.

이 경우에는 기존주택이 처분된 상태로 6억 원까지 받을 수 있는 주택담보대출 한도가 2억 5,000만 원 정도로 줄어버린다. 기존 3억 원의 주택담보대출이 살아 있는 상태에서 두 번째 주택담보대출을 받으면 신DTI 제도로 인해 대출 만기가 15년으로 고정되어 대출 가능 금액이 확 낮아지기 때문이다.

더욱이 현재 은행은 비규제지역에서 갈아타기를 시도할 경우, 처분 조건으로 갈아탈 집의 주택담보대출도 잘 승인해주지 않는다. 보통 두 번째 주택담보대출이 승인되기 전까지는 기존주택의 주택담보대출이 정리된다는 전제하에 대출을 승인해준다. 따라서 대출에 있어서는 '선매수 후매도' 전략이 매력적이지 않다.

기존주택의 주택담보대출이 살아 있는 경우에는 반드시 기존주택을 먼저 처분해야만 갈아탈 집의 주택담보대출을 최대한도로 설정할 수 있다는 것을 잊지 말자.

세금: 일시적 2주택 비과세 파헤치기

기존에 A주택을 보유한 상태에서 새로 B주택을 취득하는 경우 '일시적 2주택 비과세'를 노릴 수 있다. 이때 주의해야 할 세 가지를 알아보자.

첫 번째로 주의할 점은 종전주택을 취득하고 1년이 지난 후에 신규주택을 취득해야 한다는 것이다. 만약 1년 이내에 연달아 주택을 매수한다면 투기 수요로 보여 일시적 2주택 비과세 혜택을 받을 수 없다. 단, 두 채 모두 비과세 혜택을 받을 수는 없다는 뜻으로, 마지막으로 매각하는 한 채는 언제든지 비과세가 가능하다.

만약 1년 이내에 두 채를 매수해 일시적 2주택 비과세 혜택을 받을 수 없는 상황이라면, 두 주택 중 어느 주택을 비과세 혜택을 받아야 할까? A주택을 먼저 매도해야 한다고 생각할 수 있지만, 꼭 그럴 필요는 없다. A주택과 B주택 중 어떤 주택을 먼저 매도하는 것이 나을지 비교해보고 결정하면 된다.

다시 말해, 일시적 2주택 비과세가 적용되지 않는 상황이라도 마지막 남은 한 채는 얼마든지 양도소득세 비과세가 가능하다. 그리고 '어떤 물건을 비과세 혜택을 받을까?'를 판단할 때는 입지를 고려해야 한다. 더 좋은 입지에 위치한 물건일수록 향후 상승 가능성이 높고, 이를 바탕으로 더 좋은 입지로 갈아타기가 용이하기 때문이다.

두 번째로 주의할 점은 '3년 이내 종전주택 처분 기한'이다. 일시적 2주택 비과세 혜택을 받기 위해서는 종전주택을 취득하고 1년이 지난 후에 신규주택을 취득해야 하며, 그로부터 3년 이내에 종전주택을 매각해야 한다. 여기에서 '처분 기한'은 달라질 수 있음을 주의하자. 부동산 규제가 강화되면 처분 기한이 3년에서 2년으로 줄어들기도 하고, 규제가 강한 시기에는 1년 이내 처분 및 1년 이내 신규주택 전입이 필수인 경우도 있었다. 이는 양도일을 기준으로 달라질 수 있기에 꼼꼼히 확인해야 한다.

세 번째로 주의할 점은 처분하는 종전주택에 다른 유주택 가족이 함께 살고 있는 경우다. 비록 주민등록상으로는 세대가 분리되어 있다 하더라도 '실질과세원칙'에 의거해 주택 수가 더해질 수 있다.

'주택+주택' 비과세 전략에서 주의해야 할 세 가지
1. 종전주택 취득 후 1년 후에 신규주택 취득
2. 종전주택 처분 기한(3년)은 달라질 수 있으니 매각 전 확인
3. 매각하려는 주택에 다른 유주택 가족이 생계를 함께하는지 사전 확인

잠깐만요 빌라+아파트, 아파트+아파트는 어떻게 다를까?

일시적 2주택 비과세는 종전주택이 있는 상태에서 신규주택을 취득하는 경우다. 이때 주택이란 사람이 상시 거주할 수 있는 곳으로, 아파트든 빌라든 종류를 가리지 않는다. 일시적 2주택 비과세는 단독, 다가구, 다세대, 오피스텔, 아파트 등 상시 주거용으로 거주가 가능한 주택이라면 모두 활용 가능한 전략이니 상황에 따라 활용하도록 하자.

041

주택+주택 분양권 갈아타기 전략

> **▶ 아파트 분양권에 당첨된 직장인의 사례**
>
> 저는 현재 경기도 외곽에 구축을 가지고 있습니다. '서울에 내 집을 마련하고 싶다'라는 꿈을 가지고 계속해서 기회를 엿보고 있었는데, 2023년 3월에 드디어 서울 아파트 분양권에 당첨되었어요. 이 정도면 괜찮은 갈아타기 전략인가요?

1주택을 보유한 상태에서 서울 등 상급지로 갈아타기 위해서는 일반적으로 추가 자금이 많이 필요하다. 그러나 실제로는 대출 규제와 집값 상승 그리고 빠듯한 생활비 등의 문제로 지금 가진 집을 유지한 채 신규주택을 마련하기란 결코 쉬운 일이 아니다.

앞서 살펴본 일시적 2주택 전략도 자금 여력이 충분하거나 시장 흐름과 타이밍이 잘 맞아 떨어지는 일부에게만 허용되는 선택지다. 이런 상황에서 자본금이 부족한 실수요자들에게 대안이 될 수 있는 전략이 바로 '주택+주택 분양권' 전략이다.

이 전략의 핵심은 기존주택을 그대로 보유하면서, 비교적 적은 자본으로 미래의 좋은 집을 미리 선점하는 것이다. 분양권은 아직 입주하지 않은, 즉 완성되지 않은 아파트를 미리 확보하는 것이기 때문에 당장 큰돈이 들어가지 않는다. 계약금과 프리미엄 정도만 지불하면 되므로, 초기 자금 부담이 상대적으로 낮다.

예를 들어 분양가 9억 원짜리 아파트의 분양권을 청약 또는 매매로 확보할 경우, 계약금 10%인 9,000만 원과 프리미엄만 있으면 분양권 매수가 가능하다. 즉 1억~3억 원대 자본으로 향후 입주 가능한 새 아파트 한 채를 확보할 수 있는 셈이다. 분양권을 잘 활용하고 입주 시점까지의 자금 계획과 주택 수 조정 전략을 잘 세워두면, 좋은 입지의 새 아파트 두 채를 장기적으로 보유하거나, 효과적으로 갈아탈 수 있는 발판을 마련할 수 있다.

부동산 실수요자에게 분양권 전략이 효과적인 이유는 크게 세 가지로 정리할 수 있다.

첫째, 현금 부담이 낮고 미래 가치는 높다. 기존주택을 굳이 매도하지 않아도 계약금 수준의 금액으로 새 아파트에 진입할 수 있다. 향후 입주 시점에는 자산 상승 효과를 누릴 수 있고, 전세 활용을 통해 대출 부담도 줄일 수 있다.

둘째, 갈아타기를 위한 시간적 여유를 확보할 수 있다. 분양 아파트는 통상 입주까지 2~3년이 걸리므로 그 사이에 기존주택을 언제, 어느 정도 가격에 매도할지 유연하게 계획을 세울 수 있다. 또한 기존주택을 3년 이내에 매도하지 않은 경우 준공 후 실거주를 통해 매도할 수 있는 기회가 한 번 더 주어진다.

셋째, 다주택 리스크를 피하면서 갈아타기를 준비할 수 있다. 분양권 매수 시점에는 아직 입주하지 않은 상태이므로, 기존주택과의 병행 보유가 가능하다. 또한 준공 후 3년 이내에 입주하면 일시적 2주택 비과세를 챙길 수 있어 상승 가능성이 있는 주택 두 채를 길게 가지고 가면서 자산 가치 상승을 기대할 수 있다.

이처럼 '주택+주택 분양권' 전략은 장점이 많지만, 몇 가지 주의해야 할 사항도 있다. 우선 분양권을 매수한 뒤 해당 지역이 조정대상지역 또는 규제지역으로 지정되면 주택 수 판단과 세금 계산이 달라질 수 있다. 또한 입주 전까지는 중도금대출에 따른 이자 상환 부담이 생기고, 시세가 하락할 경우 프리미엄 손실이 발생할 수 있다는 리스크도 있다. 특히 청약이 아닌 일반 매매를 통해 분양권을 매수할 경우에는 사전에 취득세와 양도소득세 규정을 정확히 확인해야 한다.

정리하면, '주택+주택 분양권' 전략은 자본금이 많지 않지만 상급지로 갈아타기를 할 계획을 가지고 있는 1주택 실수요자에게 훌륭한 대안이다. 특히 비조정지역 분양권은 1주택자도 기존주택을 팔겠다는 조건으로 분양가의 60%까지 중도금대출을 승계받을 수 있다. 이때 DSR 심사를 하지 않아 기존에 대출이 있어도 6억 원 이상 대출이 가능하다. 단, 시행사 협약은행에 중도금대출 승계 가능 여부를 꼭 확인해야 한다. 대출 규제가 강화된 시기에는 일부 은행이 별도 규정을 적용하여 중도금대출 승계를 처리해주지 않기도 했다.

중도금대출과 잔금대출은 반드시 시행사 협약은행으로부터 확답을 받고 진행해야 한다. 또한 6·27 대출 규제로 신축 아파트 준공 뒤 소유권이전등기 후 6개월 이내에 기존주택을 처분해야 잔금대출 시 주택담보대출을 받는 데 무리가 없다는 것을 명심하자.

입지: 서울 아파트 분양권 투자하기

1주택을 보유하고 여유자금으로 2억 원이 있는 상황을 가정해보자. 2억 원을 투입해 갭투자로 4억 원의 아파트를 취득하는 방법을 쉽게 떠올릴 것이다. 만약 자금은 부족하지만 상급지 갈아타기를 원한다면 분양권 매수 전략을 고려해볼 수 있다. 무순위 청약을 활용하여 3년 후 입주하는 신축 아파트 분양권을 취득하거나, 수도권에서 전매 가능한 아파트를 계약금과 프리미엄을 지불하고 취득한 뒤 준공 후 기존주택을 매도하는 것이다. 이 경우 분양권으로 취득한 주택이 기존주택보다 더 상급지여야 갈아타기를 하는 의미가 있다. 그리고 무순위 청약의 경우 현재 무주택자를 대상으로 하는 경우가 더 많다는 사실을 참고하자.

▼ 서울 아파트 분양권 투자 리스트(2025년 7월 기준)

아파트	입주 예정 시기
e편한세상강동프레스티지원	2026년 1월
도봉금호어울림리버파크	2026년 3월
영등포자이디그니티	2026년 3월
청량리롯데캐슬하이루체	2026년 4월
더샵송파루미스타	2026년 5월
경희궁유보라	2026년 7월
보문센트럴아이파크	2026년 9월
힐스테이트등촌역	2026년 10월
강변역센트럴아이파크	2026년 11월
청계리버뷰자이	2027년 2월
마포자이힐스테이트라첼스	2027년 3월
마포푸르지오어반피스	2027년 3월
푸르지오라디우스파크	2027년 3월
창경궁롯데캐슬시그니처	2027년 4월

대출: 분양권 투자의 대출 전략

이번 사례는 2023년 3월에 분양권에 당첨되었다고 하니, 6·27 부동산 대책이 발표되기 전에 입주자모집공고가 나왔을 것이므로 다행히 다주택자 대출 규제를 피해갈 수 있다. 즉 다주택자라도 LTV, DSR 범위 내에서 대출이 나오므로 기존주택이 있어도 LTV 60%까지 소득 범위 내에서 대출이 가능하다. 특히 시세 기준으로 감정가가 잘 나온다면 잔금대출도 무난하게 받을 수 있을 것이다. 기존주택을 반드시 6개월 이내에 처분해야 할 필요도 없다.

다만 2025년 6월 27일 이전에 전세 계약을 완료하지 않았다면 전세대출 없이 현금으로 들어올 수 있는 세입자만 받을 수 있다. 세입자의 전세보증금으로 잔금을 치르는 경우 조건부 전세자금대출에 해당해 대출이 나오지 않기 때문이다.

세금: 주택+주택 분양권의 비과세 전략

사례처럼 기존주택을 보유한 상태로 분양권을 취득하는 경우 두 주택 모두 비과세 혜택을 받을 수 있는지 알아보자. 참고로 앞으로 소개할 방법들은 2021년 1월 1일 이후 분양권을 취득한 경우에 해당한다. 이는 2021년 1월 1일부터 양도소득세 비과세 판단 시 주택 분양권을 주택 수에 포함하는 규정이 생겼기 때문이다.

첫 번째 방법은 '분양계약일'로부터 3년 이내에 종전주택을 매각하는 것이다. 사례에서 주택 분양권 취득일이 2023년 3월이라고 했으므로 3년 뒤인 2026년 3월 전까지 종전주택을 매각하면 일시적 2주택 비과세가 가능하다.

이는 셋째마당에서 '주택+주택 분양권 2-1 방법'으로 소개한 전략이다. 이때 많은 사람이 분양권이 주택으로 준공된 날로부터 3년이 지나야 한다고 생각하는데, 그렇지 않다. 사례 속 주택 분양권 준공일이 2025년 8월이라고 가정하면, 준공일로부터 3년 뒤인 2028년 8월 전에 종전주택을 매각해야 한다고 생각할 수 있는데 그렇지 않으니 유의하자.

두 번째 방법은 '준공일'로부터 3년 이내에 종전주택을 매각하는 것이다. 셋째마당에서 '주택+주택 분양권 2-2 방법'으로 소개한 전략으로, 이 경우 몇 가지 조건을 충족해야 한다. 즉 분양권을 통해 얻은 새로운 주택으로 3년 이내에 전입해야 하고, 1년 이상 '계속해서 거주'하는 경우에만 일시적 2주택 비과세 혜택을 받을 수 있다.

사례 속 주인공이 분양권으로 얻은 신축 아파트에 실거주할 수 있는 상황이라면, 두 번째 방법을 선택하면 된다. 이때는 종전주택 처분 기한을 최대한 늦추는 것이 좋다. 새 아파트가 지어질 때까지 종전주택에 실거주하는 것이 종전주택을 미리 매도하고 다른 집에 임차로 들어가는 것보다 합리적이기 때문이다. 게다가 종전주택을 조금이라도 더 오래 보유하면 최소 인플레이션 정도의 시세 차익을 기대할 수 있다.

이를 응용하면, 기존에 보유한 주택이 사례처럼 경기도 외곽이 아닌 서울에 위치한 경우에는 두 번째 방법이 더 효과적임을 알 수 있다. 시간이 흐를수록 종전주택의 시세가 상승하여 양도 차익이 커질 것이기 때문이다.

이렇듯 똑같은 절세법이라도 상황에 따라, 보유한 주택의 입지에 따라 더 좋은 투자 성과를 낼 수 있다.

'주택+주택 분양권' 비과세 전략에서 주의해야 할 네 가지

1. 종전주택 취득 후 1년 후에 신규 분양권 취득
2. 해당 분양권은 2021년 1월 1일 이후 취득한 것이어야 함
3. 분양권의 '분양계약일'로부터 3년 이내 처분
4. 분양권이 신축으로 준공된 후 3년 이내에 매각하려면 반드시 신축에 전입하고 1년 이상 계속해서 거주해야 함

042

주택+조합원 입주권 갈아타기 전략

> **재개발 빌라로 입주권 투자에 도전하는 1주택자의 사례**
> 1주택을 보유한 직장인입니다. 상급지로 갈아타기를 하기 위해 여러 방법을 찾다가 입주권 투자를 알게 되었어요. 재개발 빌라를 취득해 조합원 입주권을 취득하려고 하는데, 좋은 선택일까요?

앞서 살펴본 '주택+주택 분양권' 전략처럼, 1주택을 보유한 상태에서 상급지로 갈아타기 위해 실수요자들이 선택할 수 있는 또 하나의 현실적인 방법이 있다. 바로 '주택+조합원 입주권' 전략이다.

이 전략은 현재 보유하고 있는 주택을 그대로 유지하면서, 향후 입주 예정인 신축 아파트의 입주권을 추가로 매수하는 방식이다. 여기서 말하는 입주권은 재개발이나 재건축 조합의 조합원 권리로, 향후 입지 좋은 새 아파트로 변신할, 자산 가치 상승 가능성이 높은 자산이다.

조합원 입주권은 분양권과 마찬가지로 입주까지 시간이 필요한 자산이지만, 완공 시점에 훨씬 나은 입지와 주거 환경을 확보할 수 있다는 장점이 있다. 특히 관리처분계획인가가 완료된 입주권의 경우 주택으로 간주되므로 일정 조건을 충족하면 일시적 2주택 비과세 요건을 적용받을 수 있다. 게다가 입주권은 자본금이 많지 않은 실수요자에게 매력적인 선택지가 될 수 있다. 크게 세 가지 이유를 알아보자.

첫째, 적은 종잣돈으로 입지 좋은 신축을 선점할 수 있다. 일반적인 신축 아파트보다 초기 매입비용이 낮고, 추가 분담금을 준공 후에 납부하는 경우가 많아 초기 투자금 외에 보유에 필요한 추가 부담이 덜하다. 또한 조합원 분양가 기준으로 매수하는 것으로 시세 차익을 기대할 수 있다.

둘째, 다양한 입주권 중 자금 여건에 맞춰 선택이 가능하다. 중소형, 지역(급지), 상품 등 예산에 맞게 선택할 수 있다.

셋째, 장기적 관점에서 2주택 효과를 누릴 수 있다. 기존주택을 계속 보유하면서 신축 입주권을 확보하면, 입주 이후 유리한 시점에 기존주택을 매도하거나 갈아탈 수 있는 유연성이 생긴다.

입주권 투자를 하기 전에 몇 가지 유의해야 할 점이 있다. 1주택자가 추가로 입주권을 매수할 경우 기존주택을 처분하는 조건으로 이주비대출을 승계받을 수 있다. 단, 소유권보존등기 후 6개월 이내에 종전주택을 처분해야 한다. 또한 입주권이 속한 지역이 조정대상지역인지 여부에 따라 대출과 세금 규제가 달라질 수 있으니 유의해야 한다. 뿐만 아니라 입주까지 시간이 오래 걸릴 수 있으므로, 기존주택의 거주 요건이나 보유 요건을 충족하기 위한 자금 관리와 일정 관리가 중요하다. 입주권은 취득세와 양도소득세에서 일반 주택과 다른 규정이 적용될 수 있기 때문에 반드시 사전에 세무 상담을 받아볼 필요가 있다.

입지: 입주권, 상급지로 가는 현실적인 방법

'주택+조합원 입주권' 전략은 장기적으로 입지 좋은 신축 아파트로 갈아타면서 세금 부담도 최소화할 수 있는 전략적 선택지다. 비교적 적은 자본으로 두 채의 자산을 안정적으로 운용할 수 있고, 입주 시점에 맞춰 기존주택의 매도 타이밍을 유연하게 조절할 수 있는 시간적 여유도 확보할 수 있다. 분양권보다 복잡한 점은 있지만, 그만큼 입지와 상품 측면에서는 더 나은 기회를 잡을 수 있다. 지금 당장은 서울 신축에 직접 입성하기 어려워 보이더라도, '입주권'이라는 우회로를 통해 상급지에 부드럽게 진입할 수 있는 가능성이 충분히 존재한다. 갈아타기는 준비된 자에게 기회를 주는 게임이다.

▼ 서울 재개발 입주권 투자 리스트

구	구역	구	구역
강북구	미아3,4 재개발촉진구역	성북구	동선2구역
관악구	신림2구역		삼선5구역
노원구	백사마을		신월곡1구역
동대문구	이문4구역		장위6,10구역
	제기4,6구역		정릉골구역
	청량리7구역	송파구	마천4구역
동작구	노량진2,4,5,6,7,8구역	영등포구	양평12구역
마포구	공덕1구역		영등포1-13구역
	마포로3-3구역	용산구	한남2,3구역
서대문구	연희1구역	은평구	갈현1구역
	영천구역		대조1구역
	홍제3구역		불광5구역
성동구	금호16구역		수색8구역
	용답동재개발구역		증산5구역
	행당7구역	중구	신당8구역

대출: 입주권 투자 시 대출 전략

기존에 아파트를 보유하고 있는데 입주권인 빌라를 구매한다면 입주권 빌라로는 주택담보대출이 나오지 않는다. 재개발 빌라의 담보 인정 물건 범위는 '사업시행인가단계'까지 이므로 관리처분계획인가가 난 입주권부터는 입주권담보대출이 나오지 않기 때문이다. 물론 프리미엄도 현금으로 납부해야 한다. 프리미엄담보대출도 없기 때문이다. 따라서 입주권 빌라는 현금으로 구매해야 한다는 것을 기억하자.

다만 입주권은 전세자금대출에서는 주택 수에 포함되지 않으므로 이 경우 기존 아파트에서 실거주하지 않아도 1주택자 전세자금대출은 3억 원까지 가능하다. 하지만 이제 1주택자가 전세보증금의 60% 이상 서울보증보험(SGI) 전세대출을 받을 때는 DSR을 보게 되므로 기존 아파트에 주택담보대출이 많거나 신용대출이 많은 경우 원하는 전세대출 한도가 나오지 않을 수 있음을 주의해야 한다. 이 경우 전세대출을 보증금의 60% 미만으로 받는 것을 추천한다.

또한 입주권이 주택 수에 포함되는 시점도 주의해야 한다. 현재 1금융권에서는 다주택자에게 전세대출을 해주지 않는다. 따라서 다주택자가 되는 순간 사용 중이던 전세대출 회수 명령이 떨어질 수도 있다. 따라서 입주권 주택, 즉 신축 아파트의 잔금을 치를 때 조금이라도 주택담보대출을 받으면 바로 주택 수에 포함되어 은행과 상품에 따라 10일 이내에도 전세대출 회수 명령이 떨어질 수 있으므로 신축 아파트 잔금을 치르는 날과 전세대출 만기일을 잘 계산하여 전세자금대출을 활용해야 한다.

세금: 입주권도 비과세 혜택을 받을 수 있을까?

사례와 같이 1주택을 보유 중인데 재개발이 진행 중인 빌라를 취득한 경우의 비과세 전략을 자세히 살펴보자. 만약 관리처분계획인가를 받지 않은 빌라를 취득했다면 추후 관리처분계획인가를 받아 조합원 입주권이 되었다 하더라도 '주택+조합원 입주권'이 아니라 '주택+주택'으로 일시적 2주택 비과세를 활용해야 한다. 즉 두 채 모두 비과세 혜택을 받으려면 신규주택 취득 후 3년 이내에 종전주택을 처분해야 한다.

반면 종전주택이 있는 상태에서 관리처분계획인가를 받은 조합원 입주권을 취득할 경우 활용할 수 있는 일시적 2주택 비과세는 두 가지 방법이 있다.

첫째, 입주권을 취득하고 3년 이내에 처분한다. 일반적인 일시적 2주택 비과세 요건을 따르는 방법이다.

둘째, 해당 입주권이 신축 아파트로 준공된 후 3년 이내에 매도한다. 이때는 해당 신축으로 3년 이내에 전입하고 1년 이상 계속해서 거주해야 한다.

다만 재개발·재건축과 같은 정비사업은 주택 분양권과 달리 정비사업 특유의 사업 리스크가 있다. 사업 자체가 진행이 더디거나 예상치 못한 자금 부담도 생길 수 있다. 하지만 조합원 입주권이라는 것은 관리처분계획인가를 받은 경우로, 사업 진행이 70~80% 정도 마무리된 상태이므로 사업 자체가 늦어지거나 엎어질 확률은 상대적으로 낮다. 특히 서울의 경우 신축 아파트 공급은 재개발·재건축과 같은 정비사업이 유일하기에 앞으로 조합원 입주권에 대한 관심은 더욱 커질 것으로 예상된다.

> **'주택+조합원 입주권' 비과세 전략에서 주의해야 할 네 가지**
> 1. 종전주택 취득 후 1년 후에 조합원 입주권 취득
> 2. 조합원 입주권은 관리처분계획인가를 취득해야 하며, 그 이전에 취득했다면 '주택+주택' 일시적 2주택 비과세 방법 활용
> 3. 조합원 입주권을 취득한 뒤 3년 이내에 종전주택 처분
> 4. 입주권이 신축으로 준공된 후 3년 이내에 매각하려면 반드시 해당 신축으로 전입하고 1년 이상 계속해서 거주

PLUS

부동산 대출 규제 요약 정리

6·27 대책 총정리

다주택자 대출 금지

서울 수도권 내에서 2주택 이상 보유자가 주택을 추가로 구입하거나, 1주택자가 기존주택을 처분하지 않고 주택을 추가 구입하는 경우 주택담보대출이 불가해졌다. 1주택자가 기존주택을 6개월 이내에 처분할 경우(처분 조건부 1주택자)에는 무주택자와 동일하게 비규제지역 LTV 70%, 규제지역 LTV 50%까지 DSR 범위 내에서 대출이 가능하다. 만약 처분 조건을 지키지 않으면 대출금은 즉시 회수되고, 향후 3년간 주택 관련 대출이 불가하다.

생활안정자금대출 1억 원 제한

집을 살 때 받는 매매잔금대출(구매잔금대출)이 아닌 1주택자의 생활안정자금대출(보유주택을 담보로 생활비 등을 조달하기 위한 목적으로 받는 대출)의 한도가 최대 1억 원으로 제한되었다. 하지만 다주택자는 생활안정자금대출도 불가하다. 다만 지방 소재 주택을 담보로 하는 생활안정자금 목적 주택담보대출 한도는 금융기관이 자율적으로 설정할 수 있다.

대표적인 생활안정자금대출인 전세퇴거대출(임차보증금 반환 목적의 생활안정자금 주택담보대출) 역시 1억 원을 초과하여 받을 수 없다. 다만 기존 세입자와의 전세 계약을 2025년 6월 27일까지 체결한 경우에는 1억 원 이상도 가능하다. 단, 집주인이 바뀌는 경우 은행에 따라 전세 계약이 6월 27일 이전에 이루어졌다 하더라도 1억 원 이상의 전세퇴거대출을 실행해주지 않는 곳도 많으니, 은행에 미리 확인해야 한다.

대출 만기 30년 이내로 제한

서울 수도권의 주택담보대출 만기를 30년 이내로 제한하여 기존 40년까지 받을 수 있었던 때보다 대출 한도가 줄어들었다. 단, 2025년 6월 27일 이전에 본계약이 체결되었거나 대출 접수를 마친 사람에 한해서는 최장 40년 만기를 설정해주는 은행도 있으며, 만 34세 이상 청년근로소득자에게 50년 만기를 적용해주는 은행도 있으니 조건에 해당되는지 잘 살펴볼 필요가 있다.

조건부 전세자금대출 제한

서울 수도권 내 소유권 이전 조건부 전세자금대출을 금지하여 실거주가 아닌 갭투자 목적의 주택 구입에 세입자의 전세대출금을 활용하지 못하게 되었다. 이는 신축 아파트 세입자의 전세자금대출을 일괄 틀어막는 것으로 공급에 차질을 주는 정책이라는 평가도 있다. 단, 매도자와 세입자가 전세보증금으로 잔금을 먼저 치르고, 며칠 뒤 매수인이 주택담보대출을 받아 소유권이전등기를 한다면, 세입자는 전세자금대출을 받을 수 있다. 소유권 이전 조건부 전세자금대출에 해당되지 않기 때문이다. 이 방법 또한 은행에 따라 매수인의 주택담보대출이 3~6개월 후 실행되어야 한다는 규정을 적용하는 경우도 있지만, 대부분 며칠의 기간만 두어도 조건부 전세자금대출의 예외 규정을 인정해주니 잘 참고해보자.

신용대출 연소득 이내 제한

차주가 받은 모든 금융기관의 신용대출액의 합산 신용대출 한도를 차주별 연소득 이내로 제한하였다. 신용대출 상품의 대출 한도는 장기카드대출(카드론)을 포함하되, 다음의 서민금융상품 등은 산정하지 않는다.

- 연소득 3,500만 원 이하 소득자에 대한 신용대출
- 상속 등으로 불가피하게 대출 채무를 인수하게 되는 경우
- 차주의 상환 부담을 경감하여 원활한 채무 상환을 지원하기 위한 목적으로 원금 또는 이자를 감면하거나 금리, 만기, 상환 방법, 거치 기간에 관한 조건을 변경하는 경우
- 서민금융상품
- 긴급한 생활안정자금(결혼, 장례, 출산, 수술 등)

매매잔금주택담보대출 6억 원 한도 제한

서울 수도권 내에서 취급하는 주택 구입 목적 주택담보대출의 한도가 최대 6억 원으로 제한되었다. 아무리 소득이 높아도 6억 원까지만 대출을 받을 수 있게 되어 고가주택 구입이 어려워졌다. 단, 중도금대출은 6억 원 한도에서 제외되며, 잔금대출로 전환 시 6억 원 한도가 적용된다. 정책대출의 경우 자체 한도가 적용된다. 잔금대출을 받으면 6개월 이내에 전입해야 하며, 기존주택은 소유권이전등기 후 6개월 이내에 처분해야 한다.

생애최초대출의 LTV 강화 및 전입 의무

서울 수도권 내 생애최초 주택 구입 목적 주택담보대출의 LTV를 80%에서 70%로 강화하고, 6개월 이내 전입 의무를 부여했다. 이는 디딤돌대출, 보금자리론 등 정책대출에도 동일하게 적용된다.

▼ 생애최초 주택담보대출의 변화(2025년 6월 28일부터 적용)

지역	현행	개선 방안
수도권·규제지역	• LTV 80% • 전입 의무 없음 　(단, 디딤돌대출은 1개월 이내 전입 의무)	• LTV 70% • 6개월 이내 전입 의무
수도권·규제지역 외(지방)		• LTV 80% • 전입 의무 없음 　(단, 디딤돌대출과 신생아특례대출은 1개월 이내 전입 및 실거주 의무, 보금자리론은 6개월 이내 전입 의무)

정책대출 최대한도 축소

주택 구입을 위한 정책대출인 디딤돌대출과 전세 세입자를 위한 정책대출인 버팀목대출의 최대한도가 축소되었다.

▼ 디딤돌대출과 버팀목대출의 최대한도(2025년 6월 28일부터 적용)

구분	디딤돌대출(구입)		버팀목대출(전세)	
	현행	개선 방안	현행	개선 방안
일반	전 지역 2억 5,000만 원	전 지역 2억 원	• 수도권: 1억 2,000만 원 • 지방: 8,000만 원	• 수도권: 1억 2,000만 원 • 지방: 8,000만 원
생애최초(디딤돌)/ 청년(버팀목)	전 지역 3억 원	전 지역 2억 4,000만 원	전 지역 2억 원	전 지역 1억 5,000만 원
신혼부부 등	전 지역 4억 원	전 지역 3억 2,000만 원	• 수도권: 3억 원 • 지방: 2억 원	• 수도권: 2억 5,000만 원 • 지방: 1억 6,000만 원
신생아	전 지역 5억 원	전 지역 4억 원	전 지역 3억 원	전 지역 2억 4,000만 원

6개월 이내 전입 의무

서울 수도권 내 주택 구입 시 주택담보대출을 받은 경우 6개월 이내에 전입해야 한다. 이는 정책대출(보금자리론)에도 동일하게 적용된다.

▼ 주택담보대출의 전입 의무(2025년 6월 28일부터 적용)

구분	현행	개선 방안
주택 구입 목적 주택담보대출	전 지역 전입 의무 없음	전 지역 6개월 이내 전입 의무

전세대출 보증 비율 축소

서울 수도권 내 전세대출 보증 비율을 90%에서 80%로 낮추고, 차주의 이자 상환 능력 심사를 강화했다.

▼ 전세대출 보증 비율의 변화(2025년 7월 21일부터 적용)

구분	현행	개선 방안
전세대출 보증 비율	전 지역 90%	수도권·규제지역 80%
		규제지역 외 90%

▼ 6·27 대책 총정리

유형	6·27 대출 규제	대출 종류		규제 적용 여부
주택 구입 목적 주택담보대출	• 6개월 이내 전입 의무 • 6억 원 한도 • 1주택자: 6개월 이내 기존주택 처분 조건 • 다주택자: 대출 제한 • 생애최초: LTV 규제	일반 주택담보대출		2025년 6월 27일까지 주택매매계약을 체결하고 계약금 납부 사실을 증명한 차주는 종전 규정 적용
				2025년 6월 27일까지 금융회사가 전산상 등록을 통해 대출 신청 접수를 완료한 차주는 종전 규정 적용
		집단 대출	중도금대출	2025년 6월 27일까지 입주자 모집 공고가 시행된 경우 종전 규정 적용(6억 원 한도 규제는 입주자 모집 공고일과 무관하게 미적용)
			이주비대출	2025년 6월 27일까지 관리처분계획인가를 받은 경우 종전 규정 적용
			잔금대출	2025년 6월 27일까지 입주자모집공고가 시행된 경우 종전 규정 적용
생활안정자금 목적 주택담보대출	수도권 규제 지역 주택 1억 원 한도 제한	생활비 등 조달 목적		2025년 6월 27일까지 금융회사가 전산상 등록을 통해 대출 신청 접수를 완료한 차주는 종전 규정 적용
		세입자 임차보증금 반환 목적(소유권이전 등기일로부터 3개월 이후 실행되는 대출)		2025년 6월 27일까지 임대차계약이 체결된 경우 종전 규정 적용(계약갱신청구권 사용 등으로 임대차계약 기간이 연장된 경우 등에는 최초 임대차 계약체결 시점을 기준으로 판단)
전세대출	소유권 이전 조건부 전세대출 금지	소유권 이전 조건부 전세대출		2025년 6월 27일까지 임대차계약이 체결된 경우 종전 규정 적용(신규 입주 단지의 경우에도 수분양자가 아닌 세입자를 대상으로 하는 대출이므로 입주자 모집 공고일과 무관하게 임대차계약 체결일을 기준으로 판단)
신용대출	연소득 이내 제한	신용대출		2025년 6월 27일까지 금융회사가 전산상 등록을 통해 대출 신청 접수를 완료한 차주는 종전 규정 적용

6·27 대책 관련 자주 묻는 질문들

수도권 1주택자가 청약에 당첨되면 기존 주택을 팔아야 할까?

수도권·규제지역 아파트 청약에 당첨된 경우, 2025년 6월 27일까지 입주자 모집 공고가 있었다면 종전 규정을 적용하고, 이후 입주자 모집 공고가 있었다면 6·27 대책을 적용한다. 즉 기존 주택을 팔아야 한다.

1주택자가 수도권·규제지역에서 중도금대출이나 이주비대출을 받으면 기존 주택을 팔아야 할까?

2025년 6월 28일 이후 입주자 모집 공고가 나온 아파트를 분양받은 경우에는, 새 아파트의 소유권 이전 등기일로부터 6개월 안에 기존 주택을 처분해야 한다.

6·27 대책 발표 전에 받은 중도금대출 또는 이주비대출을 잔금대출로 바꿀 때도 6억 원 한도나 실거주 요건이 적용될까?

2025년 6월 27일까지 입주자 모집 공고가 있었거나, 관리처분인가를 받은 사업장이라면 종전 규정이 적용돼 6억 원 한도나 실거주 의무가 없다.

중도금대출이나 이주비대출을 잔금대출로 바꿀 때, 잔금대출 실행일과 소유권이전 등기일이 다르면 기존주택의 처분 기한은 언제부터로 계산할까?

신규 주택의 소유권이전 등기일을 기준으로 6개월 안에 기존 주택을 처분해야 한다.

수도권·규제지역이 아닌 지역에서 새 집을 사는 1주택자는 기존 주택을 6개월 안에 팔아야 할까?

아니다. 새로 사는 집이 수도권·규제지역이 아니라면 종전 규정을 적용받아 기존 집을 팔지 않아도 된다. 단, 기존 집이 수도권 밖이고 새로 사는 집이 수도권·규제지역이면 6개월 안에 기존 집을 팔아야 한다.

이미 분양된 단지에서 조건부 전세자금대출을 받을 수 있는 시점은 언제까지일까?

수도권이나 규제지역 내 분양 아파트라면, 2025년 6월 27일까지 전세계약을 체결한 경우에 한해 조건부 전세대출이 가능하다.

전세 세입자가 있는 상태에서 주택을 매수하면 어떤 규제를 받을까?

수도권이나 규제지역의 전세 세입자가 있는 집을 구매하는 경우, 소유권이전등기일로부터 3개월 이내에 주택 구입 목적 주택담보대출을 받으면 최대 6억 원까지 가능하며, 대출 후 6개월 안에 전입해야 한다. 소유권이전등기일로부터 3개월이 지난 뒤 생활안정자금 목적 대출을 받으면 최대 1억 원까지만 가능하다.

임차보증금 반환용 생활안정자금 대출도 1억 원까지만 받을 수 있을까?

세입자와 전세계약을 2025년 6월 27일까지 체결했고, 해당 주택의 소유권을 2025년 6월 27일 이전에 취득했다면 1억 원을 넘는 대출도 가능하다. 또한 금융당국이 정한 생활안정자금 대출 조건도 충족해야 한다.

신용대출 한도는 금융기관별로 나눠서 계산하면 될까?

아니다. 차주가 받은 모든 금융기관의 신용대출액을 합산해서 계산한다. 이때 장기카드대출(카드론)도 한도에 포함되며, 서민금융상품과 긴급 생활안정자금(결혼, 출산, 수술 등)은 제외된다.

생활안정자금 주택담보대출도 금융기관별로 나눠서 받을 수 있을까?

같은 집을 담보로 받은 생활안정자금 대출은 금융기관 관계없이 전부 합산해 계산한다.

상속으로 어쩔 수 없이 대출 채무를 인수한 경우도 규제를 받을까?

이런 경우에는 금융회사의 여신심사위원회를 거쳐 예외로 인정받을 수 있다.

9·7 대책 총정리

6·27 대책 발표 후 둔화되었던 가계부채 증가세가 다시 확대되고, 일부 지역의 주택가격 상승세도 지속되자 2025년 9월 7일 기습적으로 대출 규제가 추가 발표되었다. 추후 금리 인하 기대감 등으로 부동산 가격 상승에 대한 시장의 기대 심리도 상존하는 가운데 선제적으로 수요 억제책을 공표한 것이다.

> **9·7 대책의 주요 내용**
> - 규제지역의 가계대출 주택담보대출 LTV를 50%에서 40%로 축소
> - 수도권·규제지역 내 주택매매·임대사업자의 주택담보대출 제한
> - 수도권·규제지역 내 1주택자 전세자금대출 한도를 2억 원으로 일원화
> - 주택금융신용보증기금 출연료를 대출금액별로 차등화해 고액 주택담보대출 취급 유인 축소

규제지역의 LTV가 낮아지면서 15억 원 이하 주택 매매 시 6억 원 대출 한도를 채우지 못하게 되었다.

주택매매·임대사업자의 경우, 2025년 9월 8일부터 수도권·규제지역 내에서 사업자대출을 받을 수 없다. 단, 기존 임차인의 임차보증금을 반환하는 목적으로는 사업자대출을 받을 수 있다.

전세자금대출에 있어서는, 1주택자가 보유한 주택 소재지에 관계없이 수도권·규제지역에서의 전세자금대출 한도는 2억 원이 적용된다.